本书由 2023 年贵州省"青年学术先锋"建设经费资助

明清湘黔边墙
遗址遗存

Ruins of Hunan-Guizhou border wall
in Ming and Qing Dynasties

陈文元　龙京沙 ○著

中国社会科学出版社

图书在版编目（CIP）数据

明清湘黔边墙遗址遗存／陈文元，龙京沙著.

北京：中国社会科学出版社，2024. 8. -- ISBN 978 - 7
- 5227 - 4045 - 4

Ⅰ. K878.34

中国国家版本馆 CIP 数据核字第 2024UD8412 号

出 版 人　赵剑英
选题策划　宋燕鹏
责任编辑　金　燕　宋燕鹏
责任校对　李　硕
责任印制　李寡寡

出　　　版　中国社会科学出版社
社　　　址　北京鼓楼西大街甲 158 号
邮　　　编　100720
网　　　址　http：//www. csspw. cn
发 行 部　010 - 84083685
门 市 部　010 - 84029450
经　　　销　新华书店及其他书店

印　　　刷　北京明恒达印务有限公司
装　　　订　廊坊市广阳区广增装订厂
版　　　次　2024 年 8 月第 1 版
印　　　次　2024 年 8 月第 1 次印刷

开　　　本　710×1000　1/16
印　　　张　18.5
插　　　页　2
字　　　数　268 千字
定　　　价　98.00 元

目　　录

序　言

中国北方有关"墙"的历史极为悠久，自春秋战国时期，即有齐、赵、魏等国曾大规模修筑墙垣以作防御，秦统一六国后修筑了"万里长城"，此后历代又不断修缮、扩建（汉建"塞垣"、北朝的"长堑"、金朝的"界壕"、明朝的"边墙"），以及唐朝时期，渤海国曾建造有牡丹江边墙。虽然清朝没有延续历代修筑长城的"惯例"，但在北方一些地区亦修建过类似长城的军事防御工程，如在东北修筑"柳条边"；为镇压捻军起义，在山东、河南、山西等地修筑"长墙"。

中国南方同样有着悠久和丰富的"墙"类军事建筑。如先秦时期，楚国曾修筑有长城，是为"楚长城"；汉代在滇东修筑有军事防御墙，保存有可观的古墙垣；南宋时，岳飞在今河南、湖北交界地带组织军民修筑边墙、是南宋与金对峙的西线防御工事；是为"滇东古长城"；明代为经略川西北曾修筑有大量的军事关堡和连线墙垣，是为"川西北边墙"，在江南台州修筑有大型海防军事工程，是为"江南长城"；清代为抵御廓尔喀入侵，在西藏地区修筑了诸多御敌要塞，形成了连线古墙垣，等等。

明清时期，中央王朝在湘黔边区曾先后修筑了边墙，延续四百余年。明朝时期，历经宣德年间的"二十四堡"、嘉靖年间"十三哨"和初建"七十里边墙"，至万历年间修建了北起镇溪所、南至镇云营/王会营（亭子关）全长三百余里边墙，天启年间又增修镇溪所至喜鹊营六十里边墙，共计三百八十余里。清朝中期再筑边墙，起于四路口，止于木林坪，修筑长墙壕沟一百一十余里，又筑汛堡、屯卡、碉楼、哨台、炮台、关厢、关门等边防设施一千余座。明清中央王朝在湘黔边区修筑边墙，有强化王朝国家统治、调控苗汉族群关系、维护社会秩序之义，是传统中国治理民族地区统治方式和控制手段的重要体现。现今，分布于湖南、贵州两省交界的边墙遗址遗存构成了南方少数民族地区特色民族史地属性的军事古迹建筑群，以及多民族文化交融形态与多样人文景观，是极为重要的民族历史文化遗产。

2012 年，湖南省"凤凰区域性防御体系"成功入选《中国世界文化遗产预备名单》，意味着位于湘黔边区的边墙遗址遗存"申遗"工作取得重大突破。边墙遗址遗存蕴含着统一多民族国家形成脉络和民族交往交流交融思想，应以墙为"诚"，以史为鉴。将边墙遗址遗存调查整理出来，基于民族考古学的实证研究，以其生动鲜活的建筑形态和威严厚重的历史表述，为民族团结提供实证素材，从而深度铸牢中华民族共同体意识。

当前，湖南省已启动以"苗疆边墙"为名称的新一轮申报"世界文化遗产"工作，组织了多次边墙遗址遗存的调查与研究。虽然贵州省不及湖南省重视，但湘黔两省联合将边墙"申遗"很有必要。因此，调查与整理边墙遗址遗存，深化研究，既是推动申报"世界文化遗产"工作的重要内容，更是促进边墙文化遗产的传承与保护。

综合来看，关于边墙的史料整理、修筑过程、历史作用、社会影响、社会治理、文化遗产等领域已有诸多前辈时贤做过相当精深的研究，多学科参与使得边墙研究纵横交错、异彩纷呈，但同时也有相应的缺陷：

一是现行大量成果多是以历史文献或学理层面思考边墙的方方面面，以历史学、民族学、考古学的研究方法和整体的视野对边墙遗址遗存的基础性考证、探查、统计的相关成果仍然稀少，更遑论全面、系统地对边墙遗址遗存的调查与整理，但毫无疑问，这方面的研究工作十分迫切；

二是缺少因边墙与边防设施而产生的特色地域文化形态与多样人文景观的历史变迁描述。明清中央王朝在湘黔边区构筑边墙与边防设施，湖南与贵州交界地域形成了众多聚落，苗族、汉族、土家族、侗族以墙为"界"的互动与交流，其文化形态与人文景观构成了重要的文化资源，应在逐渐遗失的情形下抓紧调查挖掘和整理。

鉴于此，本书撰写主要体现以下三个视角：

一是文化遗产的理论视角。这是本书的出发点和调查整理之目的。在这个视角和目的之下，开展对边墙遗址遗存的调查与整理，思考边墙文化遗产保护的方法策略，调查、整理边墙遗址遗存、保护名录与文化形态，为边墙文化遗产的保护与开发建言献策。

二是田野调查的方法视角。田野调查是边墙遗址遗存调查与整理得以开展的根本。通过实地考察湘黔两省的山形地貌、边墙遗址遗存、民风民俗、生态环境，深入边墙沿线村寨，探寻苗族、汉族、土家族、侗族、仡佬族等民族历史记忆与互动互嵌互融实态，搜集第一手调查资料，确保边墙遗址遗存调查与整理的权威性、系统性、全面性和整体性。

三是服务当代的现实视角。本书的重点是边墙遗址遗存调查与整理，但不仅仅满足于此，而是要通过边墙遗址遗存调查与整理，探清其数量与现状，厘清学界关于边墙遗址遗存的疑问与争议，充分发掘它的现实价值，提炼南方少数民族史地文化脉络与民族团结历史经验，进而推动边墙"申遗"工作。

而且，相比之前的分段、分区域和不同省份的调查，本书是对边墙遗址遗存的整体、全面、深入、系统地调查与整理，试图呈现边墙遗址遗存的全貌。

需要说明的是，囿于篇幅，也为便于集中整理，本书是以每处重要边墙遗址遗存区整体叙述（如洞口哨，整体梳理边墙、屯堡、碉楼、哨卡等边墙与边防设施），而非按照单个遗址遗存的类型一一叙述。所以，每处边墙遗址遗存区可能包括多个遗址遗存类型。在叙述每处边墙遗址遗存时，皆呈现实地调查图片。本书中的边墙遗址遗图片，凡未注明出处的，皆是笔者及调研组自2017年以来在湘西州、铜仁市两地调查时拍摄、整理。

因时间、经费、地形条件和山区环境限制，笔者根本无法将所有边墙遗址遗存一一调查整理出来，本书主要梳理和呈现边墙遗址遗存中地面建筑较为明显的代表性遗址遗存。调查时间，集中在暑假、寒假和周末期间。由于各种原因，现存边墙遗址遗存比笔者想象的要少得多，诸多边墙遗址遗存所处地带仅是一处空地、荒坡、耕地，地面已无遗址遗存痕迹，有的甚至已经建成高楼、公路、公共场所或居民房屋，经历历史变迁与人为毁坏，早已不存，导致无法展现这部分遗址遗存，因而正文中不作具体叙述，只在附录2中罗列。

另外，还有一部分"边墙遗址遗存"，虽也是边墙，但却不属于本书探讨的明清中央王朝在湘黔边区修筑的边墙范畴。例如，湘西土家族苗族自治州吉首市石家冲街道的栗溪村，有一段民国时期的边墙及碉楼，实为抗日防御工事；吉首市矮寨镇同样有数十里民国时期修筑的墙类防御工事，这些均不属于本书要讨论的边墙遗址遗存，自然不纳入书中。

还需着重提及的是：

其一，史籍文献中有"苗疆""苗区""苗境""苗界""苗地""苗巢""苗穴"之称谓，虽内涵略有差异，但在具体指向某一区域时，大体相同。"苗区""苗疆"在学界使用较多，笔者前往湘黔两省各市县乡镇调查，发现民间依然有"苗区""汉区""苗疆"的叫法，但考虑到"湘黔边区"含义的适中，且与本书的主旨思想更为契合，除却尊重历史文献和前辈时贤引用外，本书皆以"湘黔边区"整体叙述。

本书"湘黔边区"所包括范围，即指明清边墙与边防体系分布为核心的湘黔交界地区，即今湘西南、黔东北地域，跨及贵州省铜仁市、湖南省湘西土家族苗族自治州、怀化市。明代湘黔边区尚属"生界"之地，铜仁府、土司、卫所、"苗蛮"交互；至清代则指凤凰、乾州、永绥、古丈坪、松桃四厅和铜仁府，以及保靖、泸溪、麻阳三县。

其二，关于明清时期中央王朝在湘黔边区修筑边墙的历史记载较多，涉及边墙的称谓，文献中有"边墙""楚边长城""镇筸小长城""镇筸边墙""苗疆边墙"等，湘西民间还有"万里墙""长城"的说法。目前学界多以"边墙""南长城""中国南方长城""苗疆边墙""湘西苗疆边墙""明清湘黔苗区边墙"概称，以"苗疆边墙"居多，但在文化遗产认定与申报中尚未形成统一名称。且因边墙遗址遗存分布在今湖南、贵州两省交界区域，湘黔两地对边墙的整体理解、保护策略、开发思路和内涵叫法各有不同，为避免不必要的麻烦，笔者在本书中暂以"边墙"统称。

其三，本书中的"苗蛮""生苗""熟苗"等字眼及"苗患""苗乱"等蔑称，皆为历史文献所载，是古代文献作者对非汉族类（明清时期的"苗"乃是一个泛称，并不单指今天苗族的先民）及不同人群的歧视，绝非笔者立场，笔者在文中使用时皆加引号（" "），以作区别。

第 一 章

边墙历史沿革[*]

　　入明以来，湘黔边区极不稳定，明代为稳固统治，不断构筑边防，历经"二十四堡""十三哨"和"七十里边墙"，终至万历年间修筑了三百余里边墙，"围而治之"。然不及三十年，边墙坍塌，边防体系瓦解。入清后，湘黔边区有一段稳定期，但乾嘉苗民起义的震动警醒，促使清廷认识到先前的治苗政策欠缺全盘考虑，进而划分民、苗界址，重修边墙，"界而治之"。不同于明代边墙，清代边墙范围愈加扩大，且既防又治。明清中央王朝在湘黔边区修筑边墙，强化了国家统治，调控了苗汉关系，促进了社会整合。边墙遗址遗存是极为重要的民族历史文化遗产，应客观、辩证地审视。

第一节　明代边墙兴废

　　明代，界邻湖广、贵州交界"苗蛮"[①] 分布，中央王朝未曾深入治理，这一区域尚处"化外"的"生苗之区"，"松郡东北界楚，西北界蜀，接壤半系苗区"[②]，即"湘黔边区"，是为传统文献之"苗

---

　　[*] 本章内容参见拙文《明清湘黔苗区边墙史迹考》，贺云翱、郑孝清主编：《中国城墙》（第五辑），科学出版社 2023 年版，第 125—135 页。在原文基础上有增删。

　　[①] 明代史籍中的"苗蛮"多有贬义，且不宜直接与现今苗族对应，有时还包括瑶族、侗族、仡佬族、土家族等先民，以及汉族流民。简言之，"苗蛮"在一定时期是南方非汉族类群体的统称。

　　[②]（清）徐鑅：《松桃厅志》卷 5《关隘》，道光十六年（1836）刻本。

疆"。该区域长期处在"化外"，多为"生苗"聚集，属王朝统治之
"内地的边缘"①。《读史方舆纪要》称，"麻阳、蜡尔、镇箽、铜平诸
山"，乃"苗蛮巢穴"，界跨千数百里，又"悬崖鸟道，丛箐栉比，
岚瘴蒸鬱，阴雨恒多"，因此"视诸溪峒独称阻绝，往往乖晦冥据险
为乱"②。复杂的地理形势与恶劣的生态环境，致使湘黔边区成为一
处极难治理之地。审视整个明代，始终无法解决"苗患"，史称"历
代以来皆蛮患，而明始有苗患也"③。湘黔边区地处武陵山区，乃湖
广、四川、贵州三省交界，境内地质形态复杂，高山、溪流、沟涧相
间，平坝、溶洞、坑地交错。生活于此的"苗蛮"因频繁"作乱"，
史籍文献中多被冠以民风彪悍、桀骜难驯的负面性描述，譬如"其地
高山峻谷，诸苗环处其中，苗性嗜杀，虏刈羰掠，无日不警"④，又
如"苗人刚狠轻生，出入佩刀"⑤，亦或曰"楚南惟苗人极为凶悍，
猓次之，土人其最淳良者也"⑥，此类记载显系族群偏见。虽然"苗
蛮"通常是之以"整体"囊括，但其社会组织较为分散，多聚寨而
居，彼此互不统属，属未被编户入籍之"生苗"。《炎徼纪闻》有称，
"苗人，自长沙沅辰以南尽夜郎之境，往往有之。……其种甚伙，散
处山间，聚而成村者曰寨，其人有名无姓，有族属无君长"⑦。"有名
无姓"只是笼统说法，明清时期湘黔边区"苗蛮"已分成了诸多族
姓，各有分支，各有苗姓，"松属皆红苗，有五姓：吴、龙、石、麻、
白，近湖广界吴、龙，近四川界石"⑧。湘黔边区之"苗蛮"又称

---

① 鲁西奇：《内地的边缘：传统中国内部的"化外之区"》，《学术月刊》2010年第5期。
② （清）顾祖禹撰，贺次君、施和金点校：《读史方舆纪要》卷81《湖广七》，中华
书局2005年版，第3834页。
③ （清）魏源：《苗防论》，（清）王锡祺：《小方壶斋舆地丛钞》（第八帙），光绪十
七年上海著易堂铅印本，杭州古籍出版社1985年影印本（第8册），第125页。
④ （明）万士英：《铜仁府志》卷1《方舆志·舆图》，万历四十三年（1615）刻本。
⑤ （明）万士英：《铜仁府志》卷2《风俗》，万历四十三年（1615）刻本。
⑥ （清）段汝霖：《楚南苗志》卷1《凡例》，乾隆二十二年（1757）刻本。
⑦ （明）田汝成：《炎徼纪闻》卷4《蛮夷》，《丛书集成新编》，台北：新文丰出版
公司2008年版，第189页。
⑧ （清）徐鋐：《松桃厅志》卷6《风俗·苗蛮》，道光十六年（1836）刻本。

"红苗","苗有二种,其中湖广镇箽、四川酉邑、贵之铜平诸处者曰'红苗'"①。还有"花苗""黑苗"等,但以"红苗"最多。"虽有花苗、黑苗诸种类,而红苗最属强悍,户口极繁。"②除了"苗类"群体,与之共居的还有土、仡、侗、汉、仲等族群,"郡属各司,汉夷杂居,有土、革、苗、仲,种类不一,习俗各殊"③,周边尚有瑶、壮等族群,"其中苗獠杂处,种类甚繁……湖北、川、贵沿边溪洞山菁之中,有曰犵、曰狑、曰獠、曰猺、曰獞之类,皆所谓蛮也"④。因此,如何管治和调控湘黔边区族群关系颇为重要。

(一)二十四堡

明初,因抚恤得时,湘黔边区虽未设置府县,但总体平稳,主要是以卫所镇戍,钳制土司,控制"苗蛮"。不久,因卫所屯田扩地及土司争界扩张,引发诸多纷争,继而"赶苗拓业"⑤,鉴于卫所与土司的无力,为解决"苗患",明廷开始在湘黔边区频繁用兵。而官府不及调控,腐败愈增,不加抚恤,边将以征伐为功,渐而生弊,湘黔边区遂乱。

明廷在湘黔边区的防卫与控制是经历了从"二十四堡"——"十三哨"——"边墙"的演变。⑥宣德年间,时"箽子坪长官吴毕郎等,与贵州铜仁诸苗为乱",明廷遣兵征讨,"总兵官萧授筑二十四堡

---

①(明)万士英:《铜仁府志》卷2《风俗》,万历四十三年(1615)刻本。

②(清)段汝霖:《楚南苗志》卷1《楚黔蜀三省接壤苗人巢穴总图说》,乾隆二十二年(1757)刻本。

③(明)万士英:《铜仁府志》卷2《风俗》,万历四十三年(1615)刻本。

④(清)黄志璋:《麻阳县志》卷10《外纪志》,康熙二十四年(1685)刻本。

⑤"赶苗拓业"与湘黔边区社会失序或有影响,但与持续整个明代的"苗患"并无直接对应关系。"赶苗拓业"流传于贵州、重庆、湖南、湖北等省市地区,流传较为普遍且分布地域更广。"赶苗拓业"又称"赶苗夺业""赶蛮夺业""赶苗图业""赶苗落业",历时明清两代,但正史未载,只见于贵州、重庆、湖南、湖北等省市地区的方志、族谱、碑刻、民间传说,以及这一区域各民族的历史记忆当中。有关明清"赶苗拓业"研究,参见东人达:《明清"赶苗拓业"事件探究》,《贵州民族研究》2006年第6期。

⑥张振兴:《从哨堡到边墙:明代对湘西苗疆治策的演递——兼论明代治苗与土司制度的关系》,《吉首大学学报(社会科学版)》2014年第2期。

环其地守之"①。"二十四堡"初步构成对湘黔交界腊尔山"生苗区"的军事封锁态势。

"二十四堡"的分布范围，大致是西北起自今贵州省松桃县及花垣县、凤凰县交界一带，经铜仁市碧江区、凤凰边境南下，绕过麻阳县西北部、凤凰县西南部，再北上经凤凰县东部地区，而至吉首市南部和西南部。"二十四堡"具体名称与位置虽已难全部考究，但根据伍新福先生的考证②和龙京沙先生的最新考古研究③，大致可知有：

寨阳堡、阴隆江堡、爆竹堡、洞口堡、都溶堡、牛隘堡、南阳堡、大凹堡、湾溪堡、安江堡、小坡堡、牛坳堡、石花堡、芭茅堡、长兴堡、牛心堡、太平堡。

以上"堡"可能均属萧授所筑"二十四堡"之列。其中：

寨阳堡即原吉首市的寨阳乡（现并矮寨镇）的寨阳村；

洞口堡在凤凰县吉信镇境内，具体位置待考；

都溶堡在凤凰县齐良桥乡的杜夜村；

牛隘堡即今千工坪乡的牛隘村；

大凹堡，即今城郊的大坳村。

其余阴隆江堡、爆竹堡、南阳堡暂无可考。

从保留下来的地名考察，位于麻阳县西北部的郭公坪乡小坡村的小坡堡；凤凰廖家桥乡永兴坪附近的牛坳堡；此外，贵州省松桃县东南与花垣、凤凰邻近地区的石花堡、芭茅堡、长兴堡（今铜仁松桃长兴堡）、牛心堡、太平堡等，可能均属萧授镇压治古、答意和箓子坪长官司之后所筑堡哨之列；湾溪、安江等堡，其中安江暂无可考，但湾溪应当就在现今湘西经济开发区三炮台一带。

① （清）严如熤：《苗防备览》卷15《述往中》，嘉庆二十五年（1820）刻本。

② 伍新福：《明代湘黔边"苗疆"堡哨"边墙"考》，《中南民族大学学报（人文社会科学版）》2003年第2期。

③ 龙京沙：《湘西苗疆边墙调查报告》，岳麓书社2023年版，第311—312页。

（二）十三哨

修筑"二十四堡"维持了一段时间稳定，但好景不长。天顺以后，或受北方边防形势变化，明廷对南方各族的治理政策进行了大幅度调整，由"以抚为主，以剿为辅"转为"以剿为主，以抚为辅"①，将武力征伐作为平定地方、处理社会失序的主要手段。至景泰年间竟"苗势殊炽"，动乱波及范围愈广，"西至贵州龙里，东至湖广沅州，北至武冈，南至播州之境，不下二十万，围困焚掠诸郡邑"②，究其缘由，"盖萌发于贵州，而蔓衍于湖南，皆生苗为梗"③。至明代中后期，"苗蛮"动乱呈现愈演愈烈之势。嘉靖年间复乱，明廷只得再举大军征讨。事平后，总督张岳鉴于"苗患"频发，在萧授所筑"二十四堡"的基础上重新整饬边防，以严边界，遂将"二十四堡"改制为"十三哨"，"因以留汉、土官兵七千八百有零善后，设守备于乾州，设参将于麻阳县"④，改制兵备建制，"参将督统于上，守备、游击调度于中，营哨分防于下"，各营哨官"令其掌鼓、升旗、定更、放跑，威降苗贼"，择地屯粮驻军，防御更为严密。不过，后因"参将于麻阳县窎远，文武同城出入不便"，又恐贻误战机，于是改设于五寨司城，以"弹压诸苗、土司"。

嘉靖二十七年戊申，以苗患设总督四川、湖广、贵州、云南等处军务，命张岳任其职，来讨湖贵贼苗。三十一年壬子，湖贵苗平。朝议以总督张岳留镇沅州，岳与副使高显、参将孙贤筹划形势。疏罢湾溪等堡，更设十有二哨，曰五寨、曰永安、曰清溪、曰河口、曰箄子、曰乾州、曰强虎、曰石羊、曰小坡、曰铜信、曰水塘凹、曰水田营，连镇溪所共十有三。各营哨有城、有

---

① 刘祥学：《明朝民族政策演变史》，民族出版社2006年版，第308页。

② （清）张廷玉：《明史》卷310《湖广土司传》，中华书局1974年版，第5490页。

③ （清）张廷玉：《明史》卷310《湖广土司传》，中华书局1974年版，第7983页。

④ （清）俞益谟：《办苗纪略》卷1《镇箄传边录》，康熙四十四年（1705）俞氏余庆堂刊本。

楼、有校场、有隘门、有官衙、有社仓，分防有督，备领班、领队、领征、管标、管仓、吏目、土官，管所辖有头目、舍人、识字、健步、打手、乡、土、播、凯、仡、苗等兵凡官军计六千有奇，统以参将标营而守备为之犄角，又兼辰沅二卫班戍官军通计六千六百有奇。岁支沅州库饷银三万八十九两有奇，支麻阳、黔阳、乾州军饷仓、镇溪所秋粮仓米三万一千八百九十有奇。是时，参将督领于土游击、守备，调度于中营，哨分防于下，又虑变生呼吸，难于题请，请得便宜行事。①

经由此番调整，"边腹稍安"，湘黔边区颇为稳定。为防止"苗情"反复，明廷允"镇箄便宜行事，相机剿除"，并敕曰"动兵三千以下，任尔调度；三千以上，与兵备道计议而行"②。"十三哨"以五寨司城为中心，各哨自有建置，防卫一体。"设营哨一十三哨，各有城池。"③ 如箄子哨：

　　本哨去县北一百四十里。二城，一设山领，一设山麓。在岭者蜈架、瓦盖、前后城门二，督备衙一，营房百余；在麓者土城、瓦串、城门四，分司、领征厅、土官衙各一，炮楼四，隘门三，演武场一。……督备、领征、土官各一员，舍目、识字、打手、凯、土、苗等兵计实在足九百九十九员名，岁支饷银三千四百九两四钱四厘一毫八丝，支米四千壹十三石六升八合五勺整。④

箄子哨，虽是一哨，却有二城，置设衙署、营房、炮楼、隘门、演武场，"舍目、识字、打手、凯、土、苗等兵计实在足九百九十九

<hr>

① （清）严如熤：《苗防备览》卷 15《述往中》，嘉庆二十五年（1820）刻本。
② （清）黄志璋：《麻阳县志》卷 10《外纪志》，康熙二十四年（1685）刻本。
③ （清）俞益谟：《办苗纪略》卷 1《镇箄传边录》，康熙四十四年（1705）俞氏余庆堂刊本。
④ （清）黄志璋：《麻阳县志》卷 10《外纪志》，康熙二十四年（1685）刻本。

员名",俨然一处小型军镇之地。驻军中的"凯、土、苗"即明廷招募的当地土著居民。类似如洞口哨,除设有指挥、百户、舍把、头目外,另募"土兵一百九十四名,打手并仡兵三百五十四名,苗兵一百七十六名"①。募兵已是"十三哨"组建的基础之一。

伍新福先生认为,"十三哨"走势分为两线②:一线是西起铜仁市、凤凰县交界的王会营,南下经小坡、铜信、冰塘坳,往东为水田营、五寨司,再至石羊、龙首、拱辰等营哨,可称"后防线";另一线为紧贴腊尔山"生苗区",西起凤凰营,向东南经永宁、永安,又北向经盛华、箭塘,再往东而北至清溪、洞口、箪子、强虎、乾州各营哨,达镇溪所的"前沿线"。

伍新福先生有关"十三哨"的"两线"说法无疑是非常正确的。其中"前沿线"即万历年间边墙修筑所走路线。

据龙京沙先生的最新考古研究,"十三哨"位置大致可寻③:

乾州哨即今乾州厅城旧址;

强虎哨即乾州社塘坡三叉坪附近的强虎村(吉首市社塘坡西门口村);

箪子哨即现在的箪子坪旧司坪村,

洞口哨当在凤凰县吉信镇联欢村4组的洞口堡故址;清溪哨即现吉信镇的青瓦村;

五寨哨为五寨长官司司治,即现今的凤凰县城;

永安哨为前牛坳堡旧址,在今廖家桥镇的永兴坪;

石羊哨在今怀化市麻阳县的石羊哨;

小坡哨原为小坡堡,在麻阳县旧县城锦和镇西部郭公坪乡小坡村;

镇溪所在今湘西州首府吉首;

---

① (明)郭子章:《贵州通志》卷18《兵防》,万历三十六年(1608)刻本。

② 伍新福:《明代湘黔边"苗疆"堡哨"边墙"考》,《中南民族大学学报(人文社会科学版)》2003年第2期。

③ 龙京沙:《湘西苗疆边墙调查报告》,岳麓书社2023年版,第311—312页。

箭塘营即长坪，现在凤凰县千工坪镇建塘村；

盛华哨旧名"鱼洞坡"，现为凤凰县千工坪镇胜花村；

永宁哨原为"丫剌关"，在现今凤凰县阿拉营镇；

长宁哨又名"长冲"，现属凤凰县沱江镇长坪村；

靖疆哨在今凤凰县吉信镇大桥村；

凤凰营在今凤凰县落潮井镇的落潮井村今名凤凰营的山坡上；

另，铜信哨在麻阳县城附近，冰糖坳哨在凤凰县茶田镇的塘坳村，水田营在凤凰县水打田乡的水打田村。

除构筑"十三哨"，为加强防守，张岳又命"参将孙贤立烽燧建营隘，筑边墙七十里"，初显堡、哨、边墙连环相扣的防卫结构，然"后不缮修，倾颓殆尽"①。康熙《辰州府志》有载，兹不惮烦琐，摘引如下：

> 一议哨墙之缮。查嘉靖季间参将孙贤立烽燧建营隘，筑边墙七十里，人恃为金城。以故苗患遂鲜，民皆乐业。后不缮修，倾颓殆尽。当事者不继，肯人已成之绩，乃创为增哨之举，遂以十二增为十八，兵愈分则力愈寡，将愈多则费愈侈，从何出办？悉兵士膏备也，膏血既吮，尫羸渐成，敌忾何由此，苗氛渐炽，内祸日烈也。哨官不为自强之计，甘为媚苗之术，今日许苗粮几筹，明日许苗粮几筹，一哨倡之，众哨从而和之，彼增则此添，此添则彼增，今计苗一岁食粮四千五百余两，何曾使苗不内寇乎？不特不能使不寇也，或食粮于东而行劫于西，或食粮于西而行劫于东，不止豢苗者不敢言，即被害者亦不敢显举其名，真所谓畏苗如虎，自视如鼠者也。今诚昉答人故基，自五寨司、奇梁隘起，直至乾州哨、望城坡止，悉筑墙一丈二尺，基厚五尺，或内有可补者补之，或全无宜创筑者筑之。东西仅仅七十里，大哨十里，次者七八里，小者三四里，绳鐡桢干之，具取诸逃扣人力

_____

① （清）鄢翼明：《辰州府志》卷7《边防》，康熙五年（1666）刻本。

用兵卒，及墙内人家计丁分日轮班，助之墙成土，用木架茅草覆之焉，一劳永逸之举。夫督工不得其人，则亦虚糜工力，宜委文官贤而有才者一员，与哨官监修。修后，墙镆片石刻兵夫姓名于上，日后倾圮，则令重修。哨官计数罚治，或无不殚心力者矣。若夫上洞山险溪界不能筑墙，宜于紧要去处设立隘门一座，用兵守之，朝启夕闭，盘诘往来，不宁遏苗入，亦所以杜内逆之出也。凡有交易，止在墙外，计墙东西苗巢多寡、应有几处、建立几所明白，各定月日，用兵监之，不许纷扰。苗不许入墙，民不许越市。如违，各治以罪，庶险有可恃而奸不复萌矣。

侯加地曰：防苗惟筑墙为第一义。然须石砌，乃佳磷磷皆是非必取之它山也，山险不能筑者，则因险为墙，如西北边法劳均而垂久，费鲜而利宏，不犹贤于十万师乎。

鄢翼明曰：辰属境治，环绕皆苗。苗之为害，非一日矣。盖其巢穴则倚山靠洞，攻之者不得，尽其根株，其出入则伏箐藏林，防之者不得问其踪迹。以窃盗为生涯，以仇杀为胜事，勾连党羽，招纳流亡，聚十为百，聚百为千，联成大队，由寸而尺，由尺而丈，酿至巨痈。附近者犹知镇协之官兵心存畏惧，地远者不闻有号令之威严，性似豺狼。且可骇者商贾不禁，每每堕其术中构讼无已。而所异者罪犯抗提频频催至，颓秃疾呼，不应拨此异种，未赋恒心。余昔季披阅舆图，见辰州为古苗蛮地，重冈复岭，半为蛮窟，吏犹藉蛟而寝，此时恨不身历其地，遍览形胜，建一长策以除万世之害。迄应一命出守辰州，至止之日地方初闻，供应军需，招抚惇鸿，不遑及此继则转饷西山，终季督运两载，始告平成。今则欲出一议陈一策，使流亡不得附会，禁物不得私通，出入有防，关隘有稽，汉土有别，上下有分，必如是而后可为久安长治之法。然余忽奉调书行将去矣，不及举行，后之来者自有嘉谋，不须余赘。①

---

① （清）鄢翼明：《辰州府志》卷7《边防》，康熙五年（1666）刻本。

此次修筑边墙，是明代在湘黔边区修筑边墙的最早历史记载。但嘉靖年间修筑的"七十里边墙"尚未构成规模，只是作为"十三哨"的防卫延伸，"十三哨"为主，边墙为辅。万历年间，"苗患"愈演愈烈，明廷在湘黔边区构筑了更大规模和更长里程的边墙。

（三）边墙

湘黔边区长久波动迫使明廷不断更置防苗、治苗策略，然"兵愈分则力愈寡，将愈多则费愈侈"①。"苗蛮"虽分属两省，实则一体，"湖贵间有山曰'蜡尔'，绵亘三百余里，诸苗居之。虽分隶两省，其蟠结窜从，实相薮匿焉"②。两省各自为政，终至调控不及，因而谋求统辖湖贵两省的边防体系。而嘉靖年间孙贤所筑"边墙坏而入犯路多，如四达之衢"③，不得已，明廷在万历四十三年（1615）修筑了连亘湘黔两省"上至铜仁，下至保靖汛地"的三百余里边墙：

> 又万历四十三年，分守湖北带管辰沅兵备道参政蔡公复一，巡历镇边，目击当哨星罗，苗路羊歧，难以阻遏觊窃。于是申详两院，支公帑四万三千余两，上至铜仁，下至保靖汛地，建立沿边土墙，迤山亘水三百余里。④

蔡复一认为"苗无君长，无大志，不过劫财、执人取赎，练兵守险，可以御之"⑤，故而主持修筑边墙，"有摄兵使者右辖蔡公苦心拮据，督筑边垣，选将募兵周防饬备"⑥，共耗"公帑四万三千余两"。有关蔡复一构筑边墙之谋，《天下郡国利病书》摘引有"筹边录"一则：

① （清）鄢翼明：《辰州府志》卷7《边防》，康熙五年（1666）刻本。
② （明）徐学谟：《湖广总志》卷31《兵防二·苗徼》，万历十九年（1591）刻本。
③ （清）顾炎武：《天下郡国利病书》原编第廿五册《湖广下》，《续修四库全书》史部地理类，上海古籍出版社2002年版，第228页。
④ （清）黄志璋：《麻阳县志》卷10《外纪志》，康熙二十四年（1685）刻本。
⑤ （明）蔡复一著，何丙仲点校：《遯庵全集》（上），商务印书馆2018年版，第277页。
⑥ （明）吴国仕：《楚边图说》（不分卷），万历四十五年（1617）刻本。

　　战守之法，不过本道累详练兵、守险两言而已。守险有要着，曰固筑边墙。练兵有急着，曰暂益战兵。边墙筑于孙参将，数十年倚为固。其后圮者续修不如法，犹存旧墙之半。至三十三年，尽坏于洪水，而十年之苗患始增剧，则无墙之验也。使有故墙，苗虽众，必先挖墙不能猝入，即入而掳掠归止此一路，不能他出。且所掠人畜安能急出？我兵据墙邀击，彼不能无伤，人口可夺也。先年有堵之墙，下获级数十者，固其成事也。计长宁、盛华、箭塘不用墙，箄子、强半倚绝崖为城、溪为池，亦不用墙。其宜筑墙者，下则由箄子接湾溪、乾州二十里，上则由洞口之孤魂塘接靖疆、清溪，至奇梁营三十里，下路可绕上路三十里，计不过五千丈。旧墙虽尽，而险犹存。今当计一劳永逸，墙址洞四尺，收顶三尺，高九尺，址用三层石苫，盖以草墙，外取土，因为深濠，濠外栽竹签棘刺，募民夫以兵力佐十之二。计每丈费官银三钱，五千丈用千五百金，往时兵多，虚冒其迤，故扣粮之日哨官以实私案。自本道两年在事，严加稽核赏功吊死，制铳造甲，皆有籍计。

　　现在辰、沅二库所积已千数百金，此例在饷外可动者，诚用以筑边墙为小民保障。筑完之后，岁于逃扣内别贮五十金为修费，遇小小淋圮，即呈详动买厌料，而后兵力筑之勿坏，此百年之利也。然交夏多雨，非八月不可动工，九月民又壮获，非冬不可并工，非来年二月不可竣工，苗岂能待哉？从八月始又为檠瓠猎吠之时，边墙未就彼突而入，不必满千，即数百人，而我兵无所不分，仓卒之间，安能集数百人御之。且役夫满野不遗之禽乎？彼不利边墙之立，时以百苗躁我，能从事版筑矣？歆责本哨兵劚营以护役夫，彼从间道潜入内地，不首尾牢制乎？欲筑边墙，其势不得不暂益战兵。夫各哨非无兵之患，无战兵之用患也。

　　本道遍阅诸哨，惟强虎哨数十兵及民寨兵、永安百兵、王会七八十兵、箄子之廖家三十兵可战，验兵以力教兵以技，其于战皆属第二，义战之胜，惟有胆耳。哨兵纪戏者多，本道虽汰换法，不能尽汰，募兵虽多壮丁，然皆农民，驱而与苗角，未能无色战也。苗兵虽敢死，而狐兔情多，不肯致力。惟镇溪之土兵、王会一带之仲、猺二家兵技勇坲苗，而离箄苗六七十里，无姻亲可用。为今计，须精募二百名，统以能将驻靖疆为游兵，左顾清溪，右顾洞口，苗入则直往搏战为锋，而各哨助之，诚得一胜。则苗胆自破，气自张矣。修筑边墙即以此一技，兵及三哨之半，出墙架梁，苗必不敢动，墙工可就也。

添兵便当添饷，本道及核筹之，此兵非长设也，不过一岁之计耳。兵备道原有奇兵一营，内打手、凯兵共三百名，以备调发。其实如土鸡、瓦狗，无盖于用。然不可骤去，去则为变，即各哨兵虽弱而不敢多汰者。职此之故，参守张良相云，小则为盗，大则勾苗是也。本道于奇兵缺二十名，已悬不补，渐渐汰其老弱，附近诸哨亦用此法。俟边墙成后，即将此增募一枝之兵收入奇兵营，不尽者填补各哨之缺。如此，奇兵皆得惯战之卒，有虎豹在山之势，而增饷可罢。故曰不过一岁之计也。计一岁，增兵饷当二千金，本院原发助饷余税银二万两，贮辰州府库，分毫未动，窃谓于中动二千金为募新兵一年之费，尚一万八千两，以给镇箄营哨额兵四十三年夏秋工食，亦不为少也。骤费二千金钱，本道非不惜之，然择害就轻，择利就重，若不暂设此一枝惯战之卒，八九月苗必大举，复有十八寨之祸，边墙决不可成。虽取失事哨官诛之，犹未能益于成败之数也。此策不用则当听将领以兵粮三十名豢苗可弭旦夕，然十年便为金三千，且其隐尤伏祸不可胜言矣。本道目击镇箄苗患，过于今倭、虏。虏隔边墙，倭隔巨海，而镇箄无短垣之蔽，虏防秋，倭防汛，而镇箄惟五六七三箇月稍缓，其余无非跳梁之日。计惟暂益战兵，坚筑边墙，募兵之费取现发助饷，余税不过二千金。边墙之费，取本道所节省逃扣银，现在不过千五百金。逃扣无损于正饷，而余税本院破格济边省者，今边民涂蕨已极。取二千金以为捍御，何惮不为哉。

边墙成而兵益练，则制苗有余矣。且一年内有此精兵二百，自为一军可以出奇，新任又得良将，相机成功，未必不在此着也。即贵州镇道雕剿水硍、黄柏山从二月至今，所费以数千计，皆思州、铜仁、思南等府搜括库藏，又编发乡兵，骚动一路，诚愤苗祸之无极，虽费不得已也。黔以苗为腹心之患，而上下以全力图之，故所若在遭时之诎，楚以苗为肢节患，而辰沅距省千六七百里，情状难以纸悉，故所若在伸志之难。然肢节之疽蚀，腹心能晏然已兮。伏乞本院察本道言，非敢欺谬，准于助饷银内动二千金为募兵之费，止以一年为限，边墙工完即将新兵尽收补奇兵营，及各哨兵缺，以省添饷，其边墙工仍听本道委官佑计于辰沅二库节省逃扣银内，动一千五百两兴工修筑，严加稽覆，不得浮冒以蠹财。亦不得过缩，以废守。度此费尚可量者，所省尽数还官，庶边防有赖矣。①

总之，为实现湘黔边区稳定，明廷再次整饬边防，将沿边的营、堡、哨、关、隘等军事设施连成一线，"沿溪石壁，水城天堑生成界限"②，自湘黔交界之西南至东北，区隔腊尔山"生苗之区"与西南泸溪、麻阳县"编户之区"，旨在"抑汉/镇苗"，"借以捍蔽苗类，保障边围者也"③。天启二年（1622）④，边墙再次延长，辰沅兵备道副使胡一鸿"委授黔游击邓祖禹自镇溪所起至喜鹊营止，添设边墙六

---

① （清）顾炎武：《天下郡国利病书》原编第廿五册《湖广下》，《续修四库全书》史部地理类，上海古籍出版社2002年版，第228—230页。

② （清）俞益谟：《办苗纪略》卷1《镇篁传边录》，康熙四十四年（1705）俞氏余庆堂刊本。

③ （清）段汝霖：《楚南苗志》卷1《边墙图说》，乾隆二十二年（1757）刻本。

④ 据乾隆《沅州府志》卷25《职官一》有载"（兵备道）胡一鸿，天启元年任"，又乾隆《湖南通志》卷105《名宦》记"彭先儁……天启二年知泸溪县时，逆苗劫掠，先儁与镇篁游击邓祖禹多方剿抚，民赖以安"，据此可大致推测镇溪所至喜鹊营段六十余里边墙当在天启二年（1622）修筑。

十余里"①。至此，明代边墙自霭云营/王会营（亭子关）至喜鹊营，全长三百八十余里（见图 1），终成"围而治之"之势。

关于为何至万历年间湘黔边区大规模修筑边墙，而不是继续增修营哨，自贵州铜仁至湖广镇筸沿边修筑三百余里边墙又是出于何种时势？《办苗纪略》收有"镇筸传边录"一则，内中对边墙修筑缘由颇有分析：

前任分守湖北带管辰沅兵备蔡讳复一者，看得红苗叛乱，未及平川一县，若住秦、晋、燕、卫之中，断不使一日而能居也，何为永留焚杀。三省乘时急力申详题剿，改州设卫，政有机缘。无奈麻阳县进士满朝荐私虑：剿绝苗贼，而辰沅必立，王殿恐各县膏腴之田半属藩家，不知乃通城破库之逆始，而借故回寨，至辰沅不立。王殿赖此逆苗之故，又被辰沅两卫之官私虑：苗子不反，指挥不升，不如留苗，我等委管哨务，世当庄田。又捏故回寨。又被永、保二司通苗土豪私虑：剿绝苗贼恐缉理田粮，唇亡齿寒。又多方上京到部打点回寨。此千古遗恨，何日体哉！可怜兵备道蔡迷惑不知，血尽心枯，万不得已巡历筸边，见得苗路如梳，极难拦阻，申详两院，题奏动支公帑银四万三千余两筑楚边城。②

从上述史料可知，万历年间修筑边墙，实乃士绅、府县、卫所、边将、土司各怀私虑、多方推诿、搪塞欺瞒之结果，间接映衬了明末政治腐败之乱象。明代湘黔边区持续动乱，与自明初起流官统治未曾建立、卫所几无深入镇戍有关。至万历年间，本可借机统筹安边，解决遗留问题，无奈痛失机缘。兵备道蔡复一"巡历筸边，见得苗路如

① （清）俞益谟：《办苗纪略》卷1《镇筸传边录》，康熙四十四年（1705）俞氏余庆堂刊本。
② （清）俞益谟：《办苗纪略》卷1《镇筸传边录》，康熙四十四年（1705）俞氏余庆堂刊本。

梳，极难拦阻"，方才奏请用公帑修筑三百余里边墙：

> ……公议于苗边地方渡头坑、毛都塘、两头羊、红岩井、毛
> 谷地、大田、泡水等处一带起工筑城，沿溪石壁，水城天堑生成
> 界限，民邨田粮得入腹内。不幸州府县民虑远喜近，辞难就易，
> 各官受贿就近从易，将民邨寨地方芦塘、都溶、龙井、强虎都
> 处，将额粮田地筑在墙外，被苗侵占，民怨至今。保靖司都司周
> 履时督工，上自王会营起，下自镇溪所止，湾环曲折、绕水登山
> 三百余里，新建边墙一重，高八尺，下起脚五尺，上收顶三尺，
> 兵筑一丈给价一钱二分，民筑一丈给价一钱八分，而兵备道蔡得
> 以一端救民之念矣。墙工告竣，有各州府县接壤居住者、相距边
> 墙或百里窵远者合词赴本道，告讨便宜。三年以内，遇有崩卸渗
> 漏，本民仍行筑盖；三年以外，遇有崩卸渗漏，责附近哨寨兵民
> 补苦盖造。本道批允给照为执。所以参守衙门通行营哨官兵添设
> 游兵头目一名，巡墙队长一名，制立循环二筹，限定时刻，头目
> 带兵三十名在营伺候，同前哨兵筹不公雨夜，填明时刻，带依墙
> 巡至前哨，交明回哨。其巡墙队长每遇朔望，上哨自王会营起，
> 下哨至靖疆营止，赴参府衙门呈递不致崩卸渗漏甘结，下哨赴守
> 府衙门呈递。于天启年间，又设前任辰沅兵备道副使胡讳一鸿
> 者，委授黔游击邓祖禹自镇溪所起至喜鹊营止，添设边墙六十
> 余里。①

不过，边墙修筑线路与原有防卫线路是有所退缩的，"公议于苗
边地方渡头坑、毛都塘、两头羊、红岩井、毛谷坢、大田、泡水等处
一带起工筑城"，但"州府县民虑远喜近，辞难就易"，又"各官受
贿就近从易"，竟将"芦塘、都溶、龙井、强虎都处"置于墙外。明

---

① （清）俞益谟：《办苗纪略》卷 1《镇筸传边录》，康熙四十四年（1705）俞氏余
庆堂刊本。

代边墙的建筑形质，主要是以夯土构筑，"高八尺许，基厚五尺，顶三尺"。官府募兵民共同修筑，给付工钱。其中兵筑一丈银一钱二分，民则银一钱八分。为了确保边墙防线稳固，边墙竣工后，还时刻派人巡查维修，"各哨选游兵头目巡墙，队长领兵数十名，虽雨夜接替传签，沿墙巡视，墙圮则令兵时为补葺"，规定边墙如有毁坏，三年以内"仍令原筑兵民修葺"，三年以外"责令附近哨寨兵民补筑"①。如此，以边墙为连接，营哨、炮楼、关隘星罗棋布。

边墙沿线驻守有汉、土官兵七千八百名，负责日常守卫。其中，"参守等员饬行各营哨"，又以"游兵头目十名，巡墙队长一名"，设置"循环二薄，限定时刻"。每头目带兵三十名等，不分雨夜，依边墙沿线巡查，"交签接替，循去环来"，然后"朔望赴参守衙门具结"，以示稽察勤惰。②遇有警，"至炮兵，下哨击梆上哨，举火是矣"③，至近城则敲钟戒严。

明代湘黔边区的政治军事格局基本表现为卫所控制土司，土司控制"苗蛮"，层级监管，相互钳制。然而，"苗乱"迫使明廷在湘黔区域增设"堡哨"，既而在万历年间修筑边墙，封锁"生苗"，控制"熟苗"，保护汉民，维持明廷在湘黔边区的统治。

湘黔边区界邻川楚黔三省，若有动乱，波及面广，明廷为考虑全局，不得已筑墙固界。"设立边墙自万四十三年，乃楚边长城，非为镇筸而设，原为全楚而设。"④但至边墙修筑完工已在天启年间，明朝亦进入穷途末路。不久，边墙沿线"嗣因兵额渐被苗占，扼要之地悉为苗据"，迨明清递嬗，"流贼生发，群苗窥隙"，边墙亦被"踏为平地"⑤，不及三十年，边墙与边防体系即行瓦解。

---

① （清）段汝霖：《楚南苗志》卷1《边墙图说》，乾隆二十二年（1757）刻本。
② （清）段汝霖：《楚南苗志》卷1《边墙图说》，乾隆二十二年（1757）刻本。
③ （明）吴国仕：《楚边条约》（不分卷），万历四十五年（1617）刻本。
④ （清）俞益谟：《办苗纪略》卷1《镇筸传边录》，康熙四十四年（1705）俞氏余庆堂刊本。
⑤ （清）段汝霖：《楚南苗志》卷1《边墙图说》，乾隆二十二年（1757）刻本。

第二节　清代再筑边墙

清初，云贵至湖广一线是清廷与南明的重要拉锯地带，其后又有"三藩之乱"，尚无暇顾及湘黔边区治理。待政局稳定后，湘黔边区仍时有波动，小有动乱。鉴于此，有官员借喻明朝旧制重提修筑边墙事宜，以限民苗之界。[①] 但清廷主张"抚而训之"，教化苗民。而且，由于经费制约和治苗政策不同，地方官员彼此在治苗政见上颇有分歧。如有官员即称修筑边墙乃"祖龙故智，良可笑也"[②]，并称"镇箪一小长城为苗云扰波摇，疲于奔命几二三十年，七千八百汉、土官兵被苗杀掳殆尽，兵不自保，安能保民？"[③] 或因如此，清廷先后两次罢议重修边墙。在此期间，清廷并非不理苗不治苗，亦对前明之修筑边墙"围而治之"颇有反思。然而，湘黔边区复杂的族群关系与薄弱的统治基础，致使几无稳妥之举、长久之治，诚如清人严如熤总结道：

> 明宣德间，萧授筑二十四堡，环苗地守之，捣苗巢穴，而苗近百年无事矣。至嘉靖中年，苗大猖獗，张岳改为十三哨，其后或因或增，至为四营十四哨，卒无以防苗也。万历间，蔡复一于亭子关至喜鹊营，筑边墙三百余里以限之，至墙圮而苗依然如故矣。则是经略苗疆，而欲其久安长治，迄无善策也。[④]

康熙中期至雍乾年间，清廷施行改土归流，废除土司制度，裁汰

---

① 参见（清）刘应中《边墙议》，（清）严如熤：《苗防备览》卷21《艺文下》，嘉庆二十五年（1820）刻本；（清）陈宏谋《湖南通志》卷54《理苗二》，乾隆二十二年（1757）刻本；鄂海《抚苗碑》，黄应培：《凤凰厅志》卷19《艺文一》，道光四年（1824）刻本。

② （清）王玮：《乾州厅志》卷1《城郭志》，乾隆三年（1738）刻本。

③ （清）黄志璋：《麻阳县志》卷10《外纪志》，康熙二十四年（1685）刻本。

④ （清）严如熤：《苗防备览》卷17《要略》，嘉庆二十五年（1820）刻本。

卫所，委派流官，置府设厅，湘黔边区曾有一段稳定期，然不久纷争再起，至乾隆六十年（1795），爆发了乾嘉苗民起义。起义平定后，清廷认识到先前的治苗政策欠缺全盘考虑，随即调整治苗方针，厘清民、苗界址，解决土地纠纷，缓和苗汉矛盾，重修边墙再次提上日程。

修筑边墙的首要任务是厘清民、苗界址。先前"乾凤旧有土城一道，自喜鹊营起以亭子关止，绵亘三百余里，以为民苗之限"，然汉民大量耕种苗地，致苗民无地失业。对此，官方作出规定，"自至黔川交界，三厅所属苗地，向来悉系苗产。此内如有汉民侵占之田，应一并查出，不许汉民再行耕种"②，实行"民地归民，苗地归苗"②的政策。为贯彻这一政策，在平定起义、稳固统治的同时，清廷仿效明廷旧制，重修边墙，立碉建卡，增修军事防御设施，至嘉庆五年（1800）初成。① 据《圣武记》所载：

> ……战且修，其修之之法，近以防闲，遥以声势；边墙以限疆界，哨台以守望，炮台以堵敌，堡以聚家室，碉卡以守以战，以遏出、以截归。边墙亘山洞，哨台中边墙，炮台横其冲，碉堡相其宜。凡修此数者，近石以石，远石以土，外石中土，留孔以枪，掘濠以防……是年碉堡成，明年边墙百有余里亦竣，苗并不能乘晦雾潜出没。每哨台举铳角，则知有警，妇女、牲畜立归堡，环数十里戒，于是守固矣，可以战。②

---

① 需要说明的是，清代嘉庆年间在湘黔边区大规模修筑边墙与边防体系之前，并非没有间断性和区域性修筑边墙的情况。如《铜仁府志》载："铜之苗患出没不常，明季为尤甚。迄国朝初猖獗如故，顺治十五年冬，知府梁懋宸亲率有众至铜鼓滩攻而杀之……越一年，调副将贺国贤镇守铜郡，防御有法，筑边墙于振武营，开道路于石榴坡"，表明为防止"生苗"作乱，清初曾在湘黔交界有修筑边墙、加强防卫之举。参见（清）敬文《铜仁府志》卷2《地理·苗蛮》，道光四年（1824）刻本。
② （清）魏源：《圣武记》卷7《土司苗瑶回民·嘉庆湖贵征苗记》，道光二十二年（1842）刻本。

清代边墙主要是石墙，由时任凤凰厅同知傅鼐主持修筑，从四路口至木林坪连亘一百余里，"自三厅由乾州交界之木林坪，至中营所辖之四路口"，"沿边开筑长墙濠沟百余里"①。边墙沿线更密集布施军事设施，"又度险扼冲，筹设屯堡，联以碉卡"②。边墙修筑后，鉴于"仍有匪徒越墙，或于悬崖陡坎不能筑墙之处攀援而上"③，又加削凿，并于边墙一线交界筑汛堡、屯卡、碉楼、哨台、炮台、关厢、关门等边防设施一千余座。各边防设施之间，间有墙垣修筑，以加强防卫。④ 也就是说，不同于明代三百八十余里边墙的一线防卫，清代的边墙范围扩大，囊括凤凰厅、永绥厅、乾州厅、古丈坪厅、保靖县、泸溪县、麻阳县、铜仁府、松桃厅，构筑了实体边墙＋数以千计的边防设施＋数段墙垣，边墙修筑还借助了悬崖沟涧等自然地势，构成边墙与边防体系。边墙依"界"而筑，"界而治之"，苗汉分治（见图2、图3）。

清代重修边墙，是继承明代经略湘黔边区思路，以边墙作为防苗、控苗和治苗的统治方式与控制手段，进而稳定湘黔边区。明清两代边墙的修筑皆不是一次完成，经历了一个递次渐进的阶段，筑墙区隔均不是首选。而且，明清两代边墙防卫手段与建造格局大体相似，都是堡哨与边墙相结合的防卫体系。清代边墙基本走向也是沿袭明代。

明清两代边墙又具有一定的差异性。一是边墙长度与起止点不同。明代边墙自霭云营/王会营（亭子关）至喜鹊营，全长三百八十余里。清代边墙自四路口至木林坪，全长仅一百一十余里，长度要短

① （清）佚名：《苗疆屯防实录》卷1《屯防纪略》，江苏扬州人民出版社1960年复制印行。
② （清）但湘良：《湖南苗防屯政考》卷15《勋绩考》，光绪九年（1883）刻本。
③ （清）黄应培：《凤凰厅志》卷8《屯防一》，道光四年（1824）刻本。
④ 近年来，笔者从事湘黔两省交界地区边墙遗址遗存的调查整理，发现除整体一线的边墙外，各汛堡、哨所、碉卡之间，往往会有小段的边墙修筑情况。如湖南省保靖县涂乍汛遗址遗存，即是由涂乍碉卡山脊处延伸至涂乍汛营盘的边墙延伸；再如贵州省铜仁市碧江区的滑石营、松桃县的正大营、盘石营，围绕这些军事据点，均有边墙延伸。

得多。里程上的变化，映衬明清两朝治理策略大有不同。

二是边墙修筑材质与防卫程度不同。明代边墙多为土墙或土、石混合，清代边墙主要是石墙，亦有土、石混合，并借助悬崖沟涧，走势更险峻，且防御更为严密，体系更为完备。明代修筑边墙是"抑汉/镇苗"，较为倚重三百八十余里边墙的"民苗之限"。清代则大不相同，实体边墙更像是辅助，密集的边防设施则是主导，一道构成广义的边墙，防苗治苗意图更为突出。"自长凝哨近关碉起至与乾州交界之老营盘、沙坪碉止，筑边墙一道，所建汛堡、屯卡、碉楼、哨台、炮台、关门较密于他约。"① 因此，清代的边墙不仅包括百余里实体边墙，还包括围绕腊尔山布施的数以千计的边防设施，相互呼应。

三是治理湘黔边区、处理苗汉关系策略不同。明代修筑边墙，是经"二十四堡""十三哨"至"边墙"的边防更置，"围而治之"策略保守消极，虽是防止"生苗""寇边"，保护汉民，但基本是将腊尔山"生苗区"归为"化外"。清代边墙既有防止苗民滋扰"汉地"，也有保护苗民利益，禁止汉民无故进入"苗地"滋生事端，"界"而治之，边墙内外治理策略有异，注重边墙以外的开发建设，调和苗汉矛盾，维护湘黔边区族群和平共处。

四是维持时间与所起作用不同。明代修筑边墙时，已是万历末年，至崇祯年间坍塌、明清交替，仅维持三十余年，且修筑边墙重在区隔，治理次之；而清代则是以"墙"为"界"，厘清民、苗界址，践行苗汉分治，以求"使兵农一体以相卫，使民苗为二以相安"②。从清初弃建边墙，化导"生苗"，到乾嘉苗民起义后重修边墙、广置碉卡和全面治理苗区政策的展开，从苗汉分治到苗汉交融，折射出湘黔边区的巨大变迁。

清代治理湘黔边区，无论是力度、广度还是深度，较之明代更

---

① （清）黄应培：《凤凰厅志》卷1《碉卡图说》，道光四年（1824）刻本。
② （清）魏源：《魏源集》，中华书局2018年版，第363页。

甚，既防又治，以边墙为依托开展一系列的治理措施。"一方面，边墙起到了暂时缓解苗汉矛盾的作用；另一方面，边墙的存在为后续治理措施的顺利开展奠定了基础。"① 边墙修筑后，除沿线驻扎的重兵，又设置"苗守备""苗千总""苗把总""苗外委"等职官四百八十六名，构建了更为牢固的治安保障体制；推行屯田与屯政，均出十五万余亩屯田，置屯官（屯守备、屯千总、屯把总、屯外委、屯额外）、屯长（总屯长、散屯长），促进了湘黔边区的社会建设②；增（重）修书院六所，修建屯义学、苗义学一百二十馆，划分"边""田"字号，适时推动儒化，推动科举事业发展。总之，清廷依托边墙开展了一系列的社会治理措施，试图振兴湘黔边区。边墙修筑后，湘黔边区形成不一样的发展格局，是为"边墙格局"。③ 质言之，相较于明代，清代边墙不仅强化了军事防卫，更突出了社会治理、经济开发、治安保障的功能。

经过一番治理，先前"苗情最悍，向者行人过此心胆为摇"的腊尔山区治安环境大为改观，"今则恶俗已更，民苗和辑，设大平茶汛，其下资镇压焉。坡西松属，坡东楚属"④。由明迄清，痼疾难治的腊尔山"生苗区"终于在清代边墙修筑后显示出了良好治理成效的一面，形成"民苗和辑"局面的形成，离不开明清两代的实践探索和清廷修筑边墙后积极地务实治理与开发举措。"历朝所羁縻勿绝者，今皆驯扰向化仰见。"⑤ 清廷这些治理措施，并非以汉民为中心，而是重视利苗、恤苗，致力于湘黔边区的社会治理与开发建设，促进"边区"与"内地"的一体化发展。经由清中期的治理与管控，清末苗汉已深度交融，边墙坍塌，只剩一些残垣断壁而已。

---

① 陈文元：《"区隔"与"疏导"：清代湘西苗疆边墙与族群交往秩序》，《民族论坛》2021 年第 1 期。

② 陈文元：《清中后期湘西苗疆的农业政策与社会结构》，《农业考古》2020 年第 4 期。

③ 陈文元：《边墙格局与苗疆社会——基于清代湘西苗疆边墙的历史学考察》，《中央民族大学学报（哲学社会科学版）》2020 年第 6 期。

④ （清）徐鋐：《松桃厅志》卷 5《关隘》，道光十六年（1836）刻本。

⑤ （清）徐鋐：《松桃厅志》卷 3《建置》，道光十六年（1836）刻本。

第二章

边墙遗址遗存调查

2012 年,"凤凰区域性防御体系"成功入选《中国世界文化遗产预备名单》,意味着边墙"申遗"工作取得重大进展。由明迄清,中央王朝在湘黔边区先后两次修筑边墙,形成了规模宏大、类型丰富、数量众多、地域广泛的古迹建筑群,但学界对边墙的修筑年代、起止走向、工程里数仍有争议,边墙与边防设施的遗址遗存现状、数量了解不清,且由于年代久远、文献记载散漫和多处遗址遗存的坍塌、破坏,对众多遗址遗存分布更是语焉不详。边墙及大量的营、哨、汛堡、屯卡、碉楼、哨台、炮台、关厢、关门等边防设施遗址遗存充分构成了明清时期南方少数民族地区军事古迹建筑群与多民族地域文化景观,调查与整理意义重大。鉴于此,在当前文化遗产保护与开发的热潮下,通过调查与整理边墙遗址遗存,形成权威统计,厘清边墙与边防设施的现存现状与形制特点,描绘边墙地域特色文化形态与多样人文景观,从而致力于边墙文化遗产的保护与开发。

第一节 边墙遗址遗存整体概况

边墙遗址遗存分布地域广泛,类型丰富,历史久远,是南方少数民族地区极有特色的军事古迹建筑群,结构元素鲜明,人文景观突出,整体表现出比其他民族地区更具代表性和典型性的民族史地属性与多民族地域文化特征,是极为重要的民族历史文化遗产,具有较高的开发与研究价值。

今湘黔交界区域的凤凰县、吉首市、花垣县、古丈县、保靖县、麻阳县、碧江区、松桃县等地有众多边墙与边防设施的遗址遗存。明清中央王朝依据山形地貌、生态环境在湘黔边区修筑了不同类型的建筑，既有防御性的边墙哨卡、城楼营盘、关隘据点遗址，也有库房站所、通道交通、操练场地、生产生活、宗教祭祀等设施遗存，以及沿线苗族、汉族、土家族、侗族等多民族聚落，构成了富有特色的地域文化形态与多样的人文景观。

一　遗址遗存的类型情况

边墙遗址遗存不仅包括明清中央王朝修筑的实体边墙，还包括边墙沿线的各类边防设施，分布在湖南省和贵州省两地。主要包括：边墙、古城、营盘、屯堡、寨堡、碉楼、关卡、古道等类型，这些遗址遗存毁坏程度不一，保护级别不一，有些甚至处在不被保护状态。根据笔者田野调查所见，诸多遗址已毁，地面遗存比重其实非常少。所以，非常有必要进行一次系统、全面、深入的调查统计。值得庆幸的是，2021 年 1 月至 10 月，湖南省湘西土家族苗族自治州组织有关部门和专家对边墙遗址遗存进行了系统调查和全面统计，普查结果为：现存边墙 88 段、长 12944 米，营汛、屯堡、关卡、碉楼、古道、古堡寨、古城址、城堡、石碑、题刻、龙窑等共计 578 处（见图 4）。不过，与之相邻的贵州省铜仁市尚未开展系统和权威的边墙遗址遗存调查统计，相关数据暂无。

明清修筑边墙和各类边防设施，绵延湘黔两省，围绕腊尔山区从铜仁至湘西形成一条类似"线性"的遗址群。恰巧的是，如果将明清两代的边墙遗址遗存整体标出，犹如一只耳朵形状。边墙遗址遗存的核心要素是军事古迹建筑群，但也包括边墙沿线的文化形态和人文景观。遗址遗存总体呈链式结构，镇城、营城、屯堡相间，外加各类星点般的碉楼、屯卡、炮楼等，边墙遗址遗存的分布类型可以总结为"一线多点繁星"式。

边墙遗址遗存的文化遗产特点，具体表现为规模宏大、类型丰富、数量众多、地域广泛。第一，规模宏大。明代边墙，历经"二十四堡""十三哨"，至嘉靖年间的"七十里边墙"，再至万历年间的"三百余里边墙"，天启年间又增修"六十里边墙"，虽为土墙，但自贵州绵延至湖南，全长三百八十余里；清代边墙里程稍短，自四路口至木林坪共一百一十余里，不过围绕湘黔边区还修筑了数以千计的边防设施，密集的军事建筑分布在南方崎岖复杂的山地，实属不易。

第二，类型丰富。边墙遗址遗存中，边墙不仅包括"土砌边墙"，还有"石砌边墙""土石混合边墙"，共三种类型。边防设施中，有汛堡、屯卡、碉楼、哨台、炮台、关厢、关门等数以千计的边防设施。明清边墙沿线还驻扎了数千军士（汉、土结合），与边墙沿线各民族同居共处，聚落、寨堡、民居、庙宇、古道丛生，使得边墙遗址遗存极其丰富。

第三，数量众多。一方面，明清修筑的边墙，主要分布在湖南省湘西土家族苗族自治州凤凰县诸多乡镇，共88段、长12944米；另一方面，明清修筑的边防设施散落在湘黔两省，仅湘西土家族苗族自治州边墙遗址遗存就有578处，如果将铜仁市碧江区、松桃县和怀化市麻阳县的边墙遗址遗存统计进来，则会更多。审视整个南方少数民族地区，无疑是非常突出的。

第四，地域广泛。明清边墙与边防设施，分布在今湖南省湘西土家族苗族自治州的凤凰县、花垣县、吉首市、古丈县、保靖县，怀化市的麻阳苗族自治县，贵州省铜仁市的碧江区、松桃苗族自治县，地域上横跨两省三地级州（市）八县（区、市），分布地域极为广泛。

若按边墙遗址遗存的建筑形态与结构，可粗略分为实体边墙和边防设施两类。实体边墙包括"土砌边墙""石砌边墙""土石混合边墙"三类，边防设施则包括镇城、营盘、汛堡、屯卡、寨堡、碉楼、哨台、古道，以及边墙沿线的聚落、庙宇、民居、集市等。

（一）实体边墙，包括明代边墙和清代边墙

从实地考察可以看出，边墙修筑主要是根据山势、河流、峡谷、悬崖依"界"而筑，就地取材，并非人为地将湘黔边区划分两域，诚如文献所称"绕水登山"。上文已提及，按修筑材料，可分为"土砌边墙""石砌边墙"和"土石混合边墙"三类。明清边墙虽多已毁坏，但现今的遗址遗存总体依然保存有部分边墙，主要分布在凤凰县落潮井镇、阿拉营镇、廖家桥镇、沱江镇（城关镇）、吉信镇、篁子坪镇等地。明代边墙多为夯土构筑，亦有土石混合部分；清代边土墙主要为石质构筑，亦有土石混合部分。

土砌边墙，主要是根据边墙防卫走势，就地取土修砌，现存土质边墙并不多，以笔者实地考察的凤凰县落潮井镇吃血坳明代土边墙来看，现仅剩线状的"土埂"，高度多为1米到2米之间，早已没有边墙的形貌。除"吃血坳明代土边墙"外，落潮井镇保存较好的还有：大田垄村"合哨营土边墙""小河坎土边墙""老鼠垄土边墙""鸡公寨中寨土边墙"。另外，阿拉营镇牛堰村的"肖水坨土边墙"、吉信镇大桥村"尖坡碉土边墙"等有部分土边墙遗址保存。

石砌边墙多采用青石块或毛石块堆砌，或经人工劈凿，因不同地理环境和地势，长度、高度各不相同，现存高度有的在1米，有的则到达3米以上。保存较好的石砌边墙，如凤凰县阿拉营镇黄合社区的"太岭山石边墙""碉脑上石边墙""狮子脑石边墙"，天星村的"高步碉石边墙"，西牛村的"犀牛屯石边墙"，凤凰县落潮井镇落潮井村"高堰边墙"。已被破坏的石砌边墙有：凤凰县阿拉营镇黄丝桥社区"黄丝桥东石边墙"，凤凰县廖家桥镇拉毫村"拉毫石边墙"，瓦场村"高坎上石边墙"等，毁坏的原因大多是修公路、居民建房屋、地方建设和土地经营开发等。

土石混合边墙则介于两者之中，或因边墙所处地方石质并不丰富，取材不便，遂构筑边墙时以夯土补充，主要分布在凤凰县沱江镇、吉信镇和篁子坪镇，即凤凰县往吉首市一线方向。保存较好的土石混合边墙有：凤凰县沱江镇大黄土村"牛屎通碉土石混合边墙""长脑碉土石混合边墙"，吉信镇黄泥岗村"袁脑上土石混合边墙"，阿拉营镇和平社区"走步云大营盘土石混合边墙""炮楼坡土石混合边墙",箟子坪镇箟子坪社区"箟子坪土石混合边墙"、鱼洞村"坟旯碉土石混合边墙",吉信镇得胜营社区"洞口哨营盘混搭式边墙"等。

（二）边防设施，包括明清两代修筑的各类边防设施

明清两代，为了强化统治，防苗控苗治苗，依据湘黔边区的山川地理格局，除修筑了实体的边墙封锁控制外，还依次修筑了镇、营、哨、炮楼、碉楼、汛堡、屯卡、关厢、关门等边防设施。今湖南省湘西土家族苗族自治州凤凰县、花垣县、吉首市、古丈县、保靖县，怀化市麻阳县，贵州省铜仁市碧江区、松桃县，皆有不同程度的遗址遗存分布，以凤凰县分布为最多。不同区域的边墙遗址遗存有着不同形式的建造工艺、建筑形态与防卫特点，无论规模、类型、数量，还是分布地域，皆是非常突出的。

古城，有石城、土城和城堡。石城，即凤凰古城、乾州古城和吉多坪古城。凤凰古城和乾州古城现均为旅游区，古城墙基本毁尽，仅残留部分城墙和建筑，古街巷和古城格局基本保留。吉多坪古城，位于花垣县吉卫镇卫城村，古城仅剩一段城墙残垣，其余建筑皆毁；土城，即花垣吉卫崇山卫城，俗称"老卫城"，位于花垣县吉卫镇卫城村，与吉多坪古城毗邻。城址仅剩一些土质残垣和部分古城军事设施、出土遗物等；城堡，包括黄丝桥古城、团上城址、鸭宝洞城堡。城堡一般驻都司、把总、外委等官，有城墙、设炮台，遗址形状或方形或圆形，驻军 200 名左右，颇有规模。各类古城遗址遗存规模不一，各有特点，保护程度参差不齐，地面建筑破坏较大，保存较好的不多。

营盘，湘西州、铜仁市各区县均有分布。营盘主要是集军事防御和兵营驻扎之用，一般呈圆形、椭圆形、梯形、不规则形、长方形、正方形等，面积在 60—50000 平方米之间。营盘所设，多为险要之地，连接边墙、屯堡、碉楼、哨台等，以控御民、苗。保存较好的营盘有：凤凰县沱江镇三里湾村"铜钱坡营盘"，新场镇合水村"岩上喇营盘"，廖家桥镇拉毫村"拉毫营盘"，吉信镇"火烧坡营盘"；吉

首市马颈坳镇团结村"喜鹊营";保靖县长潭河乡涂乍村"涂乍汛",官庄村"大营盘";花垣县长乐镇跃马卡村"跃马古汛堡";铜仁市碧江区滑石乡滑石村"滑石营",松桃县盘石镇盘石村"盘石营"等。

屯堡,是屯田制度下的产物,与屯田互为依存。一般修筑在高地,形状不一,有圆形、椁形、方形,或不规则形,主要是根据所处山体形状而定。墙体沿山体陡峭处以青石或毛石块垒砌,有1—4门,有垛口、枪眼、瞭望台、炮台等。保存较好的屯堡有:凤凰县阿拉营镇舒家塘村"王坡屯",茶田镇芭蕉村"麒麟屯",廖家桥镇林寨村"峨嵋山屯",花垣县花垣镇狮子桥村"三溪口屯",保靖县长潭河乡马路村"马路屯"等。

碉楼,多用青石或石块垒砌,有长方形、正方形、圆形三类,高度3—5米,两层或三层,有垛口、枪眼,面积20平方米上下。碉楼主要是作为巡逻瞭望之所,碉楼之间一般连有边墙。以笔者田野调查所见,碉楼之间一般间隔50—200米不等。碉楼是边墙与边防设施遗址遗存中最多的,但与此同时也是毁坏最多的,许多碉楼已不见其形,如有一个基座遗存算是保存较好的,保存完整的仅几座而已。保存较好碉楼有:凤凰县阿拉营镇黄丝桥社区"岩板堰碉楼""田坎喇上碉",箕子坪镇鱼洞村"半坡二碉""半坡三碉""半坡四碉",保靖县长潭河乡涂乍村"渡船口碉"等。

关卡,一般建在高地或地势险要之处,形制依山势而异。作为边墙沿线的防卫设施之一,其作用主要是防守要塞、稽查警戒、传递信息和驻军之所。有些关卡现已演变成村落,如凤凰县阿拉营镇化眉村亭子关。边墙沿线关卡大部分已毁坏,保存较好的关卡有:凤凰县沱江镇金坪村靖边关、阿拉营镇化眉村亭子关、廖家桥镇永兴坪村"永兴坪哨卡"。

堡寨,一般选择在战略要地修筑,据险以守,以扼其势,与屯堡、哨卡、碉楼互为倚重。主要分为两类,一类是边墙沿边处的军事防御类堡寨,修有城墙、垛口、枪眼等;另一类是依据水源、地势、交通、良田等优势自然形成的堡寨,多为苗族聚居。保存较好的堡寨有：凤凰县阿拉营镇舒家塘村"舒家塘堡寨"、砂罗村"砂罗古堡寨"，落潮井镇"勾良古堡寨"。

集市，一般位于边墙沿线的汛堡、营盘、屯堡、关卡处。边墙修筑后，为规范苗汉贸易，将集市设置于边墙沿线，一些集场成为区域性的商业市镇，并在今天依然发挥作用，如阿拉营镇（鸦拉营场）、吉信镇（得胜营场）皆是现今凤凰县重要的商贸物资交流集镇。位于凤凰县茶田镇茶田村的"新茶田古军事贸易遗址"，保存较好。

古道，是边墙遗址遗存的重要组成部分。古道一般沿边墙沿线分布，通往府、厅、县和各营、汛，分为官道、民道、粮道、营道四类。路面宽度2—3米，主要是以石板铺展，也有部分区域以鹅卵石铺就。近三十年，因修公路和乡村改造，边墙沿线很多古道皆被毁坏。保存较好的古道有：凤凰县沱江镇金坪村"靖边关古道"，阿拉营镇黄丝桥社区"青堡坡古道"，黄合社区"太岭古道"，吉信镇得胜营社区"澎水井古道"，花垣县长乐乡跃马卡村"跃马古道"。

二　遗址遗存毁坏的时间段

湘黔两省保存下来的边墙遗址遗存，是经过历史时期多次的毁坏后遗留下来的，除去自然毁坏和不间断的军事活动毁坏、日常毁坏，结合历史文献和笔者在湘黔两省各市县乡镇的田野调查所得，将边墙遗址遗存毁坏的时间段大致概括为以下几个时期：

第一次毁坏，在明末清初时期。明代边墙正式完工，已是天启年间，距离明朝灭亡仅十余年。边墙修筑后，初稍有维护修整，但至崇祯年间，明廷内忧外患，边防无力维持，即多有坍塌。史载："后于崇祯七年已来，流贼生发，且而外解不前，饷匮兵虚，营扼失守，粮苗即叛苗，熟苗即生苗，营哨尽为焦土，边墙踏为平地，何异海田变之速。"[1] 再加上明代边墙多为夯土构筑，相比石墙更易毁坏。所以，

① （清）俞益谟：《办苗纪略》卷1《镇筸传边录》，康熙四十四年（1705），俞氏余庆堂刊本。

至清初时，提及前明修筑的边墙，多言"边墙旧址，俱已残塌。所存废堵，百不一二焉"①，沿边"营哨焚毁殆尽"。

第二次毁坏，在清末民国时期。清中后期，清廷再筑边墙与边设施，以"墙"为"界"，"界"而治之，又积极进行地方开发和社会建设，苗汉畛域日益缩小，边墙内外民苗融为一体，边墙军事功能消失，最终不断坍塌毁坏，只剩下崇山峻岭的残垣断壁。民国时期，沈从文曾描述他所见的边墙与哨堡："……两世纪来满清的暴政，以及因这暴政而引起的反抗，血染红了每一条官路同每一个碉堡。到如今，一切完事了，碉堡多数业已毁掉了，营汛多数成为民房了，人民已大半同化了。"② 这次毁坏的遗留，其中一部分即我们今天所见的边墙遗址遗存。这是目前田野调查所能追溯历史记忆的重要时间段。

第三次毁坏，是抗日战争、解放战争至新中国成立的这段时间。这段时期的毁坏，主要表现在各类军事活动和地方土匪武装造成的破坏。如笔者在贵州省铜仁市松桃县的盘石镇盘石营遗址调查期间了解到，盘石营在民国时间经历土匪武装的破坏，城墙、房屋多毁。抗日战争、解放战争时期，因军事活动频繁，许多古迹建筑遭到不同程度的毁坏，边墙与边防设施亦在其中。

第四次毁坏，是在"文化大革命"时期。十年"文化大革命"期间，边墙、古城、屯堡、关卡、炮楼、碉楼、庙宇、民居皆有不同程度的毁坏，所谓"破四旧，立四新"。此次毁坏，既有官方组织，亦有民间自发，毁坏的类型和数量不计其数。

第五次毁坏，大约为20世纪70年代中期至1980年代末这段时间。一方面，这一时期各省、市、县、乡纷纷开展地方建设，如修水库、修公路、修礼堂、修学校、修水渠等工程活动，许多古迹建筑被毁坏。或因边墙与边防设施占地，随即拆毁；或因建造各类工程，需要相应的砖石，当时由于技术和费用制约，往往直接将城墙的石材挪

---

① （清）席绍葆：《辰州府志》卷40《艺文纂》，乾隆三十年（1765）刻本。
② 沈从文：《沈从文散文选》，人民文学出版社2014年版，第4页。

用。如贵州省松桃县正大镇的正大营，即是在这一时期遭到大规模的破坏。另一方面，由于1980年代，国家实行家庭联产承包责任制，落实分田到户，村民开辟田地，及自建房屋等，一些位于居民区和耕地附近的边墙、屯堡、营盘、哨台、炮台、古道中的石块，皆被运走挪用，边墙沿线的诸多遗址遗存皆遭受此次破坏。当然，这一时期的毁坏，还包括政府为改善居民生活水平，组织居民搬迁，边墙沿线驻军的后代们纷纷下山，原边墙遗址遗存因无人居住，导致受自然风雨毁坏更甚，又不及时维修，日渐破败。

第六次毁坏，是在1990年代至2000年左右。因边墙是沿湘黔边区的山水格局依"界"而筑，所以边墙遗址遗存大多分布于道路沿线，而这一时期，各类县市、乡镇的公路进入铺柏油路、水泥硬化、改道、改直、拓宽的时期，于是许多边墙遗址遗存不同程度遭到破坏。与此同时，这一时期中国许多农村居民房屋开始由"木质房""土房"转为"砖房"，以及村庄修路、架桥等，导致一些边墙沿线的传统民居、碉楼、营房、古道遭到毁坏。

第七次毁坏，是在2010年上下。这一时期，许多村级水泥路大量建起，以及居民建新屋、翻修，还有为便于汽车出行，将一些古道、营盘格局改变甚至破坏，一部分建筑直接被拆除。如位于湖南省凤凰县茶田镇的砂罗古堡寨，寨墙、街巷、门头在这一时期遭受了不同程度的毁坏。

当然，这里梳理边墙遗址遗存毁坏时间只是一个总体和大致范畴，具体到每处遗址并非完全能够对应。有些遗址毁坏可能并不是以上类型或者时间段，又可能兼及几种类型，甚至在不同时期皆遭遇过毁坏。

近年来，随着国家日益重视文化遗产，为保护文物古迹，加大宣传保护力度，边墙遗址遗存得到更好的保护。特别是2012年，"凤凰区域性防御体系"成功入选《中国世界文化遗产预备名单》，边墙遗址遗存被认定为"世界文化遗产"范畴，受法律保护，旅游开发前景日显，政府又出资将一些重要的边墙遗址遗存适时维修，保护机制体制日渐完善。应该说，边墙遗址遗存过去大部分的毁坏是人为造成，现今则应重视自然风雨侵蚀导致的毁坏，修复保护工作愈加严峻，经费投入力度也应加大。

第二节　边墙遗址遗存的区域分布、现状与问题

习近平总书记强调："历史文化遗产承载着中华民族的基因和血脉，不仅属于我们这一代人，也属于子孙万代。要敬畏历史、敬畏文化、敬畏生态，全面保护好历史文化遗产，统筹好旅游发展、特色经营、古城保护，筑牢文物安全底线，守护好前人留给我们的宝贵财富。"[1] 文化遗产保护是一项全民事业，习近平总书记关于历史文化遗产保护的重点论述和重要指示，为新时代文物事业与文化遗产的保护确立了基本方针，指明了前进方向。

明清时期，中央王朝在湘黔边区修筑边墙，构筑边防体系，前后历时 400 余年。随着时间的推移，分布在湖南省和贵州省的边墙与边防体系遗址遗存构成特色民族史地属性的军事古迹建筑群和多民族文化交融形态与多样人文景观，是重要的民族历史文化遗产，具有较高的历史、经济、社会、文化、建筑、艺术等价值。将这些遗址遗存调查整理出来意义重大。边墙遗址遗存，除了实体的边墙，还有古城、屯堡、关隘、营哨、汛堡、碉楼、炮楼等边防设施，分布于湘黔两省，规模宏大、类型丰富、数量众多、地域广泛。经过明清至近现代以来的变迁，诸多有关边墙与边防设施的历史古迹愈加减少，保护和整理刻不容缓。笔者自 2016 年起关注"边墙历史文化"，已实地考察了诸多边墙遗址遗存，加上近年集中探查的边墙遗址遗存，一并整理到本书内容当中。

需要说明的是，由于时间、经费和客观条件制约，笔者根本无法

---

① 张毅、袁新文、张贺、王珏：《保护好中华民族精神生生不息的根脉——习近平总书记关于加强历史文化遗产保护重要论述综述》，《人民日报》2022 年 3 月 20 日。

将所有边墙遗址遗存一一整理出来，本书主要罗列代表性的边墙遗址遗存。一方面，湘黔两省地域广大，地形崎岖，有些遗址遗存坐落在深山老林中，人迹罕至，加上封山育林，已无法探查；另一方面，在实际调查过程，发现许多边墙遗址遗存虽然为当地人所熟知，依然存在，但地面建筑毁坏，甚至形貌和格局皆已改变，即"有名无实"，这部分边墙遗址遗存选择性列入本书当中。

笔者田野调查期间，发现诸多边墙遗址遗存散落各处乡间，整体缺乏分级、分类和及时修缮保护。因此，除了边墙遗址遗存的描述，笔者皆拍摄实景照片，以作为直观了解各类边墙遗址遗存的现存现状、毁坏程度、建筑类型，通过科学化、规范化的方式方法摸清边墙遗址遗存的真实情况。

一　凤凰县区域

边墙遗址遗存分布虽横跨两省三地级州（市）八县（区、市），但无论规模、类型、数量，还是分布地域，以湖南省湘西土家族苗族自治州凤凰县最为集中，边墙遗址遗存最具代表。

（一）凤凰古城

凤凰古城古为湘黔边区重镇，明清边墙沿线防卫中枢。明代时设有"凤凰营"，又称为"镇筸"，建有砖石城墙，清代延续。建制上，明朝正德八年（1513）设守备，嘉靖三十三年（1554）又设参将，并移麻阳参将于此。嘉靖三十五年（1556）改建砖石城，开四门，各覆以楼。清朝建立后，延续明朝防卫形势，顺治三年（1646）设副将，康熙三十九年（1700）设镇，又四十三年（1704）移辰沅靖兵备道驻镇筸。"国朝康熙三十九年设镇筸镇，四十三年苗人向化裁去土司，置凤凰营于厅地。"① 五十四年（1715），再建砖石城，是为今日凤凰古城之前身。雍正七年（1729）改为辰沅永靖兵备道，乾隆五十六年（1791）设凤凰厅，嘉庆二年（1797）凤凰升为直隶厅。

---

① （清）黄应培：《凤凰厅志》卷1《沿革》，道光四年（1824）刻本。

自设厅后，"凤凰"从昔日的边防重地逐渐成为湘黔区域的重要政治、军事、经济、文化中心。清朝嘉庆年间，凤凰厅城及周边增修了大量的军事城防建筑，边墙与边防设施分布在凤凰厅周围。"前后数十年间，修边墙、建关隘、设汛哨、严条约，不人一事，事不一人。"①现凤凰县境内有着众多的遗址遗存，凤凰古城即是重要代表。古城周长2千米余，修城石材均采用当地的红砂条石岩错缝叠砌，建造时以石灰糯米浆拌桐油勾缝。设有四门，分别是升恒门（东门）、静澜门（南门）、阜城门（西门）、壁辉门（北门），各修筑门楼，皆以青砖砌筑。城外墙高5.7米、顶宽3.7米、垛墙高1.4米、垛高0.8米、间距0.8米、厚0.6米。乾隆五十一年（1876），时通判景椿出于防卫需要，于西至北门之间的笔架山扩建城墙一段，又称"笔架城"。嘉庆二年（1797），凤凰厅同知傅鼐于西门外加修围城，名"月城"，增开西门一座，曰"渠成门"，俗称"新南门"，又建炮台一座，望楼十座，构成"重门保障"的布局。

凤凰古城位于凤凰县城中，沱江从中穿流而过，古朴与现代交相辉映。地理位置，北纬27°44.5′~29°38′，东经109°10′~110°22.5′，古城呈不规则形，面积近400000平方米，海拔447米。凤凰古城历史、人文资源丰富，是湘黔两省交界地带较为知名的历史文化名城。

位于古城北郊山岗，有一处保存较好的关门，即"靖边关"（又名"擂草关"），占地面积约90平方米。整体呈长方形，由关厢、关门、谯楼、关墙组成，墙上设有堞垛。官亭为悬山顶、穿斗抬梁式木架单层结构建筑，其通宽三间11.6米，进深一间4.4米。亭内地面以红砂条石墁铺，东西两侧各设长木櫈一排；亭脊檩中段锯断盗走，有"大清光绪六年岁次庚辰二月□""钦加布政史司衔前贵东道勤勇巴图鲁□□□"等楷体字样，以及"钦加总镇衔留南镇协都督府镇篁镇标□□□"等字迹。关门通高2.7米，通宽2.5米，进深3.2米；

① （清）黄应培：《凤凰厅志》卷首《重修凤凰厅志序》，道光四年（1824）刻本。

谯楼通高 5.5 米，通宽 10.06 米，并设有射眼 4 个；关墙通高 5 米，通长 18 米，厚 3 米。以红砂岩垒砌成，石灰浆勾缝。共两层；上层可驻兵镇守，下层稽查防卫，两侧修筑城墙直达山顶哨卡，乃清代镇筸城北部戒备森严的军事重关，是通往得胜营、乾州厅、镇溪所、喜鹊营的必经之关。

经由政府开发，凤凰古城现已成为全国著名旅游胜地，古城内尚保留有明清以来的殿堂、宗祠、亭台、楼阁等古建筑 68 处，明清建筑特色的民宅 120 多栋。明清时期凤凰厅城部分街道格局尚存，如南正街、东正街及各小巷石板街道纵横交错，古街两旁商业店铺连接，构成一幅繁华景象。加之熊希龄、陈渠珍、沈从文、黄永玉等名人汇集于此，使凤凰古城更增添灿烂光辉。

（二）黄丝桥古城

黄丝桥古城历史悠久，据称可追溯至唐朝时期垂拱二年（686）设置的渭阳县。宋朝太平兴国七年（982），改招谕县。熙宁八年（1075），废。明朝建立后，为加强湘黔边区管控，于黄丝桥古城所处区域一线修筑了大量的军事设施。入清后，仍不稳定，出于加强统治需要，康熙四十三年（1704）清廷在湘西地区实行改土归流政策，更沅州总兵为镇筸镇总兵，移驻镇筸，设凤凰厅，黄丝桥古城所在区域改称"凤凰营"。雍正四年（1726），在落潮井改设凤凰营五寨司巡司。乾隆十八年（1753），时凤凰营改土城为石城，开设和育门（东门）、实城门（西门）、双汇门（南门）等城门三座，建城楼，后称新凤凰营。乾嘉苗民起义后，清廷对古城进行了维修加固，增设炮台二座，加增箭垛，封禁南门，修复北门。嘉庆元年（1796）至嘉庆三年（1798），凤凰同知傅鼐组织军民在古城附近又修建城隍庙、天王庙、关帝庙、土地庙等庙宇。宣统三年（1911），湘黔边区辛亥革命起义人员聚汇于此，开设射眼两层，置东（14.37 米）、西（14.35 米）、北（13.62 米）三座城楼，均为重檐歇山式结构。

黄丝桥古城现位于凤凰县阿拉营镇黄丝桥社区，面积为 84100 平方米，北纬 27°54′47″，东经 109°22′20″，海拔 580 米。古城保存较好，有城墙，方形，主干道布局大致成"T"字形，有东正街、西正街、北正街，城内建筑沿街巷依次分布。古城保存有兵营平房一栋，5开间，颇为简陋，占地95平方米，以土坯砖筑砌。城内尚留存有辛亥革命起义时的将军衙门，以及清代道台衙门遗存。据称，原古城有兵营房屋50余栋，分布在城墙四周。古城内现在有民宅90余栋，多为平房，搁山檩石木结构或土坯砖木结构。石质房屋结构以青石块平铺叠砌；土坯房屋结构，以石砌为基，一般构筑至一米左右，上层平铺错缝叠砌土坯砖，砖长24厘米，宽、厚12厘米，黏土浆粘接，墙面一般用石灰或泥浆抹面。

古城西南方200米处，有天王庙建筑群，分为正殿、廊房和戏台，占地1200平方米。正殿为猫拱背山墙、歇山顶、砖木结构，现仅存廊房和戏台。城西北50米处，有石拱桥一座，古井一眼及练兵场遗址等。

黄丝桥古城附近有一处石边墙，位于凤凰县阿拉营镇黄丝桥社区三组，石边墙依山势而建，以石块垒砌，残长约5米，残宽0.8—1米，残高约1米，大致呈东西走向。

（三）老爷坡

老爷坡营盘，位于凤凰县篁子坪镇篁子坪村，距离凤凰县城约32千米。篁子坪村南部与吉信镇相接，西与禾库镇，北与吉首市社塘坡乡交界，交通便利，周边有新民村、茶山村、大田村等相邻。境内有万溶江河、黄石洞河穿过，水源丰富。老爷坡营盘，地理位置为北纬28°12′7.30″，东经109°39′7.31″，海拔305米。据当地村民称，所谓"老爷坡"，其实为"老营坡"，因为当地的口音习惯"讹传"，后面就慢慢喊成了"老爷坡"。

老爷坡原有边墙、关门、碉堡、营房、水井、古道等。整个营盘遗址遗存保存情况不一，目前现存的有南门、炮台、碉堡遗址、营房及其他城墙遗址，营盘内石板路间有保留。营盘所在区域有村民耕地，但村民基本上都出去打工，无人耕种，多已抛荒。

其中南门遗址保存较好，整体结构仍存，皆是青石或大石块建造，做工细致，左右两侧有枪眼，内宽外小。南门遗址虽历经几百年，但形状、样式总体尚好，满面的石壁非常有年代感，在老爷坡营盘遗址中较具代表性。建筑形质为石质构造，立门之处视角独特，利于防守。南门门头可容两人并排（中等身材），左右两边可以清晰看到两处枪眼，石板路贯于门中。

在南门左侧（面对南门），约 10 处有一段墙体遗存，保存较好。墙体以青石、石块堆砌而成，较为整齐，部分墙体布满青苔，有些则长满杂草和灌木。墙体周边无延伸建筑，仅仅是一排墙体，推测为南门延伸部分，构成营盘的外围结构。

营盘内部，尚有一些房屋地基。据当地人讲，这里原来都是居民房屋和兵营，以前都住满了人，新中国成立后还有人居住，后面都搬下山了。有的搬到木林坪，有的搬到其他地方。兵营和边墙的青石、石块，多是被原先住在这里的居民住户搬去建房子，有的则用作田地围栏。营盘最高处地势稍平坦，有一处总体保存较好的房屋，以青石、石块堆砌而成，两间，有顶，铺茅草，无人居住。营盘所处山腰，有一口水井，为原军事驻扎地所用，现已坍塌。

离南门约 12 米处留存有一座碉堡，仅剩基座，其他部分皆毁坏。碉堡遗存上长满树木、竹子和杂草。碉堡形状整体呈正方形，地理数据为北纬 28°12′7.31″，东经 109°39′6.77″，海拔约 287 米，面积呈 2×2 平方米，前侧地面距遗址遗存约 1.5 米，后侧最高近 2.3 米。所处地理位置视野极为开阔，区域地带以万溶江为界，对岸是苗族居住的地方，另外一边为汉族居住，过去泾渭分明，民、苗划界而治，现在苗汉杂居，交融共生。

据当地村民介绍，老爷坡营盘以前房屋和兵营基本是沿着地势呈台阶式缓缓而上，居民主要是向、钱、田、高等姓氏。后面政府组织居民搬迁，大约在 1970 年代，因为山下的条件更好。营盘因无人居住，时有坍塌破坏，但又无人维修，风雨侵蚀非常严重，整个遗址遗存更显破败。

老爷坡营盘山下原是一片古建筑区，保存较好，规模不比凤凰古城差，但在 20 世纪 60 年代一把大火把村寨的房屋都烧了。原来路对面的河边有一座"十镇楼"，据说楼宇建筑修得极好，上面是楼，下面有石基。当地人称，为了镇住乌龟，不让它往外面游走而建造的。

据箐子坪村的当地村干部介绍，箐子坪村以前还有"鬼王"的民俗活动，"上刀山""下油锅"等民俗活动也举行。活动一般在过年的时候开展，由村里的长辈主持。在"鬼节"的时候，死的人多，或者出车祸去世的人很多，说是"鬼差"会来到这里，于是请"鬼王"把"他们"赶走，将"鬼差"赶走后，就希望不要再死人了，给予地方平安保佑。

（四）峨嵋山屯

峨嵋山屯遗址，位于凤凰县廖家桥镇林寨村（原申坨村，后并入），南峨嵋山西南面。地理位置：北纬 27°54′8.05″，东经 109°30′24.69″，海拔 441 米。峨嵋山屯遗址座落于山顶上，东南一线为悬崖、峡谷，东端与西端被隔开，有人工加修的 3 米宽深沟阻隔，以前需架吊桥才能出入，现在深沟被人填实，实距地面仅 0.5 米，人行即可跨越。西端处为石碉建筑，尚有残存石墙围绕。

峨嵋山屯遗址平面形状不规则，略显狭长，现存西门、东门（均无门头），西门尚存关门所用的石质门耳，是边墙沿线屯堡/营盘设施门内设施结构的较好展现。两门的两侧均连着石墙。东门门宽 1.54米，城墙高 1.75 米，逐步收缩至 1.4 米，东门现存三级阶梯，略显散乱，东西长 166 米，南北长 18.52 米，西门门宽 1.76 米，城墙高1.75 米，宽 2.1 米，占地面积 12030 平方米，三级阶梯保存完好，向西延伸至一处小山包，有面积约 10×10 米的台地，即石碉建筑，遗址墙体均为青块石干打垒砌。北面连绵石墙，城墙门厚在 0.6—2米之间；南面靠近狭谷处未见石墙遗址。当地村民的说法，因为靠近陡壁悬崖，像刀切一样，敌人根本上不来，无需修筑城墙，人力更无法修筑城墙。根据笔者现场探查，较认同此种说法。

峨嵋山屯遗址区并不像其他遗址区荒芜废弃，现为村内祭祀区，村民逢祭祀时节，会前来祭拜神灵、祖先。屯遗址区、东南、西门及西端的碉堡，皆留下了当地人祭祀的红布、香火及相关祭祀的物品。峨嵋山屯遗址北面山脚下长期有居民聚居，居民均姓邓，没有杂姓。村民称，这里受地形和土地影响，不能发展成较大的村落，长期都是30—40户，人口结构比较稳定。

（五）舒家塘

舒家塘古堡寨，位于凤凰县阿拉营镇西南部的舒家塘村，地理位置：北纬27°51′15.07″，东经109°22′24.71″，海拔544米，距离凤凰县城约31千米，占地约8000平方米。舒家塘村位于凤山西脚下，四周被多座大山包围，周围山脉系武陵山脉，且平均海拔为500米—800米，地形较为复杂，大多数以中低山和中低山原为主。舒家塘古堡寨2006年被确立为全国重点文物保护单位；2012年被列为全国第一批传统古村落；2014年被列入"全国重点文物保护单位和省级文物保护单位集中成片传统村落文化遗产整体保护利用示范村"。

古堡寨整体坐北朝南，背靠双凤山，山势向东西延伸呈半月状环抱堡寨，其后山顶有白果屯、王坡屯。守卫堡寨的军事设施如寨门、墙体、箭垛尚存。堡寨前是池塘，小溪自东而西穿塘而过。堡寨依山而建，北高南低，古堡寨主街道呈"T"字形，与寨内巷道连接成三横、三纵的街道格局；古堡寨建筑均为硬山顶穿斗式砖木结构，多为平面呈"凹"字形的合院式。堡寨内南门是最大门，分三进，上有门楼（已毁），连接城墙。城墙总长度为1500余米，主要材质为石块，比较特别的是以块状石竖立干砌。石墙顶修建连体土、石结构建筑，互为咬合，牢固至极。迄今4米多高的墙体也没有发现歪闪空鼓。石墙顶修建连体土、石结构建筑，大大增高了外围护墙的高度。

古堡寨依山而建，西北高东南低，双凤山东、南、北三面均有山溪流过，水源充足，平面布局合理，沿堡寨外侧北、东、南方向修筑阶梯式池塘，环抱堡寨，其余平坦之地与周边山地都是耕地和良田。从总体来看，平面似圆形，四面环山，将岩石作为划界，其他的则搭建寨墙，总长约800米，高3—5米不等，厚约2米，分上、下两层，寨墙上修筑连体石、土建筑作为瞭望、哨口等。

舒家塘古堡寨的修建极讲究风水格局。根据八卦方位显示，舒家塘东门为东南方向，意思为"生门"，西门为西北方向，为"死门"。防御体系可分为三个层次：第一层为外围整体防卫，寨外墙体高且呈闭合环绕，外墙区域还修有护城河；第二层为内部街巷布局，主要是指寨内的街道路网的结构，平行与垂直等高线的道路相互穿插，丁字路口的处理，道路坡度宽窄的变化，以及道路两旁房屋外墙的变化，使得道路呈迷路结构；第三层次为每个住户单元，是古堡寨的最后一道防线。寨内大都以坚硬而厚实的石材修筑，又增加院墙的高度，给予人一种视线被遮挡和空间压迫感，增强了居住区域安全性。寨内街巷复杂，据当地村民称，如果有外人进来，没有引导指向，很可能会迷路。

古堡寨的房屋一般设有石槽门，石额匾内容多是书写如"礼重师严""制节谨废""清白家声""克勤养德""处善寻理""动出万全"等反映仁义礼智信之类的儒家思想文化。古堡寨的建筑雕花图案精美，主题内容多以民间传统故事为主，如"太公钓鱼""刘海砍樵""哪吒闹海""黛玉葬花""喜鹊噪梅""鹬蚌相争""石猴出世"等图案，加之舒家塘古堡寨地理格局群山环抱，山水相依，左青龙右白虎，象征着美好的生活喻义。

舒家塘村的居民主要是杨姓，古堡内的村民多自称是杨家将的后代。据当地村民说，宋朝的时候，皇帝对杨家将非常器重，北方不仅跟辽国打仗，南方还派杨家将去镇压少数民族起义，随后一路向南，将北方"蛮族"赶跑以后，逢宋朝灭亡，明朝时拒不投降，打得节节败退，退到现如今的舒家塘，而后也不敢说是杨家将的后代。据族谱记载，北宋杨家将后代杨再思将军奉皇帝旨意平南，路经舒家塘，看其地势险峻，居于要冲，有很多石料，于是就领兵在舒家塘安营扎寨，修屯堡，建营盘，舒家塘也就逐渐成为当时的军事重地，既而演变为聚落。

（六）王坡屯

王坡屯城堡遗址，位于凤凰县阿拉营镇舒家塘村的东北处，王坡屯山顶。与舒家塘村古堡寨紧邻，可由舒家塘村中间的停车场往上道路到达。地理位置：北纬27°51′23.69″，东经109°22′57.22″，海拔671米。王坡屯城堡遗址，在所处山体的山顶，沿着山势顶上修筑防御工事，平面结构为"鞋底状"，东西长约90米，南北宽约40米，周长360米。笔者考察的时间尚是冬天，但城堡内依然长满杂草、树木和荆棘，有的区域甚至没过膝盖，周围墙体和中间场地亦被其覆盖。王坡屯城堡遗址2006年被确立为全国重点文物保护单位。

王坡屯所处山体视野极佳，耸立于群山之间，周边凤屯、王果屯遗址近在咫尺。城堡的墙体保存较好，围绕一圈皆存，特别是山后部分的墙保存极为完好。城墙以青石、石块围砌，基宽近3米，顶面宽1.2—2米，外墙面高达4—6米。从城堡内部来审视，城墙内基本与地面等同，而城墙外则较高，且地势陡峭，呈现出"内平外悬"之形。有东、南、北三座城门，城门两边皆连着城墙，城墙保存非常完好，城门的石门尚遗存有栓臼。东门地势较险要，砌门石料巨大、厚实，整块竖立或横架，其中有枪眼。南门有石阶通往山下，城堡设有箭垛和炮台两座，内有营房遗址，基址尚在。靠近南门处有一大且长的石板，是山体自然形成，呈拱形，当地村民谓之"龙脊"。

王坡屯、舒家塘古堡寨、麒麟屯城堡互为犄角，炮台、碉楼、哨卡林立，构成了区域的防御体系。在明清时期，整个湘黔边区以边墙、镇城、营城、汛堡、屯堡、碉楼、哨卡等构成的军防设施，内外相扣，连成一片，充分显示了当时的军事守卫智慧和防卫特点。

（七）拉毫

拉毫营盘，现属凤凰县廖家桥镇拉毫村，距廖家桥镇政府约6千米，距凤凰县城约15千米。全村共有7个自然寨，分为12个村民小组，共415户，1945人，是一个多民族、多姓氏的村落，村寨内苗族、汉族和土家族杂居，苗族占总人口的85%，土家族、汉族占总人口的15%。[①] 坐落于凤凰县西南部的拉毫营盘，是拉毫村的一个自然

---

① 该数据由拉毫村居委会提供及笔者田野调查所得。

村寨，称"营盘寨"，居民房屋建筑保存较为完好。房屋建筑多采用当地的青石剥片，稍作加工后造房。因营盘房屋多以石板构造，所以后人又称拉毫营盘为"石板寨"。营盘内常住居民原有 107 户，现在仅剩 5—6 余户仍住于此，其余均已搬走，系国家重点文物保护单位。

拉毫营盘地理位置：北纬 27°55′51.4″，东经 109°26′53.1″，海拔 508 米。营盘依山而建，坐南朝北，视野开阔，营盘东侧与全石营盘（全胜营盘）毗邻，占地约 5000 平方米，平面呈椭圆形。虽然经过民族识别后，以苗族居多，但拉毫营盘的原住居民基本都是当年驻军的后代。现有城墙、城门、总爷衙门、总司衙门、衙门仓库、古井、土地庙等重要历史遗迹。

拉毫原为边墙沿线的一个汛，古名为乐濠汛，现存城门上的"乐濠汛"三个大字依旧清晰可辨，有守备、外委、额外外委等军官驻扎。"乐濠汛，兵一百九十九名。"① 拉毫营盘始建于明代嘉靖三十三年（1554）。清嘉庆二年（1797）至五年（1800）对营盘进行了扩建，修建了东门和城墙（城墙多已毁坏，现寨内依旧有"二道门""二道城"的说法），增设衙门、火药局，并驻军（199 名）于此，建有兵房，是边墙沿线非常重要的军事据点。民国时期，湘黔区域匪患严重，为避匪患，邻近居民迁至营盘内。站在营盘之上，东可俯瞰全石营盘、凤凰厅城，南可远眺阿拉营、黄会营，北可遥望湘黔边区边墙外都里、廖家桥、落潮井等镇（乡）。

拉毫营盘原四周修有城墙，连接边墙，设有东、西 2 座城门，城门上设城楼，四周分布有 4 个炮台。营盘内主要为一条主干道以及若干小巷形成"鱼骨状"的道路布局，一条东西相通的主道横贯村寨，两旁设若干巷道，随行就势，灵活设置于街巷两侧。寨内有东、南、西、北 4 座门楼，均毁（现修复南、北、西门三座），墙体残存，基宽 3—4 米，顶宽 2.5 米，排列有箭垛，墙体弯曲处设马头墙；主道中部另设有二道关门，推测寨内可能有办公、驻军和居民的区分。寨

① （清）黄应培：《凤凰厅志》卷10《兵防》，道光四年（1824）刻本。

内建筑独特，房屋墙体均以青石板平铺错缝干砌，平整厚重，建筑与建筑之间，又形成相对封闭的状态，特别是部分建筑还以薄石板为屋，既起到个体防卫功能，又达到了防火效果。

拉毫营盘附近有石边墙，靠近苣蓿冲关，整段边墙依山势而建，整体为东西走向。2003 年，地方政府在原有遗址基础上修复附近边墙及沿线碉楼、营盘，以推动当地旅游，具体线路是：自西连苣机冲关卡，拉毫营盘、乌云脑营盘、永兴坪哨卡，囊括沿线八座碉楼相连，东至八斗丘，是为官方打造的"中国南方长城"旅游景点。

（八）大黄土坳

大黄土坳遗址遗存位于凤凰县沱江镇大黄土村，在凤凰县城近郊，与齐良桥村、三里湾村、龙潭村等相邻。大黄土坳遗址遗存位于大黄土村内，地理位置：北纬 28°0′12.01″，东经 109°35′0.77″，海拔 444 米。遗址由碉堡、边墙（石边墙、土边墙、土石混合边墙）、古道组成。

遗址遗存区因修变电站毁坏严重，保留的边墙亦所剩无几。其中一处石边墙位于大黄土村一组的烂岩晃山上，被后来修建的采石场破坏；一处土边墙现已为耕地，主要种植蔬菜，南面已是变电厂址。

边墙南端残点位于大黄土北侧山北面山脚下的田埂上，整段边墙呈西南—东北走向，坡度平缓。边墙依地势而建，就地取土夯筑而成，现为田地分界线。其剖面约呈梯状，边墙残长约 16.4 米，残高 1 米，残顶宽 0.9 米，残底宽 2.3 米。边墙的西南侧因基建，现已推平辟为公路。还有两处土石混合边墙，一处位于大黄土村一组的王头坳山上，现为耕地，其西南面村落为潭江，北面为采石场，东南面村落为杨家湾。边墙顺古道而建，约为东北—西南走向，坡度 13°。边墙用泥土夯筑而成，为防止土墙因雨水冲刷而垮塌，土墙两侧面用石块垒砌加固，形成土墙体石外皮。其剖面呈梯形，残长约 208 米，残高 1 米，残顶宽 0.6 米，残底宽 1.2 米；另一处位于大黄土村一组的黄土坡南侧山上，山中长有松树。南面为采石场，东面村落为花狗田，东北面村落为大黄土村。边墙南端残点位置靠近南面山脚，整段边墙呈南北走向，坡度为18°—26°。边墙依山势而建，就地取材，由泥土夯筑而成，因其筑于山坡较陡的地方，为防止土墙的流失与坍塌，以块状毛石为土墙基础。其剖面呈弓背状。边墙残长约263米，残高1.1—2.5米，残顶宽0.4—0.6米，残底宽1.2—2.8米。按边墙走势，两处土石混合边墙应是相连的。

古道为石板古道，位于土石混合边墙的东侧，其西侧设有排水沟，总宽（含排水沟）约2.1米，古道上的每条石板长约1.3米，宽约0.3米。东侧山脚均用块状毛石砌成2米多高的护坡，防止山体滑坡损坏古道。古道西南端东侧立有一通"万古不朽"碑，内容大致为：因山路不好走，因此组织大家出钱出力共修古道，将出资出力的善人刻于碑上，以纪念此事迹。

（九）铜钱坡

铜钱坡营盘遗址，位于凤凰县沱江镇三里湾村，靠近凤凰县城往吉信的209国道边，营盘遗址就位于村内的一处山坡上。地理位置为东经109°35′2.78″，北纬28°2′1.29″，海拔450米。此处地名原来是叫"铜钱坡"，而不是"三里湾"，三里湾这个地名是后来的。据当地村民称，前往营盘的山坡总共有4条路上去，是古路，以前就存在，并非现代人增修。

前往营盘的山路尚有昔日的石板痕迹，应为过去的古道，但石块多已不存，毁坏较严重，仅有零星错落分布。营盘有两门，分别是头门和水门，皆无门头样式，已毁坏。头门右边（进门方向）有石块垒起，左边毁坏。营盘内原为居住区，但居民早已搬迁，区域内主要是杂草、荆棘，还有村民在此植树。营盘结构近圆形，主要是由石块垒起的墙体环绕四周，营盘内部由一些垒起的石块分为若干空间。营盘周围墙体，从内侧审视，残高有1—2米，外侧有近4米。沿着城墙走，视野极其开阔。村民称，营盘水门对面山头原来有碉堡，分别是头碉、一碉、二碉，这些军防设施依据苗族、汉族聚居格局形成地理分界，一边是"苗区"，一边是"客家"。据当地一位老人讲：

原来这个营盘住的多，那时房子修的没现在大，一户只有三四平米，炮台上面住的都有人。最后搬下来的是（19）74 年左右。以前高头全是屋，进的门喊头门，后面叫水门。结婚从头门进，死人从水门出。两个门对称，里面全是房子。搬下来后，分给学校，80 年代分田到户，农户自己种田，慢慢就都毁坏了。

原来两个门都保存好的，门头怕有 3 米多高，上面还有房子，围着营盘有八、九个炮台，炮台之间有枪眼。①

现铜钱坡遗址附近的村民多为杨姓。据当地另一位老人讲，这里的杨家是老太公时过来的，有接近八代人。从江西 jun kan（方言音，意为水渠边），听说来这儿住的是七个兄弟，有一个兄弟因为打仗之类的事死了，所以真正传下来的是六兄弟。关于铜钱坡营盘的历史，老人称：

原来营盘上面有屋，只有三个姓住上面，是姓杨、文、滕三姓住上面。解放后搬下去了。我读书时上面就有学堂，有孔子像，读私塾。

以前营盘里有炮台，有两个门，有水门，头门，面积有 3 亩，虽然是山顶，但上面有水源，是一个石坑，流出水。说来也巧，自从没有人住上面后，就没看到出水了。有瞭望口，枪口，城墙外围还有圈石头垒起的平台。后面七几年八几年，下面人盖房子，把石头搞下来建房子。之前里面没有损坏，保存很好，有石头台阶，有炮口。两个门头上没有字。营盘内没有其他道路，就是两个门之间有路。

（以前）营盘里没有树，全是房子，只有姓滕的家住的地方有杏子树。姓杨的、姓文的、姓滕的各住各的，不是混一起的。

① 讲述人：YSP，男，土家族，73 岁，三里湾村村民。访谈地点：YSP 家中，访谈时间：2023 年 3 月 16 日 13：38—14：13。

营盘外面有一家,是姓杨的,叫杨寿喜,和我一辈的人。营盘过去就是打土匪,就苗匪,现在苗汉一家。我小的时候营盘很完整,墙、垛口都有,七几年才开始毁的。①

据以上内容推测,明清时期铜钱坡营盘上的驻扎军士极有可能主要是杨、文、滕三姓,军防设施齐整,又有军眷居住,甚至建有私塾。营盘主要是在1970年代开始逐渐毁坏,当地村民修房子、修路,将营盘不同程度破坏。现已是湘西州级文物保护单位。

（十）全石营（中国南方长城）

全石营位于凤凰县廖家桥镇永兴村,北纬27°55′53.5″,东经109°27′51.4″,海拔470米。遗址位于全石山半坡,面积7500平方米,原有兵营、碉楼、教场等军防设施。北部山顶为乌云脑营盘,临凤大二级公路,西边与拉毫营盘遥相呼应,南边与狮子营盘对应。全石营又称全胜营（抑或永兴坪碉卡）,遗址遗存包括边墙、碉卡、营汛等,是边墙的一个重要关隘,也是边墙沿线保存较为完好的一处遗址遗存,湘西州及凤凰县地方政府依据现有的遗址遗存修筑了"中国南方长城"旅游景点。

全石营始建于明朝嘉靖年间,营盘形制大致呈圆形,占地约4000平方米,设东、西2个城门,碉堡4个,彼此呈品字形排列。城墙高5米,顶宽有1米左右的人行道,还有0.5米以上的护身箭垛。原遗存四周修有城墙,现仅存南面部分,保存较好,箭垛尚存,长约150米,高3—4米,顶宽2.6米,设箭垛和射眼。整个墙体外部均用大块青石错缝砌筑,箭垛部分则选择块石平、竖交错叠砌,墙体平整牢实。营盘设东门和西门,碉楼4座,形状呈正方形,高近8米,宽近3米,上设有望孔和射眼,呈"品"字形排列,材料均采用当地的青石灰岩叠砌而成,是典型的明代建筑。古城内原有驻军,从东到西一

---

① 讲述人:YCJ,男,土家族,83岁,三里湾村村民。访谈地点:YCJ家中,访谈时间:2023年3月16日14:22—14:55。

条石板铺就的街道，两边住有居民住户。此外，还建有庙宇、墓葬、牢房等遗存。

全石营整体格局是依山而建，城墙均用正方青石细凿砌筑。教场的场地现已建起了一个巨大的"棋盘"，据说是世界上最大的围棋盘。全石营连同周边永兴坪哨卡、八斗丘碉堡等设施，构成了一营一哨一堡较为完整的边墙军事防御体系，经政府投资复原，意图打造凤凰县边墙旅游文化特色。不过，因边墙形质和规模不及北方的长城，游客参观之后颇有落差。在不"参照"北方长城的"噱头"之下，如何提炼边墙历史文化特色和突出建筑形质特点，是当前开展边墙文化旅游和边墙文化遗产需要思考的重要课题。

（十一）晒金塘

作为地名其实分为两处，分别是"苗晒金塘"和"客晒金塘"，乃当地民间的俗称，因有两个"晒金塘"双重地名现象，故加以区别。① 苗、客晒金塘即现在的凤凰县筸子坪镇晒金塘村（苗晒金塘，位于边墙以外）和鱼洞村（客晒金塘，位于边墙以内），中有万溶江流经而过，两边地势泾渭分明。苗晒金塘，现今的行政村名是晒金塘村。作为一个完整的行政村，共有 373 户，八个小组，由两个村合并而来。作为地名的晒金塘社区（未合并前的晒金塘村）共有四个小组，120 户，居民姓氏主要为吴、龙、廖，全部都是苗族。② 客晒金塘，是鱼洞村委驻地。作为一个完整行政村共有 463 户，1648 人。作为客晒金塘社区（未合并前的鱼洞村）共有 158 户，648 人，居民有田、杨、瞿、李、滕、钟、黄、吴、张、龙、林、符、蒋、康、周、粟等姓氏（田姓和周姓人数最多），姓氏多且杂，民族以土家族

---

① 类似的双重地名，凤凰县筸子坪镇除了有苗、客晒金塘地名外，还有汉鱼孔村与苗鱼孔村，吉信镇有汉吉卡与苗吉卡，腊尔山镇有汉塘冲村和苗塘冲村等。双重地名的出现，或与边墙修筑后官方致力划分民、苗界址，实行"苗汉分治"的治理政策有关。

② 以上资料由晒金塘村委会提供。

居多，还有少量汉族和苗族。① 多而杂的姓氏分布显示出军事移民痕迹，现今的居民应多是当年驻军的后代。

晒金塘（苗晒金塘）处边墙以外，清廷在晒金塘苗寨附近增设营汛以守卫，借地取名"晒金塘汛"。"晒金塘，城北七十里，距龙滚营七里。本生苗大寨，四面峻岭，中有田凹宽广里许，俗名五马奔槽象，其地形也。苗寨分列数峰上，约数百户，地险苗悍，新设兵弁防守。"② 晒金塘汛属凤凰厅四营中的右营，驻有守备、把总、额外，分拨士兵二百名。"分防晒金塘汛驻右营中军守备一员，把总一员，额外一名，兵二百名。"③ 迁入的守卫士兵及其家属多为汉人，久而久之，既成为民间俗称的"客晒金塘"（客晒金塘地势比苗晒金塘地势高，可全窥其境）。

晒金塘汛遗址遗存地理位置：北纬28°09′23.33″，东经109°38′49.27″，海拔318.1米，原修筑有城堡。"晒金塘堡，城北七十里。堡址周围长一百五十丈，堡身高六尺，折宽五尺，俱青石砌成，堡门、门台各二座，嘉庆三年修。"④ 笔者调查发现，现今城堡已不存，只留有几段城墙墙基、城门遗址和一通残破碑刻。城墙的墙基有两处，一处仅约0.5米高，长度仅4米余，另一处则成为居民房屋的屋基，残留部分可辨，但属毁坏情形。城门遗址（无门头）包括城门两边残存墙体及月亮形石阶。据鱼洞村的村民讲：

　　　　我们这里是嘉庆二年立的，原来这里设的有两个衙门，一个

① 以上资料由鱼洞村委会提供。据鱼洞村委会工作人员介绍，虽然原来他们鱼洞村人口少，但与附近的狮子村合并后，他们提出保留"鱼洞村"这一名称作为合并后的村名（狮子村人口是他们村人口的近两倍），当地政府同意了他们这一请求。鱼洞村原为晒金塘村（民间俗称"客晒金塘"），新中国成立后作为村名仍然沿用，但后因与苗晒金塘就"晒金塘"地名争执，遂改为"鱼洞村"。

② （清）严如熤：《苗防备览》卷4《险要上》，嘉庆二十五年（1820）刻本。

③ （清）严如熤：《苗防备览》卷11《营汛》，嘉庆二十五年（1820）刻本。据但湘良在《湖南苗防屯政考》中记载，晒金塘汛有兵250名，或为后续增加。

④ （清）严如熤：《苗防备览》卷12《城堡》，嘉庆二十五年（1820）刻本。

大老爷衙门，一个二老爷衙门，大老衙就在里面，那边是东门嘛，这边是南门嘛。这里面就是为营盘，有城墙啊，护城墙，防苗。那边是苗，我们是汉，它大老爷衙门、二老爷衙门有一百多人，有专门训练啊，下面有个校场坪，演武亭，有点将台，有马，有炮。以前住这个地方的人都是吃粮当兵的，住在这个地方，有官员，有当兵的，是国家发饷，是我们的祖辈。我姓田，我们是官府田，从大庸迁过来的。我汉族，哦，土家，整个湘西地区都是土家嘛（讲述人笑），我们以前是汉族，后头改啦，现在是土家。以前这边驻军的都是汉族，它以前的时候，我们看到遗址，以前的村容村貌比现在好，不像现在修的桥上来，以前那从河边上来的时候，都是岩板路，村里有集市，买各种货物，搞得好，有庙，南门有个塔，相当可以。我们这个晒金塘是总塘的"塘"，不是水塘的"塘"。他们那是苗晒金塘，我们这边是客晒金塘，具体为什么（有两个晒金塘）我搞也不清楚，按照我想的应该我们这里先有，都是嘉庆时候立的，但我们这边比他们好。①

据调查了解，原来晒金塘汛有城墙、文武官衙门、校场坪、演武亭、点将台、炮台，军防设施齐整。从以上调查内容亦可知，晒金塘汛（客晒金塘）不仅是一个军事汛堡，还是当地的一个村落集镇，曾经是周边的经济贸易中心。

（十二）阿拉营

阿拉营，位于凤凰县西南部，虽处边墙以内，但紧邻边墙。2005年撤乡并镇，原阿拉营镇与黄合乡合并组建成新的阿拉营镇。阿拉营镇总面积共 78 平方千米，辖 15 个行政村，3 个社区，176 个村民小组，共 8964 户，人口为 3.2 万人，其中土家族、苗族、回族占全镇人口 85% 以上，是一个非常典型的多民族聚居乡镇。相传，村边的溪

---

① 讲述人：TTZ，男，77 岁，土家族，鱼洞村民。访谈地点：TTZ 家中，访谈时间：2018 年 7 月 9 日 11：01—11：10。

水中有一对金鸭在戏水，溪水被激起层层浪花，该村便得名鸭浪。清朝乾隆年间，清兵在鸭浪村附近设置营地，名为鸭浪营，后被后人传为鸭拉营或鸦拉营，后改为阿拉营。镇上的赶集称之为"赶边边场"，农历每个月的初二、初七、十二、十七、二十二、二十七这几天为赶集时间，凤凰县有五个比较著名的集市，其中就有阿拉营。原阿拉营驻地位于阿拉营镇的和平社区，有汉族、土家族、苗族、回族等民族，其中汉族占40％，社区居民姓氏多且杂，与明清时为外来军事移民的历史相印证。① 阿拉营，明代先后为丫喇关（鸦拉关）、永宁哨，侯加地称之为"古总兵营"。康熙《麻阳县志》有载：

> 永宁哨图说：本哨去县西一百二里……领征官一员，舍目、识、健、打手、播、土、苗等兵计实在汉土足四百七十七员……按此哨原名丫喇关，属永安哨，提调岁发领征官兵戍守，隆庆三年孟儒条议始建本营，扼塞川贵诸苗咽喉，保障麻五沿边汉土，实小坡外藩，永安右臂也。②

按，丫剌关属永安哨，筑有石城，城门、茨门各二，茨墙249丈，梆楼、炮楼各四，现和平社区南侧小山岗上有一俗称"营盘"的居民点，即其遗址。清代在阿拉营驻兵减少，属镇箪镇前营汛地，"鸦拉营汛，兵五十名"③，设有把总一员。道光《凤凰厅志》记载："永凝哨，旧名鸦拉关，隆庆三年建。东连永安，南抵小坡，西至凤凰营，北连黔苗，即古总兵营是也。设小营一，曰'龙鄂营'，以苗把总龙文忠守之。"④ 虽然清代阿拉营驻兵较之明代减少，但阿拉营在清代是一个重要的集场，是区域内族群交流的重要场地。"鸦拉营

---

① 以上资料由阿拉营镇和平社区提供。
② （清）黄志璋：《麻阳县志》卷10《外纪志·哨堡》，康熙二十四年（1685）刻本。
③ （清）但湘良：《湖南苗防屯政考》卷10《营汛》，光绪九年（1883）刻本。
④ （清）黄应培：《凤凰厅志》卷11《苗防一》，道光四年（1824）刻本。

场，城南门十五里，二、七日期赶。"① 随着历史的发展，现阿拉营镇集场已是湘黔渝三省边区最大的农贸市场，至今仍是区域社会各民族交往交流交融的重要场所。

现存有营盘遗址及碉楼、边墙等。营盘遗址占地面积 8100 平方米，其形状呈圆形，东西长度为 90 米，南北宽 70 米，原设有东、南、西三门，现东、南门已毁，仅存西门。营盘东门连接营盘主干道。主干道呈"十字形"，是集市主要集中区，集市东北边主要进行牛、猪等活体动物交易，南边集市主要以五斗丘水井为核心。十字街南面有一条通往铜仁的古道，经由古道，铜仁、落潮井附近的苗民可定期来阿拉营进行交易。十字街北面为营盘核心区，内设衙署。此外，还建有庙宇、水井、校场。

阿拉营附近有一段保存较好边墙，属石砌边墙，长度 5840 米，均就地取材，竖横相间砌筑，碎石块拌土填芯，残高 0.4—1.2 米，基宽 1.6 米，与文献记载大致吻合。

（十三）高楼哨、澎水井

高楼哨（火烧坡）遗址在吉信镇政府附近山麓（距离镇政府 2.7 千米），海拔约为 340 米，北纬 28°5′39″，东经 109°36′10″。营盘遗址沿山下石板路一直往上，当地村民称吉信镇一带并没有此类石质的大石块，这些古道的石材极有可能是从外地搬运过来的。遗址区里外两个大、小盘营连成一片，营盘遗址里面居民种植了庄稼，但当年的遗址遗存结构尚存。

高楼哨是屯堡类型的军事防御设施，亦有屯兵驻守的兵营，其作为高楼哨营盘（汛堡）后方的军事设施，辅助高楼哨营盘进行防卫，并向其负责传递信息和提供物资的供给，相当于"预备"部队。从山脚通往高楼哨是一条由众多大块的石板堆砌垒成，经由人工修筑成一层层石阶的蜿蜒古道。古道一直通往高楼哨遗址正门，两旁古树林立，古道穿插其中。整个营盘坐落于整座山体的山头位置，分为前、

---

① （清）黄应培：《凤凰厅志》卷 2《疆里志·集场》，道光四年（1824）刻本。

后两个部分。前部分保存相对较好，房屋基本结构尚在，前部青石墙体屹立，石壁略显深黑，颇有年代痕迹。后面部分的营盘屋地面墙体已不存，但留存有地基，整体呈方形，墙体是由 1 米左右高的毛石块堆砌成的基脚。

城门遗址后便是成片式分布的房屋和墙体断壁残垣，约有 50 厘米高、20 厘米厚，墙体建筑形质边角皆呈四方形。遗址区尚有一段墙体保存较好，下半部分为石筑，上半部分为土筑，是典型的"土石"相结合结构，约 2 米高，以营盘格局环绕。与之毗连营盘，是规模较小的营盘建筑遗址，此处建筑遗址形制呈圆形，墙体被损毁得较为严重，大致轮廓尚存，地基底座为石质，结构稳固，但加封的土质墙体因自然因素的影响，经过风吹雨淋已多有垮塌，呈残垣断壁之势。墙基周围长满灌木，一些树木生长于其间，树根盘在墙基上，与墙合为一体，形成了别致的景观。

2022 年 7 月笔者实地考察时，遗址遗存尚处在自然毁坏境况。城门遗址后面有一段墙体遗址，现已被当地居民当作菜地的"田坎"，有划分界限的功能，另一边为竹林。坐落于古道附近的房屋，有的房屋直接将原来的边墙作为自家的围墙，或庭院围栏。而且，当地政府并没有设置醒目的文物保护标识。不过，2023 年 2 月笔者再次考察高楼哨时，发现地方政府已经组织民众将遗址遗存区的灌木、杂草、竹子逐一清理，整个遗址遗存区面貌一新。2024 年 1 月笔者再次前往时，已有政府所立的文物保护标识碑。

高楼哨附近有边墙遗存，位于吉信镇得胜营社区七组南侧的山坡上，现为耕地与育林区，耕地主要种植油菜，林区主要培植松树、杉树。边墙所在山体北面的村落为吉信村，西北面为大冲口村，南面为大桥村。边墙西端残点位置靠近山脚，约为东北—西南走向，坡度为16°—20°。边墙依山势而建，就地取材，以块状毛石垒砌成墙，边墙残长约 100 米，残高 1.3 米，残宽 0.9 米。边墙东南端和东端分别连接高楼哨营盘，中间部位被一条机耕道截断，其西端残点的东南侧设有一碉，名为自生碉；东端残点的东侧设有一条石板古道，古道宽约

1 米。

澎水井营盘，位于凤凰县吉信镇得胜营社区 5 组，北纬 28°5′48″，东经 109°36′7″，海拔 350 米。营盘南距万里墙碉 1 约 300 米，万里墙碉 2 约 100 米；北距墙外碉约 100 米，工班后头碉约 200 米，沿途连接马脑屯碉 1、马脑屯碉 2、马脑屯碉 3、马脑屯碉 4、马脑屯碉 5 到得胜营，距得胜营营盘约为 1.5 千米；西距 209 国道约 50 米，与高楼哨（火烧坡）营盘相望。

整个营盘呈椭圆形，占地面积约 1589 平方米，为青石砌筑。澎水井营盘始建于明代早期，一直沿用至清代末年。地表散布大量青花瓷、瓦砾、砖块等。营盘墙体保存较好，内种植柑橘、油菜等经济作物，墙体残高 2.8 米，墙宽 1.7 米，东面设有一门道，西面、西北面各设有一炮台，炮台目前仅剩部分基石，残宽 4.5 米，残高 2.3 米，材料均用青块石干打垒砌，坚实牢固。

至于为何此处营盘叫澎水井，当地村民称原来这里有一处小地名，就叫"澎水井"，刚好就有一口水井，位于古道边上。据称：

> 这里有一口井叫澎水井，澎水井这个水井只有在下大雨涨洪水的时候才会冒出来（才有水），里面有泉眼，现在都是干的，没得水。这个水井不是面前这洼水，现在井已经看不出来了，以前都是用石头围起来的，这个井以前很深的。这井是一口凶井，看了它的人会不好，可能会生病，可能会死，家里会发生不好的事情，后面有一天井水突然涌出老高，人们认为是邪气，就用了十二个大锅子（铁锅）把它敷（盖住冒水的地方）在上面，不让它（水）出来，就不会有不好的事发生了。澎水井这个地名就是这么来的。①

古井因不吉利，已被当地人掩埋，今不见其形，已是农田耕作之地，

---

① 讲述人：YCY，男，土家族，71 岁，吉信镇吉信村人。访谈地点：澎水井营盘。访谈时间：2023 年 2 月 11 日 13：00—13：40，原访谈内容较多，有删减。

沟渠横亘其中。根据当地人指认的遗址处，大致可知其所处位置。

澎水井营盘遗址遗存保存情形不佳，虽然营盘大致格局和部分墙体仍存，但不及与之毗邻的高楼哨。之所以有此差别，可能与澎水井营盘靠近居民区和耕地区有关。

（十四）得胜营、靖疆营、三潭书院

得胜营，即吉信镇政府驻地的得胜营社区，地理坐标位置为东经109°36′20″，北纬28°6′25″，海拔高度约为312米，是连通吉首市和凤凰古城的交通要道，分布于河谷丘陵地带，西侧为万溶江，东面周围则坐落着群山。得胜营遗址遗存所属的村落位于山坡间，乃依山而建的，根据山体的形势，村里的各户人家分别错落聚居。现营盘内常住居民约有70余户，根据访谈当地人得知该社区的姓氏很杂，有王、吴、龙、廖、麻、石、杨、田、胡、张、滕、唐、侯、隆、向、周、徐、黄、曾、莫、陈、姚、梁、谭、熊、欧阳、董、罗、彭、满、秦、丁、郑、代、瞿、冯、肖、郭、蔡、潘、韩、李等四十余个姓氏，显示出外来移民属性。关于祖先历史，居民称他们祖辈有的是在古代兵营建设时就世代居住在这里的，有的是因为战争或是灾荒迁移过来的。此外得胜营社区还是一个多民族杂居的社区，有汉族、苗族、回族、土家族等。

得胜营始建于万历四十三年（1615），清代嘉庆年间再次增修，改制为汛堡类型的军事防御设施，是整个防御体系中重要的指挥枢纽之一，形制为圆形，为镇筸镇（总兵）的右营游击驻地，并设有游击一员驻此，驻兵有300名左右，为当时驻兵较多的营汛。

> 得胜营堡：城北四十五里，堡址周围二百余丈，堡身入土一尺，出土一丈，底厚八尺，顶宽六尺，排墙厚二尺，高四尺，俱青石砌成。堡门四座，堡外山梁建石碉二座，工程极为完固。嘉庆二年，衡山县知县牛曾若奉檄领帑承修。①

---

① （清）严如熤：《苗防备览》卷12《城堡》，嘉庆二十五年（1820）刻本。

得胜营遗址保存状况较差，20世纪50年代当地修河道、水库就近取材，直接挪用了边墙的石头作为原材料，所以很多边墙遗址遗存就被破坏掉了。1960年代，再次大规模拆毁，当时镇上有一处发电站的大坝垮了好几次，也是直接拆了当时城墙的石头拿去修大坝。

据调查，当地人称得胜营营盘总共有三个城门，分别是东门、水门（也称呼为西门）以及南门，现仅剩水门（西门），城门修筑基本结构尚存，高15米，门洞高5米，宽2.7米，进深6.2米，门上刻"严疆保障"四字，但已极不清晰，可惜现城门的上方已被村民搭建了房屋。当地人称，这里有上街、中街、下街的营盘道路格局。过去得胜营这一块儿还有"墙内""墙外"的说法。有衙署一所，营内设有跑马场，墙高约10米，面积颇大，非常壮观，且营内的建筑都是以石质为材料所筑。南门口老水井内还有一通碑刻，是记载清末龙骧开场事迹，碑刻中有"镇篁右营""都吾""晒金堂""鸭保寨"等字样。城墙用糯米、石灰以及水泥修筑的，高7—8米。营盘四周有碉堡，营盘内还有一口古井，名叫吊井。当地人称，得胜营这里的地形是牛角型，是极佳的风水宝地，这种地形出人才多。调查得知，不大的社区内，竟然先后出了不少人才，有县长、局长、中科院教授等。

明清修筑边墙的历史，深深影响着边墙沿线的各族民众，吉信镇有关边墙的历史文化较为丰富。笔者2018年在吉信镇调查期间，了解到当地有将边墙称为"万里墙"：

> 万里墙是守苗匪的，还有碉堡，百把米一个碉堡。土匪来了就有话筒喊，一个碉堡一个碉堡的喊，用竹子啊，竹筒啊，"土匪来了"。我们老家是陕西省蓝田县烂泥村，来这里可能是十多代人喽，就是得胜营，这底下跟这边都是讲的得胜营，都喊的"营盘上"，祖辈来的时候就有啦，来的都是来守苗匪的啦，从这里得胜营起，一直到篁子坪。万里墙祖辈驻守苗匪，土匪百分之九十是苗族，他们着官府逼很咧，这边山就汉族，这边就是苗

族，原来有句口号，叫"铜不沾铁，苗不粘客"，苗族和汉族冒开亲，现在开亲咧，现在 56 个民族都开亲啦。①

靖疆营历史悠久，始建于明朝万历年间，清代增修改制为汛堡。靖疆营遗址在吉信镇大桥村 7、8 组，北纬 28°04′21.7″，东经 109°35′55.7″，遗址保存较差，2018 年笔者前往调查时，仅剩一处石阶、一段残墙及部分墙基。2022 年再访得知，石阶、一段残墙亦毁。靖疆营附近有土石混合边墙，分布在较陡的山地，顺着山脊走向连接碉楼或营盘。

三潭书院（新吾书院），由清朝凤凰厅人吴自发筹资兴建。吴自发曾任贵东兵备道，戎马回乡后，为兴家乡文教，同治十三年（1874）创建三潭书院，三潭书院保存较好，现位于吉信镇完小内。书院主楼巍峨，飞檐翘角，主楼后是四合天井，整体结构对称，为湖南省现存四大书院之一。现为湖南省省级文物保护单位。

（十五）洞口哨

包括洞口哨营盘、哨卡和边墙。营盘石围墙周长约 93 米，占地面积约 960 平方米，残高 1.3—1.8 米。洞口哨遗址遗存位于凤凰县筸子坪镇新民村，临近红狮村，海拔约为 253 米，地理位置为北纬 28°11′15″，东经 109°39′19″。西南面为吉信镇，距离新良子营盘约 600 米，距大口井碉约 200 米；北距水井喇上碉约 500 米，西北距万溶江约 200 米；南为吉信高速收费站，距离联欢村约 400 米。新民村是凤凰县最北的自然村寨，南邻红狮、北靠湘西经开区，与镇政府隔河相望，东至吉首双塘乡，全村有五个村寨组成。作为当年驻军、放哨之所，洞口哨营盘驻有军队，营盘上部分称"民主"组，营盘下为"忙略"组。现存有石板路、营房地基，还有兵营、驻防要塞，均有一定的遗址保留。洞口哨是明代嘉靖年间所设的"十三哨"之一。据

---

① 讲述人：TJS，男，76 岁，土家族，凤凰县吉信镇得胜营社区居民。访谈地点：吉信镇街坊。访谈时间：2018 年 7 月 8 日 8：13—8：35。

史载：

> 洞口哨：东至五寨司，管下都吾、石榴坡；南近清溪约，中
> 立靖江子营，接大坪等生寨；西连大禾冲，通三汊江、地岭坡、
> 回保诸苗穴；北抵箪子坪。又名"后寨"，直通大小略变、红岩、
> 下水等寨。设炮楼三，曰"乌牌"、曰"高凹"、曰"鸡子"。设
> 隘门一，曰"东关隘"。设保靖土兵营担承。诸苗出劫，则总门
> 新寨、都良田为必由之路。又有土桥、瓮洞，去本哨较远，俱宜
> 防守。与箪子会哨于总门；与清溪会哨于湄隆。夜游黄连塘，御
> 后寨之冲；设伏乌排江，据都良田之险。此本哨之嘤紧也。①

洞口哨营盘遗址所处新民村，全村 334 户、1339 人，主要有张、
孙、伍、龙、陈、向、石、施、舒、谭、韩、林、田、余、许、黄、
唐、杨等姓氏，映衬新民村是一个典型的驻军后代移民村落。新民村
的居民主要是汉族，并且他们汉族认同感较强，不愿意因为"政策照
顾"改为少数民族。在新中国成立之前，新民村的汉族虽与苗族有商
贸经济上的往来，但多不开亲。据当地人讲，新民村的村民祖先就在
此安家，明朝时期就来了，他们大多是被朝廷派遣来此驻军，遂在此
繁衍生息。

据当地老人讲，这里原来有演武厅（城内）、教场坪（城外），
住有"营兵"和"乡兵"，都是"吃粮当兵"的。营盘内只有两条街
巷，有两个门，分别是东门、南门，营盘里外三重结构，分头城、二
城，官老爷住三城。有一个炮台，在三圣宫附近。结婚从东门进东门
出，有丧事之类就从南门出，办好事都要走东门。

营盘平面为凸字状，占地面积约 960 平方米，为青块石干打垒
砌。营盘现保存一般，东北角为洞口哨碉楼，破坏严重，仅残存部分
基石。西面有一条连接得胜营营盘与洞口哨营盘的古道，北边的营盘

---

① （清）鄢翼明：《辰州府志》卷7《边防》，康熙五年（1666）刻本。

墙体保存完整与碉相连。墙体破坏严重，残高 1.3—1.8 米，残宽 0.9—2.2 米，材料均用青石砌筑而成，坚实牢固。洞口哨营盘修建选址在山顶，居高临下，俯视对面山区，万溶江沿线尽收眼底。现存的遗址，有兵营和烽火台、营盘、边墙、古道、衙门（无明显遗迹）、碉楼等遗迹。营盘是当年驻军的居住之所，经过一条长长的古道，在古道的两边是古城墙，建筑材质均为石质的。据当地介绍，修筑营盘时，往石材里添加糯米等材料来增加城墙的黏性、坚固性。

洞口哨是边墙沿线重要的驻防要塞，经当地人介绍，这里原来还有炮台基座，他小时候还在，后面毁坏没有了。原先还有烽火台，对应山头一个接一个，炮台林立，居高临下，一有动静，能够侦察。在营盘内有一处衙署遗址，仅剩地基。附近的山头有一处碉楼，名为洞口哨碉，其规格约为 5×5 米，残高 3 米，保存算是较为完好的。上面部分已无存，仅剩半截，基座虽有残破，但大体完整，四周灌木、树木丛生。因长期经受风吹雨打，碉楼一些石头掉落下来，上面长满青苔，此景更映衬着久远的年代感。2022 年 7 月，笔者探查时，碉楼残存基座尚较完好。2024 年 1 月再访时，发现基座一侧已坍塌，乃雨水冲刷导致。

洞口哨营盘边墙，位于吉信镇得胜营社区十一组高速路收费站西北侧的山上，现为耕地，主要种植油菜、蔬菜、橘子树。山体西面为万溶江，西南面为吉信镇，东南面为吉信高速路口收费站。边墙西端残点靠近山腰，其走势约为东西走向，坡度约为 18°。洞口哨营盘石边墙依山势而建，就地取材，部分墙体借助自然隆起的石脊，自然向上，以块状毛石垒砌成墙。墙体残长约 103 米，残高 1.1 米，残宽 0.5—1 米。

（十六）猴儿屯

猴儿屯遗址遗存，包括屯卡、边墙和古道。猴儿屯，位于凤凰县箟子坪镇沱江右岸一陡峭山顶，山体一侧为万溶江，垂直耸立，面如刀切。猴儿屯与洞口哨、箟子坪哨、鱼洞村红狮营盘一线相望，构成整体防御体系的一部分，是为明清时期湘黔边区边墙沿线的重要屯

卡。"猴儿屯，屯卡一座，现在修竣。"① 地理位置：东经 109°39′
7.24″，北纬 28°10′51.32″，海拔 310 米。

在边墙沿线边防设施中，猴儿屯地理位置十分险要，山体陡峭，
视野开阔。沿山道一直往上，进入遗址尚有一门，门墙左右两侧高
2—5 米之间，沿屯卡遗址四周有墙体，高约 0.5—4 米不等，有垛眼。
屯堡最宽处直径约 90 米，最窄处直径约 57 米，外墙与内墙间距约 10
米。屯外设一炮台，炮台长 2.5 米，宽 1.7 米，朝西南方向，墙体宽
1.4 米，高 3.6—4 米。自山脚至山顶的石板古道由山体走势一直往
上，宽约 1.2 米，用石板铺就，或因年代久远，略有散落。2023 年 3
月笔者探访时，尚无文物保护标识。2024 年 1 月再访，标识已立。

遗址遗存区有混搭式边墙两段，位于猴儿屯山上。山体西面为万
溶江，北面村落为矮梁子，南面为红薯坡。两段边墙均依山势而建，
就地取材，在隆起的自然石脊以块状毛石垒砌成墙。走势为东北—西
南，坡度为 17°，边墙一段残长约 74 米，残高 1.2 米，残宽 0.6 米。
边墙二段与猴儿屯外围城墙相连，走势为东南—西北，坡度为 12°。
边墙二段残长约 13 米，宽约 0.4 米，高约 1.2 米。

山下的居民区有两处残墙。其中一处位于居民区的入口处，不过
现在只剩左边一段墙，右边因当地住户修厕所拆掉了。墙体高约 2.4
米，长约 8 米，按形制，应为进门的入口。另一处墙体，在居民房屋
之间的菜地上。据当地老人讲，原来这段墙很高，一直连着猴儿屯的
山体，后来修房子拆了。据称，拆墙翻修时还发现一堆银圆。

（十七）红狮村

红狮村区域遗址遗存分为红狮村营盘、边墙和碉楼。红狮村营盘
（半山营盘或半坡营盘），距离村寨约 500 米，属于凤凰县箕子坪镇，
距离凤凰县城 30 千米。当地人叫"红薯坡"，行政村名为"红狮
村"，现已合并到鱼洞村。地理位置：北纬 28°10′22″，东经 109°38′

---

① （清）佚名：《苗疆屯防实录》卷 16《碉卡下》，江苏扬州人民出版社 1960 年复制
印行。

58″，海拔 381 米。

红狮村同样是一处典型的军事移民聚落，有文、龙、林等几个姓氏，均为汉族。红狮村营盘在一座高山顶上，从山脚前往山顶需要走一大段山路，皆是上坡。营盘遗址就在红狮村居民区，沿山体往下连绵。整个营盘已经不见其貌，但沿线的碉楼、古道、烽火台遗址遗存保护较好，边墙建筑形态与基本格局未曾破坏。调查发现，此处边墙遗址遗存虽只能看到碉楼、烽火台或残缺的边墙，但整体形制保存较好，由边墙沿线而辟的石板路保存至今，古道格局仍存。自铺满石板的古道而下，左侧是一长排的土、石混合边墙，边上一排则是石砌结构的墙体。边墙北端残点位置靠近山脚，整条边墙呈西北—东南走向，坡度为 12°—21°。边墙依山势而建，就地取材，以片状毛石垒砌成墙，边墙残长约 650 米，残高 1.1 米，残宽 1.6 米。边墙一路顺延至香板营盘，途经半坡碉 1（残存，规格为 4×4 米，残高 2.5 米）、半坡碉 2（残存，规格为 4×4 米，残高 2.5 米）、半坡碉 3（残存，规格为 4×4 米，残高 1.5～2.9 米）、半坡碉 4（残存，规格为 5×5 米，残高 1.8 米），由山脚通往山顶营盘的古道位于边墙西侧。

红狮村区域遗址遗存多是人为和自然毁坏。1960 年代，红狮村营盘里的边墙、碉楼保存较多，不曾毁坏。但后来当地人不知历史古迹的重要性，不重视边墙的保护，多将边墙、碉楼的石材拿去修筑田坎，或者作为修建房屋打地基之用，抑或农作时踩踏边墙，以及日常破坏等。即便如此，红狮村区域的边墙遗址遗存仍是边墙沿线保存较好的一处。

（十八）鸭宝洞

鸭宝洞石边墙遗址，原为边墙沿线一汛，位于凤凰县廖家桥镇鸭宝洞村境内，地理位置：北纬 27°59′913.43″，东经 109°30′31.22″，海拔 366 米，距离凤凰县 7 千米处。城堡前临沱江，有碉堡 7 个，残留城墙数千米，保存较为完好。

鸭宝洞又称鸭叭洞、蛤蟆洞、鸭堡洞。鸭宝洞城堡修建于明代，清代设立为鸭宝洞汛，扼守凤凰县城西侧的水路要冲，遗址规模较大，总占地面积约 4000 平方米，平面呈正方形，边墙从此处穿过，并连接着数个碉楼，内设城墙 1 道，城门一座，码头一个，炮台两座，城内设有营讯衙门、火药局等机构。除了相应的军防建筑，尚有兵营遗存，当地长官有都司、把总、外委等官职。现汛堡遗址处属于长潭岗的淹没区，仅残留城基和碉楼基座，边墙从古汛堡一直往南延伸。目前鸭宝洞石边墙是凤凰古城区域性防御体系中保存较长、较好的一段"石边墙"遗址。2002 年，鸭宝洞城堡被确立为湖南省省级文物保护单位。

鸭宝洞石边墙遗址在峡谷平台上，左侧、对面皆为山体。地理位置极佳，驻军守卫，颇有扼守之道。遗址最高点，有一段石边墙，用大石块修砌，打垒修砌。边墙左右皆有不少残体的墙基，多为房屋地基。有些石块呈长方形，上面刻有花纹，纹样为正六边形。峡谷对面的岩壁垂直的，犹如刀切，乃天然形成。

鸭宝洞石边墙遗址现修水库，水流因三座大山分隔，呈"丁"字形。水库水面至水底有 80 米深，深堑区隔两岸。据当地村民讲，在水库竣工之前，两岸是相通的，谷底虽有一条小河沟，但并没有那么深，两岸的人互相往来。原来有一座小桥作为两岸的通道。靠近河谷边缘处，原有一门，已毁。

所谓鸭宝洞，是指遗址附近的山中溶洞，因水库修建淹没，已不可见。修水库前，溶洞位置高于水底 7 米，洞口较大，有 10 多米之高，之前本地人进去过，外地人不敢进去，令人胆寒。鸭宝洞村原先名为"押宝洞"，意为村中有此宝，福地就在此。

关于鸭宝洞村的来历民间还流传着另一种说法，说是此寨因在河边，据传以前驻军喜欢在此赌钱，得名"押宝"。历史时期，鸭宝洞区域的苗族和汉族以"谷"为界居住。据当地村干部介绍，鸭宝洞遗址原来居住约有 100 户，主要是杨、唐、肖、吴、马、龙、石等姓氏，所属民族有土家族、苗族、汉族，鸭宝洞遗址是当地的赶集地点。从姓氏结构来看，鸭宝洞村是一个典型的军事移民村寨。原先居民皆住在遗址区，此后居民陆续搬迁，居住在遗址区的周边地带。据当地村民讲：

> 以前这里是一个集镇，老百姓拿猪、牛、羊来这里卖。我们祖辈原来是奇良洞村的人，后来因为打架争执，住不下，就搬迁到现在大坝那里。过去五十几年前，那边大坝上挨着我们这边有个碉堡，用来放哨的。有三个城门，分别是东、西、南方向，分别都是由石头和黄土做的。河底下、侧面和对面。其中有个城门高3米多，宽1米多。以前是从现在水库河底走上来，峡谷中有条小河沟，上面架着一座桥。在我们小时候，城门炮台比现在完整。
>
> 驻军的扎营地，今天你们看到的遗址那里，对面叫良子。曾经下面有个石头形状的号角，可以吹响，但现在也被埋在河底了。那里的都是被搬迁所毁坏，当时还在分田到户，加上后面游客推倒的。
>
> 我们这边东西南北都有土地庙。以前大坝我们这边的山上，有个寺庙，里面有很多个菩萨，十八罗汉，还有和尚，"文化大革命"的时候，破迷信，被拆掉了。在解放时期，解放军不去老百姓家里，在外过夜。之前我们这边有个民国保长被解放军围院镇压了。①

水库建起来后，居民搬迁，原有三处碉楼，但因修水库被毁，吊脚楼建筑亦被毁。遗址墙体还保留一部分，尚存过去的房屋地基。先前的房屋多是用石头和黄土砖建造而成，顶上为木头所制。20世纪90年代初，政府组织居民整体搬迁，修建水库。其实早在20世纪80年代起，遗址中的石块即被周边居民建房子给搬走了。当时不允许使用雷管炸药，就来这里用推车把墙体石块拆走了。还有一些来游玩的人，出于好奇没见过这种石墙，就给推倒了。如今，鸭宝洞遗址区成为当地比较热门的历史古迹和旅游观光地点，天气晴朗的时候，很多

---

① 讲述人：YZJ，男，土家族，79岁，鸭宝洞村人。访谈地点：YZJ家中。访谈时间：2023年2月12日10∶49—11∶15，原访谈内容较多，有删减。

人前来游玩、露营、拍婚纱照等。

(十九) 王会营

王会营，位于凤凰县阿拉营镇黄合社区三组，旧名"火草岭"，又称黄汇营、黄合营。地理位置：北纬 27°51′59.33″，东经 109°20′11.4″，海拔 641 米。王会营是边墙的重要起点组成部分（南向），虽然依据《楚边图说》所示，明代边墙的南起点无疑是位于铜仁府的霭云营，或由于年代久远不及考证，或两省分界习惯，清代史籍多将王会营（亭子关）作为起点，如《楚南苗志》即有称"惟上自王会营，下至镇溪所，绕水登山，计程三百余里"①。但正确表述应是：明代三百余里边墙，湖南部分即是从凤凰县的王会营（亭子关）至吉首市的喜鹊营。

王会营地势北高南低，平面大体呈方形，占地面积约 3287 平方米。原有南、西、北三座城门，三座炮台，呈"品"字形排列；街道两条，一条南北直通，一条环城街道。可惜营盘的城门及炮台现均已毁坏，部分青石垒砌的墙基犹存，残高 1.7—2.3 米，厚 0.8 米。营盘原有粮仓坪、水井，皆已不存。营盘外围有水井两处：分别是西南的"油房井"和东北方向的"灌灌井"。王会营先前住户为蒋姓，有残存一块题为"乐安世家""嘉庆九年拾一月二十九吉旦"的朝门门楣，还遗存有一座高 6 米、上下两层的"保家楼"。附近有碉楼环绕周边，显示出边墙沿线一体防卫的军事布局。

据调查了解，王会营原先是 5 个组合成一个村，后村镇合并，由木冲、新场、黄合三个村寨合为黄合社区。黄合社区有近 200 余户、800 多人，居民有雷、朱、杨、蒋、张、李、田、龙姓等 17 个姓，其中雷姓占 50%，显示出典型的军事移民特征。据当地村民讲，雷姓是从江西搬迁而来，杨姓是从天星村迁来，与舒家塘、杨家塘的杨氏同出一族。

---

① （清）段汝霖：《楚南苗志》卷 1《楚黔蜀三省接壤苗人巢穴总图说》，乾隆二十三年（1758）刻本。

（二十）勾良

勾良苗寨，有"苗疆第一寨"之称，位于凤凰县落潮井镇，距凤凰县城 29 千米，历史时期是典型的"生苗"聚落。现全寨分为上、中、下三个自然寨，共 8 个村民小组，共 370 余户、2000 余人。"勾良"在苗语中意为"粮道"之意，显示出明显的明清时期边墙遗址遗存历史文化痕迹。地理位置：北纬 28°34′3.05″，东经 109°42′20.53″，海拔 607 米。

勾良苗寨较为古朴，寨内建筑保存较好，有石砌的围墙、石砌的阶梯、吊脚楼，房屋窗户装饰样式较为传统，屋檐带着翘角。因勾良苗寨位处湘黔交界，每逢苗族传统节日，附近两省苗族会自行组织活动，"以歌会友"，欢庆佳节。现勾良苗寨被凤凰县政府打造为"苗文化"旅游观光胜地。

文化遗产保护是一个全民性的事业，政府和民间的通力合作是文物古迹保护的根本。笔者行走湘黔乡间，一部分边墙遗址遗存正是得益于一些民间有识之士的自觉保护。如湘西州凤凰县龙文玉先生（曾任湘西土家族苗族自治州副州长）在勾良苗寨创建有"苗疆边墙博物馆"。多年来，龙先生一直致力于苗族历史文化和地方文化建设，如今八十余高龄，仍为家乡建设辛劳，令人钦佩。他曾说："读懂了边墙，就读懂了湘西的发展史。"笔者深以为然。博物馆位于凤凰县勾良苗寨内（勾良苗寨歌舞博物馆二楼，一楼挂有"苗疆边墙文化展"牌子），整体场地主要展示的是边墙的历史沿革、边墙沿线的遗物（军事武器、砖石碑刻、生活用具，以武器居多）、边墙文化、边墙遗迹与风光（以图片的形式展示，有些图片非常宝贵，拍摄于 20 世纪 80、90 年代，一些遗址今已无存或毁坏）、边墙研究成果等内容。虽然整个陈列不大，但总体再现了边墙的历史文化面貌。

（二十一）老家寨

老家寨，位于凤凰县山江镇 1.2 千米处，距离凤凰县城 20 千米。地理位置：北纬 28°34′3.05″，东经 109°42′20.53″，海拔 607 米。老家寨是凤凰县保护最好的古村寨之一，居民均为苗族。村寨有苗族传统特色民居，已列入"中国传统村落名录"，是"湖南省特色旅游名村"。经由政府打造，现为苗族文化旅游风光胜地。

历史时期，老家寨属边墙以外"生苗"寨落。寨子依山而建，居民房屋均为石质，用当地的毛石块堆砌而成。寨内有古朴的苗族传统民居、吊脚楼和碉楼（保家楼）、护寨墙、街巷、石板路等。笔者2017 年考察时，正值当地为促进旅游开发，将老家寨的房屋与街巷整体修葺，古朴与现代交织。据当地村干部讲，文物工作部门曾到老家寨考古，有挖到明代的瓷器、用具和刀剑等，表明在明代时期，此处已经是边墙防御前线。

老家寨最重要的历史古迹，属保存较为完好的一段"护寨墙"，位于寨子后面，靠近山体。寨墙由毛石块垒砌，有一段墙体长满藤类植物，覆盖成荫。寨墙虽有数段，但从石块颜色和年代痕迹可轻易辨别最早的墙体部分仅不到 5 米，高 2 米余，其他部分的寨墙皆是后面为旅游开发重修，碉楼（保家楼）亦属重修，根据边墙沿线的碉楼样式建造。据称，寨墙始建于明代，原先老家寨的寨墙是环村而建，一般高 4—5 米，寨墙上有瞭望口和枪眼，有寨门。寨墙与碉楼相连，形成攻防兼备的防御体系。

（二十二）吃血坳（抚苗碑）

吃血坳遗址，包括明代土边墙、古道、抚苗碑，位于凤凰县落潮井镇落潮井村，地处凤凰县西北部边境，与贵州省铜仁市松桃苗族自治县的正大镇接壤，历史上长期是重要的军防重地。落潮井镇地形属于丘陵地区，地貌以山地为主，西北地势偏高，东南地势偏低。

吃血坳又称之为"喝血坳"，"坳"字是指小山坡。据当地人称，清朝时当地苗族的首领"亚宜"将苗民集聚在一起，他们在石头屋内杀鸡取其血，歃血为盟，喝血酒发誓，相约四月八日起义，后此地名曰"吃血坳"。当地一些老人曾组织寻找用来杀鸡的宝剑，但一直没找到。

吃血坳明代土边墙遗址位于在落潮井镇杨柳湾村 4 组的边墙山山上，地理位置：北纬 27°56′10.084″，东经 109°20′48.84″，海拔 543

米。土边墙的遗址不甚明显，其实就是隆起的小土坡，呈线状延伸，沿着山脊走。考虑到明代万历年间距今已四百年，又是土筑，能保存有此规模亦是可贵。吃血坳明代土边墙所处山区现为荒山，主要是松树及各类灌木、杂草。土边墙遗址一端由河谷延伸，连于山顶，近东—西走向，依山势而建，缓处坡度为15°，近河谷处坡陡为60°，土边墙横切面呈半圆状，上面长满杂草和树木。边墙材质均是夯土筑成，对于这里有土边墙的原因，当地村民说，落潮井这里不盛产石头，所以都是夯土修筑。边墙残高0.15—1.5米，残顶宽0.6—0.9米，残底宽1.6—3.2米，局部地段边墙夯筑在断坎上，垂直高度超过3米。边墙残长约274米，是现存土边墙遗址遗存中保存较好且规模较大的明代土边墙遗址遗存。

吃血坳土边墙曾遭到不同程度的破坏。20世纪60—70年代，当地修沟、水渠，就直接在土边墙边上挖沙，有时甚至直接将土边墙上的土挖去。随行村干部称，20世纪80年代时，土边墙高度比现在高许多，后面修路又将土边墙给斩断了。笔者沿着山体行走，发现土边墙所处山体与对面山体之间是一处狭谷地貌，此景似曾相识，吉信一段的边墙亦是依河、依界而筑。这充分说明：边墙不全是人为的划分边界，而是根据自然山水格局依"界"而筑。与其说边墙分隔了两地，倒不如说边墙所处地理形态本来就存在两个不同的自然分区。

古道位于土边墙的北侧，当地老人称这条路原先是用河边的鹅卵石铺成，一直连着贵州的正大，这里离贵州正大营很近，但后来修路全都给毁了。根据近年考古探查研究显示，吃血坳遗址或为渭阳县的前身，也就是现在老凤凰的所在地，附近石板、鹅卵石等铺就的古道穿梭而过，交通便利，是贵州、湖南连通的要地。但后因吃血坳附近没有水源，取水不方便，于是将凤凰营迁到了黄丝桥。由高往东部不远处有一碉，当地人称为吃血坳碉，但仅存残留基石。

落潮井村鸡公寨有清康熙五十年（1711）湖广总督鄂海所立"抚苗碑"残件。鸡公寨主要由吴、麻、龙姓组成，以吴、龙两姓居多，均为苗族，讲苗语。因村口两边分别有近似鸡公形状的巨石，其左边称为鸡公，右边为鸡婆，故称之为"鸡公寨"。据村民回忆，抚苗碑原址位于现镇政府后空地，坐北朝南，原碑高约在 2.2—2.5 米，宽约在 1.8—2 米，在"破四旧"时被打碎。目前，保存的残碑残长1.28 米，宽 0.15 米，厚 0.2 米，现藏于鸡公寨上寨吴桥安家中，残部碑文为"生苗八十三寨……容化导，教之礼让"，内容与文献所记一致。抚苗碑因是皇帝立的碑，所以又被当地村民称为"皇碑"。抚苗碑原本是立在鸡公寨的，据当地人声称，抚苗碑选址在鸡公寨，又与苗族传统节日"六月六"相关。传说鸡公寨当时有户人家想趁着鸡鸣皇帝上朝时，用箭刺杀皇帝，但不知何种原因，刺杀当天鸡居然提前打鸣了，导致了刺杀的失败。为了镇住鸡公寨的鸡，于是抚苗碑最初的选址就选在了鸡公寨，并在碑阳碑阴刻上了老鹰。

抚苗碑的毁坏，是因为当时鸡公寨有一种说法，言抚苗碑是镇苗的，立了碑后，鸡公寨就日渐衰落了，到了"文化大革命"时期，鸡公寨的民兵组织将抚苗碑毁了。他们先用稻草将碑围了一圈，点燃后烧了很久，再将碑打碎、扔掉了。落潮井镇曾组织人员重立一块抚苗碑（新抚苗碑），但附近居民都认为此碑不吉利，害怕它产生不好的影响，就连同一些当地的老人齐力阻止立碑一事，新抚苗碑运送过程中又断掉了，重修立碑之事也就不了了之。

（二十三）高堰

高堰遗址，包括营盘、边墙遗址遗存。位于凤凰县阿拉营镇，高堰遗址地理位置：北纬 27°54′58.17″，东经 109°21′26.25″，海拔高度约为 636 米，古时高堰营盘曾是练兵操练的地方，营盘内还有训练用的跑马场。

高堰营盘遗址保存较好，虽为一处营盘，但遗址遗存类型丰富，营盘结构、墙体形制清晰，营盘平面形制呈椭圆形，城墙将营盘中心的平地围了起来，营盘内有操兵的场地和跑马道，跑马道占据营盘15% 的面积，两侧有围墙延伸。营盘共有两个大门，分为大门和后门，大门在北处，后门在南处。营盘内设施齐全，营盘正中心为生活区，有四处石块堆积的房屋遗址，其中一块墙基保存完好。营盘外山坡上有两处取水点。

高堰营盘遗址所在的山体因修公路被剖开了，形成了一个人造峡谷。从山底上来，城墙左侧有一个缺口，缺口前堆积着许多石块，不知是墙体坍塌，还是石质阶梯坍塌。

营盘的城墙总体上保存比较完好，高度约3米多，周长约为50米。从缺口处进入营盘内，边上有一部分地势较矮，为跑马道，宽2米左右，跑马道旁还有一房屋基址，平面形制呈方形，具体功能不明。营盘的正中心偏东北方向，有三处连成一串不成形状的石块堆，猜测可能是后人为了种地或建房毁坏后堆起来的。据随行带我们考察的村干部所说，该营盘有两个门，大门因三年前修公路被破坏了，听说大门大概有2—3米高，而后门现在还在维修中。

近年来，湘西土家族苗族自治州正积极将边墙遗址遗存申报"世界文化遗产"，高堰营盘目前正在维修中，工人们主要是加固墙体，有一些墙体坍塌了，他们负责将墙体重新垒起。为保持修旧如旧，修复时亦采用垒砌，不使用现代建筑用料黏合。为了保持城墙的原样，工人说要直接使用原来的石头，不用新添石块。这次的维修工程是由湘西土家族苗族自治州出资的，属推进边墙保护工作内容之一。

(二十四) 水打田

"水打田哨"即明代"十三哨"之一，是边墙遗址遗存中年代较早、保存较为完备的一处遗址遗存，位于凤凰县水打田乡吊岩村，遗址距离村寨较远，位置险要，在村委会对面山顶上。吊岩村位于水打田乡政府所驻地西南方向，距政府10千米，有3个自然寨，分别居住着土家、汉、苗等民族。姓氏较多，其中唐、刘为大姓，蒋、王、郭、莫、龙等为小姓。吊岩村处于林峰乡与麻阳县郭公坪乡交界处，距乡政府所在地24千米、凤凰古城58千米。由于村寨背后四处是悬挂的岩壁，因而取名为吊岩村。

水打田遗址遗存地理位置，北纬27°48′16.82″，东经109°32′59.28″，海拔417米。因遗址在山顶上，从山底到山顶需要爬一段山路，山势较陡，呈70°的坡度。遗址区有保存较好的石墙，从山体两侧悬崖一直延伸，石墙表面呈黑色，历经风雨四百余年的沉淀。石墙与竹林交相辉映，整段石墙保存较好，不同于鸭宝洞石边墙的大块石体，此处墙体石材并不大。地面上有许多石块散落，应该是墙体年久失修，自然坍塌。据史载：

> 张公岳竟以握兵久，外劳□善后事，□得兵宪高公、参将孙贤志同谋协，奏请增一十二哨，曰铜信、曰小坡、曰水塘凹、曰水田营、曰石羊头、曰五寨、曰清豀、曰洞口、曰箪子、曰强虎、曰乾州、曰永安，连镇溪所，共十有三，各据险互扼，边腹少安。[①]

边墙是在萧授所建"二十四堡"、张岳改建"十三哨"的基础上，最后由蔡复一组织修建完成。此行考察的水打田遗址遗存即文献记载的嘉靖年间张岳改建的"十三哨"之一。调查发现，水打田遗址遗存大体由青石整齐的砌成的边墙，整体形制保存较好，边墙刚好围绕整个营盘一圈。据说以前是一个跑马场，屯军用来练武。遗址的一处石门已毁坏，其左边边墙高 1.5 米左右，长 23 米左右，保存比较完好，右边边墙长至少有 30 米，宽 1.5 左右。在山顶的正前方，有大门，高约 3 米，没有门头，顶部的石板掉落在城门前，石板长约 1.5 米，宽约 0.9 米，厚度约为 0.15 米。

该段边墙与其他边墙遗址遗存做工、所用材料的方法多有不同，其主要以青石岩筑墙基，设有哨卡、烽火台、城门等防御系统。所用石块基本就地取材，稍加修整，薄厚均匀，大小适宜，又灌灰浆，虽年代久远，墙基仍能不下沉、不断裂，保留完好。由于整个遗址区长满了竹子，随行考察只能俯身低头经由"竹洞"前行。据吊岩村的村干部讲：

---

① （清）黄志璋：《麻阳县志》卷10《外纪志》，康熙二十四年（1685）刻本。

山体差不多形状如一个三角形，它的背面有一个，那个是一个正门，在山体正面左侧方那里有一个完整的门，旁边连着一个山洞，曾有人居住。山顶上有两个炮台，两个炮口，只有城墙，没有枪眼。山的右侧比较平缓的地方是一个练马场。山上曾经有一块碑，写着"明朝嘉靖二十六年夏吉日立"，但现在已不知去处。曾经 CCTV 军事频道来这里考察过，修理过后，露出了整个营盘的全貌，但最后并没有报道出来。如今已长满了树、草以及荆棘等。我们现在所看到的山顶，与左后面山体有一棵松树那里相对应，那边石板上还刻有字体，在《凤凰县志》也就是老县志里面有记载，可能具体在军事和人文方面查找。①

当地村干部还称，这里以前还有炮台两个、城门三个、碉堡、水井，刚刚穿过的"竹洞"区域是以前的练马场，炮台就在练马场上面，绝壁处还有一个山洞，作为生活区使用。遗址区以前还立一个石碑，但是听说被移走了，至今都不知道石碑的去向，碑刻"明朝嘉靖二十六年夏吉日立"字样，实由政府所立。水打田遗址遗存年代久远，保存较好，石砌边墙已成为苦难历史的见证和兵民智慧的结晶，也为后人研究城墙史、文化史、村落史提供了宝贵依据。

（二十五）新茶田古军事贸易遗址

新茶田古军事贸易遗址，包括古市集、碉楼、哨卡、传统民居、古道、庙宇等遗址遗存。位于凤凰县茶田镇茶田村 5、6 组，地理位置：北纬 27°48′47.02″，东经 109°21′47.02″，海拔 533 米。遗址位处两山之间的鞍部台地上，与贵州省地界紧邻。

新茶田古军事贸易遗址始建于明代宣德年间，占地面积 10000 平方米，明初为凤凰县通往贵州境内重要军事关卡，明末逐渐发展为军事贸易场所。清代中后期演变为湘黔边区民间自由贸易场地，后转化

---

① 讲述人：TSJ，男，46 岁，吊岩村民。访谈地点：吊岩村村委会。访谈时间：2023年 2 月 13 日 11：00—11：30，原访谈内容较多，有删减。

为自然村落。遗址区保存基本完好，其中尤以碉楼最具特点，碉楼建于清光绪二十七年（1901），系硬山顶穿斗式木石结构。古碉楼通高14米，基宽6.5米，碉基结实，碉体建筑就地取材，利用当地片石砌成墙，砌艺精湛。该遗址具有浓郁的地方建筑和军事建筑特点，是边墙与边防体系的重要组成部分。

古民居沿着古驿道呈东—西走向分布，四周群山环抱，山势高峻陡峭，平地极少，无法修建城堡，因而选择在驿道的咽喉处设立军事关卡。古驿道以石板铺就。当地人称，以前石板路极为光亮，因为经常有人走，打磨形成。现在这里没人住了，石板路反而暗淡无光。原先这里有田、胡、郑、熊、滕、何等姓氏，住有80余户，均为土家族。

遗址区往里的上坡，是一处庙宇，当地人称"三王庙"，供奉四尊神像。此庙历史非常悠久，明清时期的建筑规模比现在更大。虽然现在的规模也不小：相当于普通居民一大间房屋的空间，庙前有一处空场地，散落着七个古朴、陈旧的小石墩。

清朝中后期，湘黔交界战乱逐渐平息，社会秩序趋于平静，清朝在湘黔边区的统治日渐稳固，湘黔两地的民众出于经济交易需要，催生出了多处交易市场，是为"墟场"，新茶田古军事贸易遗址就此演变而来。官方为确保贸易通畅、安宁，往往将集市设在交通便利的汛堡、哨卡处，其后随着各族民众交融日盛，也就逐渐转化为民间自由贸易场所。由于新茶田哨卡场地开阔，驿道横穿，交通便利，且位于湘黔交界，十分适宜作为贸易集市。因而，随着边墙军事功能的日趋退化，至清中后期，这里从早期的军事管制下的贸易场所，发展成为自由贸易市场，最终变成自然村落。

（二十六）砂罗古堡寨

砂罗古堡寨，位于凤凰县阿拉营镇砂罗村6组。地理位置：北纬27°48′39.14″，东经109°22′7.34″，海拔505米。古堡寨坐北朝南，依山而建，河流环绕，又称"玉带缠腰"之地。古堡寨平面近似圆形，占地面积约30000平方米。遗址遗存包括古堡寨、传统民居、石墙、古道、街巷、古树等。

砂罗古堡寨非常之大，一个自然寨就有 300 多户、1200 余人，这在周边地区皆是非常少见的。砂罗村主要有田、万、龙、全、秦、杨、黄姓氏，其中砂罗古堡寨里面的村民大部分姓田。寨内居民房屋大门多冠以"紫荆"堂号，田姓是寨内大姓，字辈为"祖—宗—庆—兴—应—景—儒—茂—仁—宏"十字，除龙、石两姓为苗族外，其余皆为土家族。周边村寨田姓都是从砂罗寨分出去的。堡寨内一条主干道贯通，若干小道辅之，居民房屋多为穿斗式木结构建筑，有些院门还保留着历史时期的样式，但石阶或侧边门框略有损坏。一些居民为了方便车辆进去，用水泥将石阶抹平，破坏了原有建筑样式。

古堡寨道路蜿蜒曲折，当地村民笑称，如果是外地人进来，很可能会迷路，小偷能进来但出不去。往古堡寨沿农田边，有一处古树，名"紫微"。据说至少两百年了。树干光滑无皮，树形似一朵祥云，极具观赏价值。当地村民说，古树哪边开花开得好，哪边稻田的就长得茂。几年前，曾有一外地老板想以两百万价格购买此树，但被村里的老人拒绝了。

砂罗古堡寨砖木结构明显多于周边堡寨，显示出古堡寨的核心防卫与军事格局。寨内原建有"东苑"和"西苑"。进入寨门的门楣上刻有"三多第"，但字迹模糊，仅"三"字比较容易辨认。据当地人称，"三多第"意为"多田""多子""多福"之意，寓意这里的人们生活幸福美满。居民房屋尚保存传统时期的建筑样式，街巷林立，但保存情形不及舒家塘古堡寨。当地人认为，之所以古堡寨保护较差，和当地人经济条件改善有关，经济条件好了，纷纷翻修、盖新房，也就将老房子破坏了。近十年是古堡寨破坏的高峰期。

（二十七）麒麟屯

麒麟屯遗址，位于茶田镇芭蕉村 3 组，遗址在麒麟屯山顶之上。地理位置：北纬 27°49′37.27″，东经 109°22′31.76″，海拔 605 米。麒麟屯附近尚有新屯、狮子坡屯堡、四岩屯屯堡、营盘屯、新茶田屯、反屯等遗址遗存，以麒麟屯保存最为完好。

麒麟屯始建于明代，占地约为 15000 平方米，整体形制呈"葫芦状"，西南处地势平缓，东北部则为悬崖峭壁，地势险要。麒麟屯设有东、南、西 3 门，有箭垛，另有炮台两座。城墙部分保存较好，现残存墙基高 1—5 米不等，厚 0.9—2.5 米。屯堡葫芦体中段为生活区，东侧险要处为驻军区，山顶周边均残存城墙遗址，中部残存屋基遗址。麒麟屯堡完好程度在湘黔两省中均属前列，遗址遗存地将清朝时期的历史风貌保存至今，对整个明清边墙与边防体系的研究具有重要意义。2011 年被确立为湖南省省级文物保护单位。

麒麟屯是典型的依山势而建的军事要塞。西门遗址外侧墙体保存很好，垒起的一层层石块整齐坚固，丝毫看不出破败的景象，可见当时古人做工之精良。随行的村民称，以前他小的时候这里的墙还要高出许多，他们小时候放牛到这里玩，直接将城墙上的石头推下山，觉得好玩。东门顶上已无建筑，两边墙体相连，出入门的路径曲折。南门保存完整，有顶，两边墙体亦保存较好，但灌木、杂草太多，无法拍摄全貌。

麒麟屯城墙布置有枪眼，内有水井两处。当地村民称，之所以叫麒麟屯，是因山势如麒麟而得名，屯内格局是大屯套三小屯，内外共四层，内有营房。麒麟屯山体有硃砂矿，山路之间尚有过去开采之旧坑，现已禁止。麒麟山顶一侧有两株古树，因长在悬崖之上，看似并非参天大树。但当地人称至少有好几百年，因为以前村里老人说，祖辈就曾见古树在悬崖上生长。

（二十八）亭子关

亭子关，位于凤凰县阿拉营镇化眉村，地理位置为北纬 27°49′32.11″，东经 109°20′15.24″，海拔高度 551 米。亭子关位于双龙山峡谷深处，西与贵州省铜仁市接壤，东南与茶田镇交界，地势险要，自古以来便是湖南通往贵州的交通要道，湖南省区域边墙的南起点。

亭子关的西门处有一块现代石碑，以"南方长城第一关"为标题，介绍亭子关的历史。亭子关现为自然村寨，分为两个组，新中国成立后时有 100 余户，现已超过 180 户。当地居民的姓氏较杂，有龙、马、麻、吴、杨、田、滕、李、刘、徐、向、彭、莫、谭、侯、沈等姓氏，以土家族、苗族和汉族为主，是一个典型的军事移民村寨。

亭子关遗址遗存区域现为居民区，北面为桑树湾，东北面村落为化眉村，西南面村落为大坪村，西面村落为乱岩塘村（大坪村与乱岩塘村均属于贵州省铜仁市滑石乡）。其平面呈椭圆形，周长约350米，占地面积约为6359平方米。原墙高一丈五尺，墙顶宽三尺，厚五尺，现残高2.8米，厚0.7米。亭子关设东、西、南（原设东西两门，南门后开）三个大门，一座关门，四个炮台，现均损毁，残留基石，内存留大量块石和片石砌筑的建筑。周边被城墙围绕，为石砖搭建，城墙高5米多，宽2米多，厚度约3米，上有数十个箭垛，有东、南、西、北四扇城门，城门附近有炮楼三座。城门上有可通行马的道路，设置的有暗哨，哨孔为内大外小，可以用来观察和射击。城内还设有议事堂、伙房、营房、碉楼、牢房、马厩等设施，设施与设施之间有石板路相连，城内是镇守边关的士兵以及家属的住所，房屋建筑整齐排列，错落有致。

亭子关遗址遗存内有一处庙宇，当地人称"三王庙"，庙内三座雕像皆为木制雕刻，雕像样式虽为竖直姿态，但神像整体却是站立式，此样式却为少见的风格。雕像前整整齐齐摆放着贡品。据当地村民称，供奉的"三王"，是为了缅怀曾经驻守此地因战争牺牲的三位将军（都司），他们立下了汗马功劳。现在的庙宇建筑是当地村民近年重建的。三位将军，其中一位将军叫王坚，还有一个湖北人，姓何，另一位姓夏，外号叫"夏宝子"。

亭子关西门尚存，但也仅剩一侧。西门原本保存得比较好的，大概在1979—1982年间被破坏，现在只剩下一边残门和残墙，残门高约2.8米，宽1米，城墙高度为4米。据当地村民回忆，以前西门还有两扇大门，大概有8厘米厚，门为木制，上有铆钉，一排一排钉上去的；西门处还有门槛，但后来为修水泥路，将门槛拆毁了，原本的路皆是青石板路；城门的上檐还有类似亭子的建筑，和城门楼有点相似，城门顶上的石板很厚，并往外延伸了十余厘米；门边的城墙是呈

"八"字形展开的,内宽外窄。亭子关原占地十余亩,军防设施齐全,但后面渐被破坏,地面仅存着一些墙体。当地村民也称,以前没有文物意识,不知道是文物,人为破坏了不少,现在着实可惜,却又无能为力了。一位当地村民称他的叔叔见过北大门,现在叔叔九十多岁了。

亭子关原有四座哨所,分别是油房喇、松林坳、高官子垴、标盘垴。但当地人说有五所,西南面有四所,为炮楼破、丛林坳、银山喇、算盘垴、东北面一所,为关子垴。周边的山头均设有碉楼,各个碉楼与亭子关连成一线,出现突发情况可以相互照应,立马向周围发出警告,及时御敌。关内的水泥路下则是石墙及墙基,所谓的"南门"早已看不到一点痕迹,仅剩一点石质门柱。东门情况与南门相同,已无城门的样式。据村民回忆,以前这儿的城门保存状况和南门一样,1981 年村里在此地修水池给破坏了。

> 东门,毁于 1981 年,在 81 年之前,西门和东门我们以前小时候经常来这玩(笑),晚上经常来这里睡觉,睡得最多的就是这里(指东门)。1981 年因要在这修水池就把这毁掉了,以前这里的规模与西门差不多。以前左边还有一扇门(背对门)。①

东门与北门之间的城墙有马面,平面形制呈正方形,用于加固城墙,当地人称之为"柱子"。北门现已经没有地面遗存了,只有高 3 米多的石墙墙基。在当地还有一个关于北门的传言:夏宝子遇害的岔路口,现在被当地人称为"宝子口"。当地老人讲,以前这里遗址遗存保护得都很好,墙体高度比现在高出半米多,但后来"文化大革命"毁了一些,居民们陆陆续续修房又毁了一些,就变成了如今的样子。亭子关作为湖南省段边墙的南起点,属边墙沿线标志性遗址遗存,应给予重点保护。

---

① 讲述人:LWB,男,苗族,61 岁,亭子关村民。访谈地点:亭子关遗址处。访谈时间:2023 年 2 月 15 晶 12:15—12:40,有删减。

（二十九）天星山

天星山，位于凤凰县禾库镇天星山村，地理位置为北纬 28°08′10″，东经 109°23′28.24″，海拔高度 551 米。天星山是汉语名称，苗语为"叭撮"，意思是"坚硬石头生成的山崖"。天星山地形极险，孤峰独耸，狭谷丛生，道光《凤凰厅志》云："大天星寨山，在厅北四十里，高四十余丈，周围千余步。上有田、有水。"笔者 2017 年考察时，当地村民亦称天星山顶上有田地，有庙，能够容纳一千人生活。又有小天星山，"两山相连，拔地而起，中歧为两险绝相等，四南如削，上广下敛，形如张盖"①。天星山区域至今流传有吴八月智斗清兵的历史传说。

值得一提的是，天星山附近有古兵营、古战场，还有一段较为可观的军事防御墙。清朝康熙四十三年（1704），曾在此用兵，招抚苗民，兵营、战场、防御墙多半是当时清军与苗民对峙时修筑的军事防御工事。明清以来，湘黔边区难治，除了中央王朝未曾深入治理外，也与湘黔边区崎岖的地形有一定关联。天星山的地理形态即是如此呈现。史载："尝言：'朝廷有千万军马，我有千万山峒。'又云诸葛亮有七纵七擒，我苗有三紧三慢：所谓'紧者'，军退则突出劫掠；所谓'慢者'，军临则散漫潜藏。又云不怕官府军多，只怕官府粮多。"②为解决湘黔边区的持续动乱，明清中央王朝修筑边墙，以防苗控苗，稳定统治。

古战场仅是一处平地，现已辟为耕地，当地村民称以前人们耕作时，有捡到刀剑之类的武器，似为战场遗留。古兵营遗址区已开垦为农田，田埂处有层层垒起的石块，即是古兵营房屋地基。军事防御墙从山脚一直延伸至山上，用当地的毛石块修筑，并借助了山体岩石障碍，后村里修路，墙体就此斩断。据当地村民讲，以前山脚处还有一个大门，就在现在公路一线，但修路被拆了。

---

① （清）黄应培：《凤凰厅志》卷 3《山川》，道光四年（1824）刻本。
② （清）黄应培：《凤凰厅志》卷 11《苗防志一》，道光四年（1824）刻本。

严格意义上,天星山区域的遗址遗存并不能认定为边墙遗址遗存,不过笔者将这一部分内容放入本书中,是因为有关边墙遗址遗存的直接和间接历史文化皆是十分紧密的,明清修筑边墙所产生的历史、社会、文化,彼此的融合、整体,才能构成"全景式"的边墙遗址遗存。

二 湘西经济开发区区域

湘西经济开发区,是明清镇篁至乾州一线的重要边防地带,但由于此区域属湘西的经济开发与社会建设的重点区域,区域内高楼林立,边墙遗址遗存毁坏较多,笔者选择"三炮台"作为此区域代表性边墙遗址遗存叙述。

三炮台

三炮台,位于湘西经济开发区西北部,现属湾溪社区。三炮台始建于明朝正德年间(1513)。明清时期,作为军事防线,有"头炮台""二炮台"和"三炮台",彼此互为联通,拱卫呼应,构成边墙沿线军事防御据点。"二炮台、三炮台,城南五里,软坳上下,不甚险峻,为往镇篁要路。"① 明清时期,因是保护乾州南大门的第三座炮台,故名"三炮台"。

三炮台所处的"湾溪"是明清时期重要的军防重地,军防建设对当地的社会文化影响至今。现今湘黔边区以哨、营、卫、台、所、关等明显带有军事属性的汉语地名命名非常之多,"三炮台"即其中之一。由于城市建设,"头炮台""二炮台"遗址已不复存在,"三炮台"目前仅存一段城墙(约120米,高约2米,宽约1.5米),及相关墙体、石阶等。又因209国道扩宽,整个遗址破坏非常严重。

三炮台遗址地理位置,北纬28°13′48.11″,东经109°40′0.26″,海拔245米,基本格局近方形。据当地人讲,三炮台的山上原来有一座大钟,如果有土匪来了就敲钟,传递军防信息,沿线即加强戒严。进入遗址区,是一段错乱的石板台阶。遗址区顶上,有一段曲折的围

---

① (清)严如熤:《苗防备览》卷4《险要·乾州厅》,嘉庆二十五年(1820)刻本。

墙，墙角有一处神龛。往前区域即城墙，由石块砌成，布满青苔。中间有一段自然垮落的缺口。

遗址区尚有居民房屋，但已无人居住，山腰及山下四周皆是居民房屋，右侧是 209 国道，周边高楼林立，现代与历史交织。为保护古迹，政府已将"三炮台"重点保护，开展清理、修复，又将"头炮台""二炮台""三炮台"作为公交站名，传承地名文化遗产。顺着 209 国道下山往前走 300 米，有一处加油站，对面立了一处仿制的炮台建筑，上有书写"三炮台"，边上还有小字"精品社区"。政府为了保护古迹，将原来三炮台遗址顶上区域的居民安置于此。

三 吉首市区域

（一）乾州古城

乾州古城，位于吉首市区，北纬 28°15′29.41″，东经 109°41′39.36″，海拔 195 米。乾州建城始于明正德年间，时为军事城垣和屯粮之所。乾隆《乾州厅志》记载："按，乾州四面环山，武溪萦绕，前有炮台、篁子之雄，后有吕洞、喜鹊之峻。左据清江、镇溪之奇，右倚天门、高岩之险，处泸麻上游，扼永绥关隘，为镇篁门户。控诸苗之咽喉，树辰常之藩障，称固塞要害之地。"① 因万溶江、天星河二水绕洲，形成三陆横陈，状如乾卦，故名"乾州"。嘉靖年间，总督张岳疏罢湾溪等堡，更设十有二哨，乾州自是由"堡"为"哨"，加镇溪所，共"十三哨"。康熙三十九年（1700）更名乾州，四十七年（1708），置乾州厅。嘉庆元年（1796），升直隶厅。嘉庆二年（1797），又置乾州协。

乾隆年间，乾州城遭到战争的毁坏，至清嘉庆时新城建成，并开迎恩（东门）、通济（南门）、拱极（北门）三门。又，南门外增建月城。因万溶江左岸，东西北城壕与附近水系接通，形成城、河相融的军事防御工事。明清时期，乾州厅城外西南乡与东北乡各自设置有

---

① （清）王玮：《乾州厅志》卷1《形势志》，乾隆三年（1738）刻本。

23 座石堡，外加 18 座土堡。东乡设置有 30 石碉、5 座汛卡，南乡设置有 36 座石碉、4 座汛卡以及一座民屯。这些系列军事遗存，成为乾州城外围的安防保障。

乾州古城墙及周边军事设施基本毁尽，仅残留南城墙局部石基。城内现存有厅署衙门、协台衙门、文庙、三王行宫、城隍庙等建筑，古街巷和古城格局基本保留。其中最具特色的就是南门（通济门），系原址上修复的一座门楼，主楼两侧各设一耳楼，开三道城门，布局如同"品"字，当地人称为"三门开"。现乾州古城系政府打造的旅游和休闲胜地，古城内商铺林立，全国各地游人穿梭，早已不是明清时期刀光剑影的时刻。

（二）喜鹊营

喜鹊营，为边墙北起点，位于吉首市马颈坳镇团结村。地理位置：北纬 28°26′51″，东经 109°49′26″，海拔 408 米，距离吉首市区 20 千米，是明代在湘黔边区设立的重要军事营地，早在嘉靖年间就作为军事据点屯兵驻扎。现为湖南省重点文物保护单位（2022 年）。万历年间，明廷修筑了自霭云营/王会营（亭子关）至镇溪所（乾州哨）三百余里边墙，后"天启中，起自镇溪所，至喜鹊营止，添墙六十里"①，建喜鹊营，立营建城，重兵防守。

据当地称，喜鹊营以前叫麻雀寨，因为麻雀比较多。立营建城后改称"喜鹊营"，当地人称为"营上"，与保靖县、古丈县接壤。营盘修建在山顶，地势较高，视野开阔，利于防守，控戍边墙沿线。营盘内房屋错落，较为别致。喜鹊营所处地理位置为保靖、古丈、吉首三县交界，尽显军事控制意图。据调查了解，喜鹊营居民姓氏较杂，有宋、王、杨、孙、黄、廖、向、邹、张等姓氏，多数为汉族。从姓氏结构来看，多而杂的姓氏显示出喜鹊营是一个典型的移民村寨，喜鹊营的居民多是当年来此地屯军的后代。现大部分村民已搬离喜鹊营，选择到山下修楼房居住，营内仅剩十余户。村中以前流传：东北

---

① （清）席绍葆：《辰州府志》卷 40《艺文纂·议》，乾隆三十年（1765）刻本。

门若合成一个门，会对喜鹊营造成不利的影响。丧事必须走西门，不然不吉利。如若村寨里有喜事，就走东南门，那边的百姓好打鼓祝贺。如果有人不听忠告，那以后会断子绝孙。后人应该遵守前任留下来的道理，这样才能兴旺子孙。

喜鹊营有大、小营盘之分。小营盘本是停兵、关马之用，分兵两处才可容纳，四周是用土垒的土墙，内四边皆是士兵休息之所，均为半边矮房，面向北方，仅留大门进出，门外铺就石板路，可直接通向十字街。大营盘内，有官府大堂一栋，呈四合院形状，分三间，正中五米宽，中间陈设有公案、大座椅。正门头上，写有"府衙"二字。左间房有 4 米宽，内格前后两，全深度 8 米。前为议事房、师爷堂，后面则是老爷堂。右间是进阔两间，有刑兵站立处所和摆放刑具位置。府衙的四周是高围墙，中间是四方坪场，有大朝门，8 米高的旗杆。两侧都是套房，士兵和教官居住的屋子。四周边墙外，都是大路，从左边一直向下走是十字街，右边朝门外走可以直通城门洞，还有审问犯人的罪人间。

营盘原有衙署、学堂、水塘、十字街、演武坪、武庙、楼关厅等。楼官厅在南门洞下约 200 米，有一小坳，名"排路坪"，是十字路中后面一个方坪，约两分地，此路高一米，有几个踏步。两边柱子上安放有大木板，为了方便来此的人就座，中间有官位座，上面摆放了茶碗和水烟斗，又有茶桶一个，在侧门边上有鼓，右门外有大锣一面，另有两把长号，在锣鼓的两旁，有马厩，每匹马都有马楼。每当老爷要来前，都会提前通知楼官厅的人员，准备迎接老爷。据当地人讲，老爷头戴大红官帽，身穿披风，十分威武，十分热闹，喝过茶之后才移步大营盘，来和去都需要亲自迎接，不能怠慢。据当地人讲：

原来这里叫麻雀营，因为麻雀多（笑）。这里原来特别繁华，一天要杀一头猪，一天就能卖完，有 300 多户人家。有三个当官的分到这里，叫"衙门八字开，有理无钱不要来"。分为大营盘、小营盘。这个营盘不知道清朝哪个皇帝时候修的，清朝有十几个皇帝嘛。有兵马驻这里，有两个衙门，分副老爷、正老爷。营盘有枪炮，原来我小时候还看到有猪儿炮，现在放在博物馆咯。①

在喜鹊营设有"七碉八卡"，四面环山，每座山上都有烽火台，以狼烟为警，彼此互相响应，防范"苗匪"进攻。喜鹊营虽位于三县交界处，地理区域险要，然历史时期亦是"三不管"之区，社会治安较为混乱，历史时期军事活动颇为频繁，虽有商业上的往来，但是新中国成立前苗族与汉族尚不开亲，至新中国成立后逐渐交流增多，如今已经是苗汉交融。

"喜鹊营城与天齐，四面河流在眼底。挡住白云无雁过，只留日月在东面。城外高山四面齐，都是前人苦建的。岩石垒多辛苦，流传后人做古迹。古城建就五百余，十县民夫不有齐。堵住匪盗不扰死，民强国富众居安。城池三坐永崇立，石碉卡碉二百余。五里一排直营盘，休防守卫好密集。一里一碉对百立，对方不看虚实。一声锣角作道令，三城报到把兵齐。官兵赶到很容易，三军罗刹拳花旗。赶走盗匪三千里，从此朝安无判迭。"② 在喜鹊营中有三座城池、碉楼两百余座，五里一排直上营盘，军营内人员密集、守卫森严。碉楼众多，盗匪根本不敢前来骚扰。以锣角作为召集号令，吹响锣角三座城池的人员都要到齐，由于道路畅通，集齐较为容易，赶走盗贼，保证当地的稳定，也保证中央王朝的安宁。喜鹊营原有东、西、南、北四个门，都有一条直通到十字街的大路，在四个大门的中间有名叫猪儿炮和转柱联的防御设施。在喜鹊营内发现的明清时期留存下来的炮台较为完整，有三台，现已收藏湘西州博物馆。"喜鹊营汛堡，门楼三，

---

① 讲述人：SXS，男，汉族，79岁，喜鹊营村人。访谈地点：讲述人家中。访谈时间：2022年7月16日10：10—10：45，原访谈内容较多，有删减。

② 相关材料由喜鹊营村民黄光连提供。黄光连先生生前颇熟知喜鹊营历史文化，写了很多有关喜鹊营资料，并有营盘结构、地理图。遗憾的是，2022年7月16日我们到访时，老人家刚去世不久，其家人向我们提供了黄光连先生保存的资料。

炮台五。"① 衙门遗址、碉堡、烽火台、关公庙及其他城墙遗址，以及石板路和石梯尚有保留。残存的一些墙垣、烽火台旧址，颇有年代感的石块嵌入土中，露出的一面布满苔藓，那种深沉的颜色使历史感油然而生。"正老爷"衙署整体格局宽敞，视野开阔，位于整个营盘的最高点，充分体现了军事聚落的结构特点。

距离南门较近的一处竹林旁，还留存一条高约两三米的石质城墙，此城墙保存较为完好，连接处是南大门。城门地基、墙垣尚在，但杂草、灌木丛生，很难看到全貌。据当地人讲，喜鹊营的很多墙体石材在 20 世纪七八十年代修团结水库时，作为建造原料挪用。20 世纪 50 年代左右，喜鹊营营盘遗址都还在，城楼、墙垣、炮台、水井，保存相对较好，城楼遗址还存在，后经过"文化大革命"，要求"破旧立新"，毁坏了诸多边墙遗址，连家里的神龛都打掉了，大部分地面建筑被毁坏。

四 花垣县区域

花垣县，即清代永绥厅，无论明代、清代，边墙皆不曾经过花垣县境，但清代增修边防设施较多，属广义边墙的一部分。"永绥厅原建汛堡二十九座，屯卡二十座，内扯上坪即车都坪卡，系重开。碉楼六十七座，关厢三座，关门八座，共一百二十六座。"② 不过，花垣县边墙遗址遗存保存下来的并不多。

（一）螺蛳董

螺蛳董，文献中称为"螺蛳墥"，即"董"字左侧加"土"字旁。螺蛳董遗址遗存位于花垣县吉卫镇螺蛳董村，处湖南、贵州交界，与贵州松桃县芭茅镇毗连。地理位置：北纬 28°16′6.65″，东经109°20′59″，海拔 887 米。周围地势平坦，农田遍布。清代曾在此设置屯仓，是永绥厅的重要粮食囤积地。

---

① （清）卞宝第：《湖南通志》卷 30《地理三十·关隘二》，光绪十一年（1885）刻本。
② （清）但湘良：《湖南苗防屯政考》卷 11《碉堡》，光绪九年（1883）刻本。

据当地人称，此区域都是讲苗话，受苗族影响较多，苗、土、汉杂居。原来这里有老城墙、碉楼、庙、古宅、古树，但1958年修莲花山水库将遗址区的石头搬走挪用。为何叫"螺蛳董"？据称是因为遗城区往上，到最高处的山体地形一圈圈上升，高高耸立，恰似螺蛳，所以叫螺蛳董。螺蛳董附近是青龙铺屯，有古井，遗址已毁。

螺蛳董遗址遗存整体平面近似长方形，占地面积约1550平方米，湘黔公路东西穿城而过。设有东、西、北三个城门，门楼皆毁，仅剩一些零星城墙，残存于居民房屋墙角之处，均为青石块垒砌。遗址中间的山顶上，有天王庙，左侧供着观音菩萨，右侧供奉"三王"。苗族畏"三王"，边墙沿线分布着天王庙，文献多有记载。站在山顶环顾四周，视野极其开阔，确实是一处极佳的军事驻防之地。据当地村民称，原来此处山顶修建有军事建筑，开有一门，有一条大道，山顶的平台一圈皆是房屋，为军士驻扎屯戍之所，但都毁掉了。当地居民房屋即是以此山体为中心向外扩散。城内有十字街，设有一门，为"水门"，是当时附近居民赶集之所，城内分布零星古建筑，有商铺、烟馆等，外围还有牛马市场。附近尚有碉楼遗迹，共有三处。

据当地村民讲述，过去螺蛳董是朝廷派驻的地方，这里的士兵都是吃粮当兵的，有部队建制。周边铜仁、吉首、凤凰、花垣的人汇集于此。据称，清代时期，此区域竟有80多个姓氏。现在螺蛳董村仍有肖、吴、龙、石、麻、廖、谭、周、邹、陈、王、杨、曾等43个姓氏，姓氏颇为复杂。

（二）老卫城、吉多坪古城

1. 老卫城

老卫城，即明代崇山卫城，俗称"老卫城"，以夯土构筑，位于花垣县吉卫镇卫城村，北纬28°19′54.66″，东经109°25′27.23″，海拔787米。明代修建卫城不及二十年，因粮运不便，难为接济，明廷遂将崇山卫放弃。入清后，改为永绥协驻地，嘉庆二年（1797），再升永绥厅，是湘黔地区保存较好、面积最大的土城之一。

老卫城平面呈椭圆形，周长2.2千米，城址面积55万平方米。

现存墙基宽 10—14 米，顶宽 3 米，残高 4—10 米。开东（砖门楼）、南（砖门楼）、西（2 木门楼）、北（砖门楼）四门，门楼均毁，赐名"归化门""宣威门""长治门""振武门""文安门"。北门遗存较为明显，两段土墙之间有缺口，两段土墙保存较好，长长的脊背绵延，夯土结构保存着明代崇山卫的历史气息。据最新考古研究，老卫城的结构包括：居住区、墓葬区，城内还设有衙署、火药局、宗教等机构，有"洗马池""跑马厅""荷花池"分设于城内。

2. 吉多坪古城

吉多坪古城，亦位于花垣县吉卫镇卫城村，老卫城遗址的西北方向，遗址区紧邻吉卫镇汽车客运站，北纬 28°20′12.07″，东经 109°24′51.66″，海拔 814 米。城墙周长 1900 米，面积约 30 万平方米。

吉多坪古城平面呈椭圆形，开东、西（2 门）、南、北共 5 门，皆毁，现尚有"大西门"地名，分别赐名"归化门""宣威门""长治门""振武门""文安门"。嘉庆年间，因"永绥厅孤悬苗境，不足资控制，请移厅治花园，移协营茶洞，沿边编设碉卡，以永绥旧城为汛地，使苗弁驻劄，约束诸苗寨"[①]，吉多坪城遂废。吉多坪古城现仅保存几处城墙遗址，现存墙体残高仅 1.2—2 米，最高处有 4—5 米，宽者可达 3 米，周长 1900 米，皆以青石修砌。城墙内，已辟为耕地，城区格局已不存。许多城墙砖石直接堆积于田间。当地村民耕地劳作时，间有瓦片、瓷器出土。

（三）三溪口屯

三溪口屯遗址，位于花垣县花垣镇狮子桥村，村委会斜对面的农田耕种处。地理位置，北纬 28°36′58.45″，东经 109°33′4.34″，海拔 271 米。三溪口屯，地如其名，三面小溪环绕，地势不高，恰似处在周边群山的窝心。狮子桥村与望城村、吉峒坪社区、凉水井社区、清水塘村、蚩尤村等相邻。雍正八年（1730），清廷置永绥厅，厅治吉多坪。嘉庆二年（1797），设绥靖镇，统管永绥、保靖军务，辖境统

---

① 赵尔巽：《清史稿》卷 352《祖之望传》，中华书局 1977 年版，第 11275 页。

称绥靖镇；嘉庆七年（1802），永绥厅署由吉多坪迁往花园堡，即今花垣镇，成为城关重地。也因此，三溪口屯连同凉水井、跃马卡等汛堡、哨台、屯卡等一道成为厅城及湘黔边区边防沿线的军事重地。

三溪口屯遗址内及周边皆是耕地、农田，连遗址区都种满了庄稼。但遗址的基本结构尚存，有部分遗址保留。遗址呈圆形，由石块垒砌，面积约1600平方米。遗址规模不大，但面溪背山，地势较好。根据遗址区的墙体结构与墙体划分区域，大致可知三溪口屯的守卫形势与屯内格局。

在遗址北部有一炮台遗址，尚保存一部分墙体。北面、东面墙体保存相对较好，一直延伸半圈，呈弧形，但弧形中部长满灌木、树木和杂草。其中北面残宽约1.7米，高约2.05米，东部围墙残高约2.6米，宽约1.8米。三溪口屯遗址下方，有一古桥，为石拱桥，附近有古驿道，用石块铺砌，宽1.5—1.9米，残存2981米。此古驿道是连接厅城与跃马卡的重要军事要道。三溪口屯遗址现为湘西州级文物保护单位。

（四）跃马卡

跃马卡遗址遗存，包括汛、屯堡、古道、民居，位于花垣县长乐乡跃马卡村。地理位置：北纬28°36′32.76″，东经109°34′43.20″，海拔644米。据当地人称，"跃"不是汉语"跳跃"的意思，当地的方言叫"cong马卡"，"cong"是"推"的意思，因为跃马卡较之周边地势较高，去这里意味着要上山了，需推着马走。跃马卡村所在区域原先并无居民，明清建堡立卡后三山五岳的军士及军眷迁徙而来，久之形成了一个村子。长乐乡几乎都是苗族、讲苗话，只有这里是汉族，讲客家话。此处附近皆是苗族聚居，没有"解放前苗汉不通婚"一说，一直都与周边苗族通婚。跃马卡村姓氏颇为复杂，有熊、张、龙、杨、田、吴、谭、彭、贾、向、黄、周、梁等姓，具有明显的军事移民属性。

跃马卡汛，所在地点的小地名为泽落坪，遗址不大，近似圆形，尚有一门，但已无门楼，进门右侧往里一圈城墙保存较好，1—2米不等，有炮台基座一处，内部结构清晰。据当地村民讲，此处原先地面平坦，只是后来村民种地、挖坑，将地面弄得高低不平。旁边还有村民搭的牛棚，但已废弃。古道即在侧边，附近农田尚有房屋地基。

跃马卡屯堡，即在汛堡不远处。前往屯堡的山脚，亦是古道，有清代民居，尚有平台、转门及墙体保存。跃马卡屯堡平面呈椭圆形，以青石块垒砌，墙基宽近 3 米，顶残宽 0.6—1.2 米，外围城墙保存不一，有的已无遗存，仅剩底部墙体，有的地面之上尚保留墙体，残高 3—6 米，局部还保留有女儿墙和取石开凿的牮眼，南面有碉堡基座，屯堡内有水井。据当地村民讲，是因为屯堡内的水源无法满足日益增长的人口，当地村民随即搬迁，所以遗址保存较好。

整体屯堡南北长约 180 米，东西宽约 150 米，屯堡面积非常之大，共开设东、西、南、北四门，现仅残存南门，其余均毁。跃马卡屯堡与狮子桥汛、得胜坡汛、桐木坪汛、扯都坪汛、凉水井汛一同成为花垣地区的重要军事防御体系。

五　古丈县区域

古丈县，即清代古丈坪厅，属明清边墙与边防体系的边缘地带，清代时设有汛堡 3 座、碉楼 15 座，但遗址遗存多已不存，仅将龙鼻嘴、且武营作简要介绍，两地遗址亦毁坏，已发展为旅游区。

（一）龙鼻嘴

龙鼻嘴营盘，又称默戎大营盘，位于古丈县默戎镇龙鼻嘴社区。地理位置：北纬 28°29′18.31″，东经 109°50′57.43″，海拔 287 米，西距凉坳山约 400 米；东临小山包；北距枝柳铁路约 300 米，南依岩仁界山；东约 400 米为高速公路，翘水河流经于此。龙鼻嘴营盘毁坏较为严重，遗址遗存已不见其形，地面建筑多不存，现为默戎苗寨旅游景区。

龙鼻嘴营盘呈不规则形，占地面积约为 2300 平方米，为青石砌筑而成。光绪《古丈坪厅志》记载："分防营东龙鼻嘴驻把总一员，原定千总兵四十名。龙鼻嘴僻在南隅，当群苗之卫为镇防天险，亦为征战要地，后路通塞关系甚要，虽下有土蛮坡汛，上有保靖营之卑禾汛，缓不足济，若乾凤有事，实据上游之势。龙嘴鼻，厅治古丈坪西南六十三里。层岩竦峙，鼎鬲峥嵘，路从石壁中猱板蚁伏，苗狁杂处，极为险要。汛防、屯防、苗防三防皆备。"① 营盘地理位置关键，地处吉首、古丈、保靖交界处，是重要的军事据点。四周皆为高大的山峰，距古丈坪 63 千米，西北连接岩仁碉、三岔河汛堡、后门碉到保靖印山汛；南顺着古道连接良章营、喜鹊营、乾州厅；东面连接白坡汛、曹家坪到旦武营，为湘黔边区军事防御体系中重要的交通要塞。

（二）旦武营

旦武营，位于古丈县坪坝镇旦武社区，地理位置为：北纬 28°30′22.6″，东经 109°58′29.1″，海拔 564 米。旦武营最早又称为"凼武"，清雍正年间，官府派驻军到"凼武"，后将地名改为"旦武"。经由政府打造包装，旦武营现已成为周边区域的重要旅游区。

旦武营选址在山势陡峭的山顶之上，站在山顶四望，群山耸立、连绵不断，边墙最北段的防御延伸设置于此处，有"一夫当关，万夫莫开"的地理优势。光绪《古丈坪厅志》记载："分防营南旦武营汛，驻千总一员兵四十名。旦武汛四通八达，岩坳为至厅之通衢，床机为至辰之要道，曹家坪为达土蛮坡，龙鼻嘴之扼塞苗疆背后之重也。"② 又称："旦武营，厅治古丈坪南三十里，营旁俱苗人寨落，群峰环合，高险幽阻，攒铓列戟，睥睨左右，为乾州、永顺接界要区，亦苗险苗要。"③ 可见旦武营是边墙北端的一处重要军事营地。

边墙与边防遗址遗存的"三里一碉""五里一堡"在旦武营遗址

---

① （清）董鸿勋：《古丈坪厅志》卷 1《第二卷·舆图上》，光绪三十三年（1907）刻本。

② （清）董鸿勋：《古丈坪厅志》卷 1《第二卷·舆图上》，光绪三十三年（1907）刻本。

③ （清）董鸿勋：《古丈坪厅志》卷 3《第三卷·舆图下》，光绪三十三年（1907）刻本。

中颇有体现。清雍正年间，为了加强防御，边墙的防御体系向东延伸三十里至古丈的且武营，并在此长期派驻军士。或受限于当地的地理形态与水土，且武营城墙多为泥土夯砌，墙体利用本地石头或土筑而成，抑或土、石混杂。设有东门、西门，周围分布有碉楼、炮台，营内设有火药局。但因年代久远，加上人为损毁和雨水洗刷，现在已面目全非，遗址遗存有名无实。此外，营内还建有兵营房、祠堂、居宅等建筑，是镇守湘黔边区东北部的重要据点。附近尚有"土地神堂""天王庙"，"土地神堂"俗称"土地堂"，现位于村口老营盘附近，四面古树环抱，绿树成荫，经过重新恢复，现在保护完好。且武村后山的山洞修建了一个避难所，为过去村民修建。山洞位于半山腰，山底有一眼泉水，终年不枯。

六 保靖县区域

保靖县明代乃保靖土司地，边墙与边防设施曾触及于此。清代改土归流，设保靖县，"沿边自万岩溪起至保安汛止"沿边所建汛堡、碉卡，共计有 51 座，而"沿边以内，后路及近城，汛堡、碉卡七十六座"①。

（一）水荫场

水荫场汛，位于保靖县长潭河乡水银村。地理位置：北纬 28°34′23.13″，东经 109°38′5.356″，海拔 508 米。距保靖县城 23 千米，南与水田交界，西接花垣县，明清皆为军事要地，清代时设守备驻守，并有大宪巡阅边宿站。同治《保靖县志》记载："右营守备署，在四都水荫场，为苗民接壤之要隘，嘉庆七年添设。以永绥鸭堡寨守备移驻于此，署内公馆为大宪巡阅尖站，年久坍塌。同治五年，蓝翎游击署守备唐启焜重修。"②根据此史料可知，水荫场汛是一处较为重要

---

① （清）佚名：《苗疆屯防实录》卷1《屯防纪略》，江苏扬州人民出版社1960年复制印行。

② （清）林继钦：《永顺府志》卷2《公署》，同治十年（1871）刻本。

的边防之地。

水荫场汛的建造形制，与边墙沿线的汛堡类似，以青石垒砌，汛址整体平面呈圆形。设有东门、北门，附近有营盘碉楼 10 余座，东、西面各有大小营盘一个。营内有明清古石板街道 3 条，巷道 6 条，其中主石板街由西向东贯通汛址，西边为石板阶梯上至大营盘的衙门，街区内现存有明清古民居 4 栋，民国时期建筑 40 栋。营盘内原有驻军，汛堡东部的一民居后有一座守备墓，碑刻完整、字迹清晰，为清代驻扎于此林子远①将军之墓。将军的故居离墓地十余米，为一处清代四合院建筑，现已改修，但其封火墙及石门等主要构件尚有保留。

（二）官庄

官庄屯遗址遗存，位于保靖县长潭河乡官庄村，包括附近的柏子木营、衙门等遗址遗存。柏子木营地理位置：北纬 28°34′44.19″，东经 109°39′14.49″，海拔 432 米。营盘不大，近似圆形，从保留的地面墙基可粗略识别营盘结构。外围尚保存了部分城墙、城门，均以大块石质材料砌成。城墙高近 2 米，城门已经不见门头石板，两侧连着墙体，营盘大门处连着石板路，顺势下坡，是校场。站在门口，一路视野开阔，与前方的遗址一线连通。

柏子木营不远处的大路边是一居民区，水田遍布。当地村民称，很久以前此处是屯田养兵的军士居住之地，住户为姬姓和年姓，后搬走，现在的住户已非当年屯兵后代。在农田的田埂处，尚能看到一些长条青石遗存。对面的山头，当地人称，是为明朝时期的衙门（前衙门）。但遗址破坏非常严重，现为当地村民开辟的旱地，用来种植玉米及各类庄稼。仅有零星的石块垒起的田埂和田间时不时显现的瓦片，但衙门结构已不复存在。

前衙门对面的山体，就是官庄屯，当地人称"衙门"（后衙门），

_____

① "保靖营右营守备，嘉庆七年设，驻水荫场。林子远，乾州厅行武，嘉庆七年任。"参见（清）卞宝第《湖南通志》卷132《职官志二十二·武职三·国朝二》，光绪十一年（1885）刻本。

此处遗址保存相对较好。地理位置，北纬28°34′45.00″，东经109°39′19.83″，海拔417米。官庄屯整体结构未曾破坏，围绕屯堡的城墙尚保存了近80%，仅一些地方有小处破损、坍塌，其余皆是大石块垒起，呈圆形。前后有三个门，但皆有一定的毁坏，没有门楼、门柱，门前门后石块散落一地。据当地村民称，以此处为界，对面就是"苗区"了，过去界限分明，现在苗汉交融。以前附近还有一个"苗儿场"，是苗族、汉族赶场的地方。从营盘大门往下走，是一片庄稼地，地势由高到低，颇为平坦。当地人称，此处即为跑马场。

官庄屯及其附近的军事设施，是边墙沿线的辅助和保障，作为边墙与边防沿线的后方退路与粮运要道的守卫巩固之所，建碉楼、屯卡、汛堡以资守卫。从边墙防卫线路来看，官庄屯是防线中的一部分，大致路线是由镇篁镇往东而北至官庄、木江坪，再往北至得胜营、乾州厅及各营哨。

（三）涂乍

涂乍遗址遗存，位于保靖县长潭河乡涂乍村，与官庄村之间相隔涂乍河，包括涂乍碉卡、汛营盘、古道、古井等。

涂乍碉卡（渡船口碉），地理位置：北纬28°35′36.38″，东经109°40′58.89″，海拔369米。此处碉卡保存较好，位于官庄村与涂乍村隔河相望的渡口处耸立山顶。当地村干部称，现在的遗存仅是原先的4/5，以前他们小时候碉卡建筑更高。碉卡内部分为三层，中间有圆木分隔，底部空间下沉，四周有射眼，北面有一小门，有垛口7个，建筑材质是以小石块砌成。涂乍碉旁边是瞭望台，近年政府将原有平台修缮，但略有抬高。站在平台上，气势恢宏，视野开阔，涂乍河从前方底下流过，左右群山相倚。涂乍碉卡连着城墙，沿山脊往上，即现在的公路线路，后面都毁坏了。涂乍碉下方河岸边有一处关卡，不过现仅是一处石基，底部尚有一些垒起的石块基座。原有门，封锁两岸。清朝时期，如果对岸的人要过来，需有路引和凭证之类方可放行。沿着碉卡、关卡亦是古道，铺设石板，过去居民贩买盐、油、日常生活用品，皆是沿着山间的石板路缓缓而上。

涂乍汛营盘，地理位置为北纬 28°35′34.50″，东经 109°41′1.74″，海拔 376 米。涂乍营盘较大，保存较好，现已辟为耕地。当地人称，营盘旁边是房屋地基，这里原来主要住着陈姓、唐姓，是屯兵，俗称"兵户"：战时为兵，农闲时操练。底下是跑马场，原来这一区域极为平坦，现村民种地，破坏了基本格局。涂乍营盘外围城墙破坏较多，但内侧城墙保存较好，高 1—3 米不等，营盘内部呈台阶式分布，村民在上面种植了玉米及其他作物。营盘结构大致呈椭圆形，靠近山上里边的地势略高。

古井在涂乍村居民区。古井两边皆是池塘，用石板盖住。当地村干部说，井壁有碑刻，曾组织村民洗刷石壁时发现有文字，碑刻起行明显有"靖"字，再结构笔画，可推测为"嘉靖"。但此次查看，水位已更往上，且石壁布满苔藓，完全看不到字迹了，待考。考虑到涂乍碉卡修筑年代可追溯至明代，似有可能。

（四）马路屯

马路屯遗址，位于保靖县长潭河乡马路村，包括马路屯遗址、碉楼及古道。地理位置：北纬 28°33′52.42″，东经 109°42′25.04″，海拔 654 米。《湖南苗防屯政考》载："一保靖县屯卡十三座，内沿边屯卡十座，后路三座，俱系屯丁驻守。梭西洞屯卡一座，五里坡屯卡一座，大踏屯卡一座，小路屯卡一座，官庄屯卡一座，马路屯卡一座，鱼塘屯卡一座，龙洞屯卡一座，枫香坡屯卡一座，得胜坡屯卡一座，以上均系沿边屯卡。大石耶民堡一座，田家冲圯一座，陇多圯一座，以上俱系后路屯卡。以上共屯卡十三座。"[1] 可见，马路屯实为边墙与边防中的"屯卡"建置，与附近五里坡、官庄、鱼塘等系一线防卫体系。

前往马路屯遗址，沿线皆是青石板铺设的古道，古朴庄重，沿山间绵延至马路屯。马路屯依山而建，左侧倚着悬崖修筑城墙，右侧加修竖起高墙，亦难攀爬。进入马路屯，是屯卡的大门，左右两边皆有

---

① （清）但湘良：《湖南苗防屯政考》卷 11《碉堡考》，光绪九年（1883）刻本。

墙体延伸，但已无门洞、门柱、门头之类。马路屯遗址尚保存部分墙体及墙基，显现内部复杂的结构，整个屯卡的结构被垒起的石块分隔成数个小间。从大门处往里，类似一个通道，两边皆是石块垒起的房屋墙基。不过，靠近外侧悬崖处墙体保存较好，垒起石块高达 3 米，延伸耸立。

马路屯平面呈椭圆形，遗址区已被当地人开辟为庄稼地，遗址结构多有破坏，面积不详。遗址对面山头尚有一碉，但已经毁坏，仅剩基座。遗址下方，有一平地，当地人称，是马路屯的跑马场。

七　碧江区区域

贵州省铜仁市（碧江区、松桃县）边墙遗址遗存，依据文献记载主要有滑石营、豹子营、龙潭营、报国营、正大营、官舟营、盘胜营、麦地营、太平营、龙头营、地耶营、振武营、盘石营等军事设施，然实存无几，地面建筑保留较好的并不多，不及湖南省边墙遗址遗存，毁坏程度较为严重。保存稍好的遗址遗存，以滑石营、新营垴、盘石营为代表。

（一）滑石营

滑石营，位于铜仁市碧江区滑石侗族苗族土家族乡滑石村，地理位置为北纬 27°48′44.96″，东经 109°19′2.81″，海拔约 535 米，距离市区约 23 千米。滑石村作为滑石乡政府驻地，辖 7 个自然寨。滑石营部分营汛城墙尚存，四面高山置若干个碉堡，巩卫滑石大本营。营盘原有石筑寨门，东西南北四个寨门，营盘整体呈椭圆形。原来遗址区住有 20—30 户，政府为保护文物古迹，组织居民搬迁至外围，现仅剩下 4 户。根据调查了解，滑石营有王、郭、李、吴、沈、宋、陈、张、易、杨、滕、向、曾、刘、侯、裴、郭、付、覃、邱等 28 个姓氏，其中李姓占多数。当地人声称，沈姓和侯姓的是最先到达滑石营。新中国成立前滑石营村片区有 100 余户，现有 300 余户，1000 余人。

滑石营所在山体是一个长约 400 米、宽 260—300 米不等的山丘，东南西三面陡峭如壁，山体与河面的垂直高度约 150 米，从西南向东北延展，阶梯式提升、层层设防，按功能可划分为前沿防区、营防区、军防墙、内城、打石场共五个板块。据调查了解，滑石营原有东门、西门、北门、南门，建有校场坝（射箭、操练都在这里）、演武厅（操兵、练剑、训练）、升官祠、飞山庙等。据当地人讲：

原来滑石营，有东门、南门、西门、北门，是一座营盘。旧社会时，老的传说，原来修了三座营，一个是盘石，一个正大，一个是滑石营。修这里三座营盘，有两座正式些，正大、滑石。但是都是国家拨钱，拨一样的钱下来，那盘石不干，钱少了；正大营接受，收了；滑石营接受，收了。正大营认真修，拨下的款用来买砖石，修得整整齐齐；滑石修这个，只用砖打个边边，没有全部用来买砖石。后来国家一看，发觉不对：人家打这个，砖方方正正，我们这里滑石就是假的，所以正大营的钱就不够，滑石我们还节约好多钱。上面向来就不深入基层，就审问：一样的钱，不是不够，是修正大的官员贪了，那样就不行，说主持修城的贪了，受到国家制裁，就被杀了。把人杀掉了，（国家）后面反思，为什么这边反而会多出钱呢。后面实地考察，滑石怎么会还多钱，两个对比（发现问题了）。滑石就是有钱不会用，唬哄国家，不为国家办事还好好的，后来把滑石（的官员）也杀了。这些都是听老人说的。①

滑石营遗址目前存有沈氏百岁坊、营盘房基、哨台、边墙等遗址遗存。沈氏百岁坊，位于滑石乡滑石村北，坐东向西，建于清朝嘉庆年间，为沈从文的第六堂祖沈文斗。"沈氏百岁坊"是县级文物保护单位，也是滑石营遗址的重要组成部分，为石质，右联"同偕二老光三善"，左联"俱庆百岁荣四朝"，均为隶书阴刻，碑高 1.50 米，宽

---

① 讲述人：GQF，男，苗族，76 岁，滑石村人。访谈地点：讲述人家中。访谈时间：2023 年 2 月 18 日 10：08—11：15，原访谈内容较多，有删减。

0.38 米，厚 0.12 米，碑基高 0.7 米。

沈氏百岁坊旁边，有一段石墙延伸，保存较好，上为平台。营盘外沿尚有墙体残垣、水井、哨台。西门测得寨门外高 3.8 米，进深 4.6 米，通宽 3.5 米，围墙顶厚 1.2 米。据当地一些老人回忆，过去这儿有关门两扇，可以启闭，供行人出入。寨门上层为木石建筑，是哨楼嘹望之所。四周均为石砌，设有垛口、炮台及望眼。据当地村民说，滑石营东门一打开，原来有滑石营，就没有镇筸城，东门上封起来，后来滑石衰落，凤凰就起来了。传说滑石东门一打开，镇筸城就要黑七天七夜。

营盘中心有一吊井，需走四十八步石阶达到。据传，有一官家小姐去看井淹死了，官老爷就铺了四十八床棉絮，堵住不让水跑，用九口大铁锅盖上，然后再用土埋上，将井封住。现不知吊井具体地点。滑石营遗址现在有飞山庙、斋庙、关公庙。坡上是佛堂，下面是关公庙。这些庙均有庙产，新中国成立前归庙会，新中国成立后归农会。先前这些庙都修建得很好，"破四旧、立四新"时，神堂庙宇全部毁完，现在才恢复。与滑石营同时修建的还有两大设施，一个是谷坳屯，位于滑石营西门外，紧挨着滑石营。谷坳屯是滑石营的重要物资依托，以前驻扎在滑石营的人负责打仗，驻谷坳屯的人则负责种田，以保障滑石营官兵的军粮、马料，即屯兵；另一个是新营垴，当地人称"孙营垴"。

（二）新营垴、复兴桥（断桥）

新营垴位于碧江区滑石乡老麻塘村。2016 年以前，新营垴屯内住有 5 户，现已搬离。此处居民多为汉族，以李姓和唐姓为主，是一个典型的汉族村落。新营垴遗址遗存保存较好，地面建筑颇为可观，整体占地面积 1.2 万平方米，从南到北约 700 余米，东西最窄处不到 200 米，当时在此地驻军规模达到了 150 人。此处与谷坳一带居民皆是当年屯兵的后裔。

新营垴屯是贵州省重点文物保护单位，紧邻湖南省凤凰县阿拉营镇的亭子关。新营垴屯建于东南西三面悬崖之上，仅北面与白水杨柳塘连接。建有四门，以石块垒砌，除了东门有所毁坏，其余三门皆保存完好。营盘老寨呈椭圆形，寨门结构类似，有门槛、券顶、门耳，拱形门洞，城墙两边有方形凹槽，为门闩。其中，西门高3.3米，宽3米，出口处高2.5米，宽1.65米。进入门洞，门顶为券顶结构，门顶上左右两边有凹槽，直径10厘米左右，为门斗，用来放置门柱的地方，地面亦有对应有凹槽，当地人称为"门耳"；门洞内的两旁墙体上也有凹槽，为门闩；以前还存在大门，为木制门，厚度有20余厘米。

南门与西门形制相似，都为券顶门洞，门洞内有门斗和门闩；不同的是南门的门槛保存完好，入口处门高3米，宽2米，出口处门高2.6米，宽1.4米。南门朝阳，城门外的墙体直射阳光，风化程度比其他城门的墙体更为严重。北门保存完好，城墙坚固，宽度不及南门，门顶亦为券顶；北门城墙高约4.6米，城门外有石板阶梯，沿着石板阶梯下去便是呼拉堰河。

保存状况较差的城门为东门。东门的门头已毁坏，仅存两旁的墙体，右侧墙体损毁严重，不及1米高，左侧墙体保存相对较好，墙体高约2.3米。门内有石质台阶，可以登上城墙，但上方略有塌陷。东门乃风口，越靠近门外风越强烈。视野极其开阔，亭子关近在眼前，呼拉堰河将两省相隔，古道在树林中若隐若现。依据地形与地势，可以看出新营垴与对面的山峦形成了夹角，亭子关与周围的山体将中间的平地合围，新营垴、亭子关及其附近军防设施协同镇守，使得此地形成重重叠嶂，极难被突破。据当地一些老人回忆，过去这里有关门两扇，可以启闭，供行人出入。寨门上层为木石建筑，是哨楼瞭望之所。四周均为石砌，设有垛口、炮台及瞭望眼。

新营垴所处地带盛产石头，城墙中心使用石块搭建、垒筑，城墙与四扇城门相连。当地人称，原来城门上还有门楼，城墙上有炮台、箭垛和射击孔。新营垴与亭子关、滑石营连成一线，平日可作相互巡查、观望，战争时还可以相互支援、对抗。据说这里不仅有官府重兵把守，周边的居民也在屯里生活，黔东南地区苗民起义时，在新营垴进攻了十多天都没能攻破，最后只能放弃。新营垴的房屋建筑多为石木建筑，用石块作为墙体，木头做两坡式斜顶，再在木结构之上铺上青色的瓦片。

亭子关与新营垴紧邻，但对比下来，两处遗址保存差别较大。结合当地村民的理解，亭子关因为处在交通要道，且村寨的屯军后裔大多已迁走，陆续迁来的居民对亭子关的军事遗址没有先辈的认同感，而新营垴则是世世代代生活于此的屯军后裔，后者对居住地的认同感和归属感更强，对自己的先祖留下来的遗址遗存更为注重，因此新营垴的遗址遗存保护得更好。

新营垴与亭子关相接之间，还留存有一座三孔石拱古桥，名复兴桥，修建于清同治十二年（1873），长 47 米，宽 7.08 米，地理数据为北纬 27°48′59.60″，东经 109°19′31.73″，海拔 482 米。桥下流经的河流名为"呼拉堰河"。2006 年，复兴桥列入第四批省级重点文物保护单位。

复兴桥的前身叫做"断桥"，桥后立有功德碑，材质为青石。三个桥孔的形状不同，西边的桥孔是湖南建的，形状近似半圆形，东面的两个桥孔为贵州建的，形状近似桃尖形，贵州称"复兴桥"。在贵州地界内，有一块石碑，上面说明了复兴桥是贵州省省级文物保护单位。据称，明朝崇祯时期在呼拉堰河上游修建一座石桥，贯通了湘黔两省，是古时两省来往的主要交通要道，后来上游的水流湍急，将石桥冲垮了，几十年来湘黔两省的居民只能踏河而过。到了同治年间，两地居民集资合力，在水势较为缓和的下游修建了新的桥梁，故名"复兴桥"。复兴桥正中央有一条自桥面垂直到桥墩的结合缝，当地村民称之为"生死缝"，代表着湘黔两省民众互帮互助、共卫家园的美好情谊。

八 松桃县区域

（一）正大营（周公泉碑）

正大营遗址，位于松桃县正大镇政府对面。地理位置：北纬 27°57′56.06″，东经 109°17′23.28″，海拔 640 米。因为正大营城的缘故，当地就有"城内""城外"的地域划分。正大营始建于明万历二十六年（1598），初为土城。清乾隆二十三年（1758），改建为石城。原设 4 门，各设炮台。附城有 2 个营盘、4 个碉卡。营盘遗址现为居民区，毁坏严重。正大营遗址遗存，现仅有一处残留的城墙、石质门匾、古宅和一些零星城墙石块。残留的城墙破坏严重，突出来的一部分，当地人称是炮台。

过去城墙保存完好的时候，城墙很宽，上面可以晒席子。四周山头都有碉堡、烽火台，但现在只剩一些基座了。当地老人称，小时候看到大人们搬城墙的石头去修水库、修河沟，他们用拖拉机载，一块一块的搬，还有当地居民建房子，直接搬运城墙的石头，所以现在都看不到什么遗址了。正大营原有四门，仅存的石质门匾置于居民家门口，门匾倒放，刻写"遵化门"。据当地老人讲：

> 我家从麻阳搬来黄连，再到正大。太公搬来的，我是第四代。太公说搬过来城墙就有了，说是修了 60 年，修城墙死了很多人，埋的对面的山坡，是江西人。原来这里有城内，南门有住好多人，小时候还看到有扎辫子的人，这里是分县驻地啊，有 1000 多户，就住在城内，包括茅草户。城内有姓唐、刘、周、陈、李、田、徐、熊、林、杨、谢、龙、张、肖等姓。城墙宽的，要铺晒席，城门很高，上面有屋子，城墙大概有 10 米，上面有炮台，垛口，盖石头围成。西门有大炮，其他门有钢炮，口径有 30 厘米左右（老人用双手比划），大炮有 50 厘米（老人用双手比划），有 500 斤，架上炮台上，上面包着米。以前有庙，观音庙，神蝗庙。解放后都烧了。观音庙还供着关公。原来这里的商铺，都是在西门，有个铺柜，卖酒，赶集在城外。买米都在街上。城内都是围着墙边的路，城内里面没有大路，都是小路，城墙围起来有 8 里，当兵的都是在城墙上跑。①

---

① 讲述人：TAY，男，苗族，98 岁，正大村人。访谈地点：讲述人家中。访谈时间：2023 年 3 月 15 日 15：31—16：20，原访谈内容较多，有删减。

值得一提的是，调查中亦听到类似滑石营修城墙杀当值官员的故事。古迹毁坏有时代因素，过去拆城墙是"先进思想"，不拆反而是"落后"，要"破四旧"。今天来看，这些行为当然是错误的，只是可惜了这些古迹了。

周公泉碑，位于正大镇边墙村。石碑正面为正方形，侧面为阶梯状，上高长，下略宽厚，如此设置，头轻脚重树碑方稳。碑通高约2.06米，宽约1.02米，面厚0.14—0.16米，底座厚约0.5米，高约0.5米。从当地村民了解到，原先石碑位于泉水塘中，后移至塘边。嘉庆八年（1813），松桃厅正大营守备周纬组织捐资，指导军民开展疏泉取水之举，惠施于民：

> 正大营城中苦无井，距城数里之边墙苗寨有山泉涓涓一滴。居民远赴取汲甚艰。今春观察周公纬防边，驻节于兹恻焉悯之，遍访泉脉，欲事疏凿小山。沈次尹告称，闻之父老边墙寨向有泉眼，水发时可通至北门城边。两井终年不竭，后渐淤塞已四十余年。因民苗情不甚洽，重于开挖两废井，仅存无祷泉策也。今营属苗情效顺，与民耦俱无猜，山灵共待，公以济民困矣，观察闻言即传集民苗人等，亲往相度，捐廉鸠工以浚之，沈次尹董其事。未及数尺，泉水涌出浸溜于两山之间，乃筑高堤以畜其势，遂成巨塘。溢流沟浍，而北门城之井盈盈不竭矣，一时民苗欢声沸腾，无不感颂周公之德，兼称沈次尹之贤也。因名其泉以志不朽。《易》曰：可用汲，王明，并受其福。余乐观其盛，愿苗民永怀熙朝赤子一体之恩，无负我公劳民劝相之德，而并受用汲之福于无已也。爰纪其颠末以示后来云。①

此时"苗情效顺，与民耦俱无猜，山灵共待"，农业生产渐成规模。周纬见正大营民苗皆"远赴取汲甚艰"，心"恻焉悯之"，遂有

---

① （清）徐铉：《松桃厅志》卷28《记》，道光十六年（1836）刻本。

此捐建，为民众带来极大便利，"一时民苗欢声沸腾，无不感颂周公之德"，因而此泉被当地居民称为"周公泉"，以志其功绩仁德。"苗情效顺""山灵共待""民苗欢声沸腾"，皆是边墙修筑后苗汉关系改善，苗汉交融日深和民苗一体的历史写照。

（二）盘石营

盘石营，位于松桃县盘石镇盘石村，地理位置：北纬28°11′31.33″，东经109°17′47.72″，海拔797米。营盘遗址片区现主要是居民区和庄稼地，地面遗址遗存不多。营盘所处山水格局神似重庆，山下两条小溪恰如嘉陵江与长江交汇，视野开阔。盘石营军防始建于明嘉靖三十一年（1552），初为土城，清嘉庆六年（1801）改石城。重建石城的碑文仍保存在东门外，当地政府用玻璃镶嵌保存起来，无法看清碑刻字迹。

据政府所立文物碑介绍，盘石营盘占地面积4.5万平方米，平面呈扁圆形，城墙高约6米，墙顶分为两台，顶部为站台，建有60个垛口，置有洋炮，内侧下方有一合环墙跑马道，分南、北、西三个城门，未开东门。营盘结构东面长，南北窄，东至西、南至北门各有一条街道相交成一窄长的十字街。东端建有文武官衙。据传皇姑老表曾在此城居住，当地人称为"皇姑城"。

现在营盘遗址区分为居民区和耕地区。营盘最高处已辟为耕地，有少量石块垒起的城墙遗留。当地人称，此处原有三间（重）房屋，从底下往上，原来还有石梯连着。最高点平地，是衙署大堂，旁边后衙，是武官驻扎的地方，文官的衙署在营盘下方。据当地的老人讲：

> 这里是明朝嘉靖年间，北方修长城，南方搞屯田养兵、连营扎寨，一里一碉，十里一营，这里有四条路线，起点湖南凤凰，过去明清叫镇筸。凤凰是总兵所在地，盘石这里是游击驻地，过去这里"三不管"的地方，这里属于"楚蜀黔"的缝隙，我们和吉首、铜仁一线，过去称"八百里苗疆"，三十年一小反，六十年一大反。连防线，是一里一碉，十里一营，碉是三个人，有

个小锣，一匹马，用来朝廷传递消息。如果有人造反，不到24小时就能收到消息。这里归凤凰总兵指挥。从明朝嘉靖年间连营扎寨，朝廷统治。我老家原来是黔东南的，说是赶苗夺业过来，最开始是陕洞。这里有四个门，西门，北门，东门，南门。城中有十字街，有下水道，下雨天路面无水。东门是不开的，南门处原来有观音庙。驻军有四百人。

这里有个小故事，说是盘石，雍正八年的时候。雍正本来算是个好皇帝，但传位不正。雍正有个孃孃的一个老表，派到这里做游击。因为雍正怀疑他造反，就派他到这个偏远的小地方吧。雍正他皇位不正，怕老表反对他，就派他从京城到这里当这个小官。后来孃孃舍不得，过去看，也不知道住了多久，因为皇帝的孃孃来过，所以就里叫"皇姑城"。①

不仅盘石营有军防设施，附近山头皆有碉堡，叫附城碉堡，还有通信碉堡，烽火台，一起形成整个营盘的防卫态势。而且，因为附近皆是山体，为防止敌人占领山头、炮击城门，所以城门前还修筑有一面墙，俗称"壁罩"。如东门即有此设置。不过此面墙后因村里修小学，将石头搬去作为修建石材。西门墙体保存较好，虽城门无存，但基本结构尚在。两边墙体连绵，约3米高，长近50米。石墙长满苔藓，是用石块砌成，密密麻麻。墙的中段，还有一处似为排水的洞口，两格，里面已无流水，城墙上方皆辟为耕地。附近有一小溪，上有一桥，名"凉亭桥"。当地人称，现在政府搞侗族文化，叫"风雨桥"。左侧有一桥，名"老拱桥"，桥对面是古丈坪。

盘石城很坚固，俗称"盘石城打不通，松桃城一阵风"。盘石营城经过三次毁坏，当地人称"打烂"。"第一次打烂，大致时间是民国十年或十五年，但没打通。清朝失去统治之后，居住这里的军士还

---

① 讲述人：YDF，男，侗族，87岁，盘石村人。访谈地点：讲述人家中。访谈时间：2023年3月15日10：15—10：45，原访谈内容较多，有删减。

是控制此处，驻防的军士有待遇，带家眷。过去，哪家有小孩出生，要报衙门，享受朝廷养育。这里属于屯田养兵，由朝廷开支，虽然清朝没了，但这里有公田、学田、庙田，可以养活他们。第二次打烂，是民国二十三年，房屋全部烧毁，城墙没毁，街道还有。第三次，是1943年，当时土匪将房屋全部烧完，一些垛口全部销了。后面是解放修水库，修学校，改河道，就把这些城墙石头拿去用了。"①可见，盘石营城经历数次毁坏，如果能保存下来，以所处山水格局与城池规模，不失为南方少数民族地区一处特色古城。

盘石营居民姓氏，原先本地有唐、刘、谢、陆等大姓，以陆姓最多。还有韩、匡、史、何、黄、付、王、杨等姓氏。据传原有360家，至少有30余姓，皆是军士移民迁入盘石营，其中江西人最多，还有湖南、四川、两广等地。不过，因为经历过几次大的毁坏，盘石城原来的大姓四散，已不在此地居住，本地的杨姓亦迁走了，现在的杨姓是更往后做生意过来的。

明清贵州铜仁松桃、碧江区的军防设施，是与湖南湘西凤凰一体的。根据当地人介绍和整理，此区域的边墙与边防线路，主要有4条，分别是：第一条，南起凤凰阿拉营，经松桃的伙哨营、才都营、正大营、具保营、上下楼台、构皮讯、揉集、高坡坪、长坪讯、康金营、盘石营、臭脑营、芭茅营等地，北端与湖南花垣相连；第二条由正大营经官舟营、马脑营、申地营、盘市营、都库营、麦地营、太平营、猫猫营、长岭营、龙头营、大坪场、镇江营、地耶子营、威远营到振武营；第三条是由马颈营、豹子营、河界营、新营、固营、新寨营、子营、东门营、倒马坎营到天星营；第四条由盘石营经张家沟、老营、岔溪、新场营、三堡营、莹固营到石岘。

九 麻阳县区域

怀化市麻阳苗族自治县，虽处边墙一线之边缘，但却是明清边防重地，属辰州府管辖，乃屯防、屯粮之所，亦筑堡修屯，是边墙遗址遗存的重要组成部分。不过，现有遗址遗存不多，仅以石羊哨为代表作简要介绍。

石羊哨

石羊哨,位于怀化市麻阳县石羊哨乡石羊哨村。明嘉靖三十一年(1553)在此建哨,为明代"十三哨"之一,从此这里就叫"石羊哨"。据传,很久以前,当地人种的庄稼经常被羊群吃掉,人们将羊群驱赶,但羊群进入一个山洞就不见了。山洞里有一老翁和一年轻人。老翁叫"河上翁",年轻人叫"王铭弼"。人们问羊群去哪里了?老翁指着几块石头,酷似羊群。驱赶羊群的人知道今天遇到了奇人,便不再多问,刚出洞,洞门就关闭了,洞口上壁留有羊蹄印。因有此件奇事,于是人们将此洞叫"石羊洞",此地就叫"石羊头"。石羊洞周围古木参天,风景秀丽,加之神话传说,后人称"石羊仙踪",为麻阳八景之一。

作为明代"十三哨"之一,石羊哨是为边防重镇,修筑的军事建筑较多,有城池、哨卡、屯堡、汛城、碉楼、官道、仓储等。历史文献对石羊哨的建置及军防情形有颇为详细的记载:

> 石羊哨:东至岩门巡司,通辰州府大路,运河经焉。先季为积饷之所,废弃仓场,委宜议复;南抵水田营,通麻阳达沅州;西接清水营,直达永宁、铜仁苗穴;北距五寨,接清、洞、乾、筸等哨。附设水田中营一,设炮楼八,曰龙公寨、曰芭蕉溪、曰银壶寨、曰沙子凹、曰洞溪、曰南高楼、曰头栗山、曰中栗山。设隘门六,曰太平隘、曰成佛隘、曰五龙溪、曰白茅隘、曰双江隘。苗每跳梁,安、宁、洛濠为必由之路。有警应援安、宁两哨,为扼吭之区,如米岩、溪洞、下江,皆宜会哨。此本哨之喫紧也。①

现石羊哨的遗址因修水库而被淹,已无法探查。目前石羊哨村尚

---

① (清)鄢翼明:《辰州府志》卷7《边防》,康熙五年(1666)刻本。

遗存有一处碉堡遗址，位于石羊哨村的一处山顶，当地将山区打造成花海，山顶的正下方是水库，即石羊哨遗址。石羊哨碉堡遗址地理位置，北纬 27°53′44.24″，东经 109°39′27.64″，海拔 323 米。碉堡的建筑材质是用当地的土质石材砌成，红砂岩，与当地土质相同。其实碉堡仅存底部，底部之上的部分明显是后面修复的，但修复水平很差，竟用了水泥，与古朴的碉堡极为不搭。据当人讲，以前这个碉堡上有一个大铜钟，土匪来了，一敲，大家就知道土匪来了，后"文化大革命"让红卫兵破坏了。碉堡面积大约是 3×3 米，高约 3 米，顶部无盖，两侧各有两个瞭望口，一面有石阶可上。整个碉堡从侧面看像一直角梯形。碉堡所在位置，面前是广阔的平原、溪流，背后则处处山包。此地居高临下，地势险要，是一处绝佳的军事守卫之所。当地人称：

　　以前这里、下面的山上都有碉堡，一直连着凤凰那边的。这里一个村都是姓陈的，一共是四房，四弟兄。从江西浚坝过来的，是旧社会搬来，具体年代不清楚。

　　为什么叫石羊哨，原来是石羊洞，说是以前老一辈躲土匪，被土匪一直赶，看到一个山洞，原来叫洛阳洞，但看到有羊进了洞里，就叫石羊洞，后面这里就叫石羊哨了。这里原来叫新田村，现在改为石羊哨村，是 2021 年的事。

　　现在山顶碉堡的底下，原来还有万慈官，六五年以前的时候，有古迹、房屋，原来凤凰运输，都是从那边水路运到石羊哨，再挑上来，这里原来是非常繁华的。但是修水库淹了。山顶碉堡的底下有房屋，有一二百米的石板街，共有三条街，每条街都有那么长，叫上街、中街、下街，还有温泉，街道两边都是房子。中街有营盘，原来国民党在这里驻军，部队的房子都是四合院。就是营盘，有城墙，就在仅剩碉堡的底下，现在是水库咯，修水库、修电站，都淹了。如果没毁，跟凤凰一样，发展不比他们差。①

石羊哨的遗址遗存因修水库而无存，着实可惜。调查过程中，此类情况在边墙遗址遗存毁坏缘由中较为普遍。据调查了解，虽石羊哨村居民全姓陈，但周边村有滕、张、王、郭、李、付、刘、唐、周等姓。当地人还称，以前这里属于湘西地区（地委），言谈举止中透漏出对湘西的记忆。可以看出，石羊哨所处地域虽已划归怀化市，但当地人对湘西州的地域认同仍在。

---

① 讲述人：CQL，男，汉族，76 岁，石羊哨村人。访谈地点：讲述人家中。访谈时间：2023 年 3 月 18 日 13：50—14：30，原访谈内容较多，有删减。

第 三 章

边墙遗址遗存整理

　　边墙遗址遗存，是经过明代至清代四百余年的修筑累积形成连绵湖南、贵州两省的历史古迹，遗址遗存分布区域呈"一线多点繁星"式，数量众多，类型丰富。这些边墙遗址遗存是南方少数民族地区较具民族史地特色的军事古迹建筑群，虽不及北方长城气势恢宏、磅礴大气、万里无边，但遗址遗存结构元素鲜明，边墙沿线苗族、汉族、土家族、侗族、仡佬族互动互嵌互融，人文景观尤为突出，无论物质抑或文化，均表现出比其他民族区域更具代表性和典型性的民族史地属性与多民族地域文化特征，是重要的民族历史文化遗产，[①] 具有较高的社会价值与研究价值，积极进行调查整理意义重大。

　　其中，分布在湖南省的边墙遗址遗存部分总体类型丰富，数量更多，约占边墙遗址遗存总体的95%，具体分布在湘西土家族苗族自治州的凤凰县、花垣县、吉首市、古丈县、保靖县和怀化市麻阳县，其中又以凤凰县最多。贵州省边墙遗址遗存部分，分布于铜仁市碧江区和松桃县，但保存较为一般，且目前文保部门未进行系统、全面的文物普查。虽边墙遗址遗存横跨两省三地级州（市）八县（区、市），但作为一项重要的民族历史文化遗产，边墙是作为整体存在的。所以，笔者在本书皆一体对待，一同调查整理收录。

---

　　① 陈文元：《铸牢中华民族共同体意识的内生动力与现实路径——基于发挥民族历史文化遗产作用的视角》，《青海社会科学》2023 年第 1 期。

按边墙遗址遗存的建筑形态与结构，可粗略分为实体边墙和边防设施两类。实体边墙由"土砌边墙""石砌边墙"和"土石混合边墙"三类组成（包括明清两代），主要分布在凤凰县；边防设施由镇城、营盘、汛堡、屯卡、寨堡、碉楼、哨台、古道等组成（包括明清两代），湖南、贵州两省各市县均有分布。本书按照各市县地域的边墙遗址遗存，根据类型作划分整理。

第一节　边墙遗址遗存分类与编目

调查边墙遗址遗存是开展边墙文化遗产保护工作的重点，按区域和类型进行细化整理同样是极为重要的工作。边墙遗址遗存分布在湘黔两省，但作为文化遗产皆是一体，不应有所区分。根据调查情况，分类与编目边墙遗址遗存时，遵循分布地域和遗址遗存类型原则，以表格的形式罗列。相比之前的分段、分区域和不同省份的调查整理，此次将湘黔两省边墙遗址遗存一并收录，以期作为了解边墙遗址遗存全貌的基础性资料。

凤凰县

（一）边墙

序号	名称	序号	名称	序号	名称
1	太岭山石边墙	30	桐子堡碉石边墙二段	59	背后坡混搭式边墙三段
2	碉脑上石边墙	31	万里城石边墙	60	采石场碉土石混合边墙
3	狮子脑石边墙	32	阿口坳石边墙	61	老屋场碉土石混合边墙
4	高步碉石边墙	33	烂岩晃碉石边墙	63	登高楼坡土石混合边墙
5	帽子坡石边墙一段	34	文仙脑石边墙	63	牛屎通碉土石混合边墙
6	帽子坡石边墙二段	35	后喇上石边墙二段	64	望家碉土石混合边墙
7	在口坳石边墙	36	高楼哨卡石边墙	65	长脑碉土石混合边墙
8	犀牛屯石边墙	37	烂田湾石边墙	66	高头喇上土石混合边墙
9	比戈塘响石边墙一段	38	半坡碉石边墙	67	袁脑上土石混合边墙

续表

序号	名称	序号	名称	序号	名称
10	比戈塘响石边墙二段	39	肖水坨土边墙一段	68	雷公碉混搭式边墙
11	小营盘石边墙一段	40	肖水坨土边墙二段	69	高良子土石混合边墙
12	小营盘石边墙二段	41	比戈板土边墙	70	后喇上碉混搭式一段
13	小营盘石边墙三段	42	合哨营土边墙	71	大布卡土石混合边墙一段
14	大营盘石边墙二段	43	邦度秀碉土边墙一段（小河坎碉3附近）（土）	72	大布卡混搭式边墙二段
15	岩板堰石边墙一段	44	小河坎土边墙	73	铲子碉混搭式边墙
16	岩板堰石边墙二段	45	老鼠垄土边墙	74	乌云脑混搭式边墙
17	岩板堰石边墙三段	46	鸡公寨中寨土边墙	75	熊家脑土石混合边墙
18	黄丝桥东石边墙	47	吃血坳土边墙	76	西方碉土石混合边墙
19	和尚坡石边墙	48	梁上碉土边墙	77	工班后头碉土石混合边墙
20	青堡坡石边墙	49	烟墟碉土边墙	78	新良子土石混合边墙
21	背后坡碉石边墙一段	50	尖坡碉土边墙	79	洞口哨营盘混搭式边墙
22	背后坡碉石边墙二段	51	炮楼坡碉土石混合边墙一段	80	长不卡混搭式边墙
23	东游田碉石边墙一段	52	炮楼坡碉土石混合边墙二段	81	钥匙碉土石混合边墙
24	东游田碉石边墙二段	53	邦度秀碉边墙二段（小河坎碉01附近）（土石混合）	82	坟旯碉边墙一段（土石）
25	流水湾碉石边墙	54	凤凰营土石混合边墙	83	坟旯碉边墙二段（土石）

续表

序号	名称	序号	名称	序号	名称
26	拉毫石边墙	55	大营盘边墙一段（土石混合）	84	坟岘碉边墙三段（土石）
27	高坎上石边墙	56	和尚坡混搭式边墙	85	猴儿屯混搭式边墙一段
28	阿撒脑石边墙	57	背后喇上混搭式边墙	86	猴儿屯混搭式边墙二段
29	桐子堡碉石边墙一段	58	走步云大营盘土石混合边墙	87	箩子坪土石混合边墙

（二）营盘

序号	名称	序号	名称	序号	名称
1	茶田汛	34	走步云营盘	67	靖疆营小营盘
2	营盘上营盘	35	宜都营	68	靖疆营
3	化眉垄营盘	36	屯上营盘（团结）	69	高楼哨营盘1
4	屯董上营盘	37	古桑营盘	70	高楼哨营盘2
5	王会营	38	拉毫营盘	71	火烧坡营盘
6	明仙坡营盘	39	乌云脑营盘	72	澎水井营盘
7	合哨营营盘	40	营盘	73	后头坡营盘
8	老鼠垄营盘	41	碉坡脑营盘	74	得胜营营盘
9	伢仔营盘	42	栗林（下寨）营盘	75	新良子营盘
10	凤凰营	43	阿撒脑营盘	76	洞口哨营盘
11	比格透项小营盘	44	大坪营盘	77	大营盘
12	大营盘	45	旧岩坎营	78	高良子营盘
13	老场上营盘	46	万里城营盘	79	锡腊树营盘
14	岩板堰营盘	47	岩板井营盘	80	尾炮台营盘
15	大岔营盘	48	老屋场营盘	81	狗田营盘
16	都库营盘	49	鸭宝洞城堡	82	大布（坡）卡营盘
17	竹木坪营盘	50	罗田寨营盘	83	龙滚营盘
18	茨岩营盘	51	良子营盘	84	长不卡营盘

序号	名称	序号	名称	序号	名称
19	岩寨营盘	52	高良子营盘	85	炮台坡营盘
20	新场营盘	53	矮良子营盘	86	矮良子营盘
21	古冲营盘	54	大格脑坡营盘	87	晒金塘营盘
22	岩上喇营盘	55	长宜哨营盘	88	狮子坡营盘
23	高碑营盘	56	良子上营盘	89	香板营盘
24	高枧营盘	57	营盘	90	红狮营盘
25	王粟村营盘	58	小黄土营盘	91	矮梁子营盘
26	翁耒营盘	59	铜钱坡营盘	92	营兵良子营盘
27	枫木林营盘	60	高良子营盘	93	独桥坳营盘
28	屯上营盘	61	黄泥岗营盘	94	箅子营营盘
29	和尚坡营盘	62	高坡云营盘	95	箅子坪老营盘
30	老营盘	63	上马岩营盘	96	老营盘
31	阿拉营盘	64	油菜塘营盘	97	湾溪营盘
32	真营盘	65	营盘脑营盘	98	龙头营盘（三炮台）
33	走步云大营盘	66	大布卡营盘	99	欧阳寨寨门

（三）屯堡

序号	名称	序号	名称	序号	名称
1	屯喇上屯堡	12	白鼓屯	23	反屯
2	井水岩屯	13	拉毫营屯	24	麒麟屯
3	高屯上	14	王坡屯	25	绊死马屯堡
4	白果屯屯堡	15	犀牛屯	26	峨嵋山屯
5	化眉屯	16	凤屯	27	炮楼坡屯
6	烂化眉屯	17	屯喇上屯堡	28	围尖坡屯
7	晏田屯	18	新屯	29	城门坳屯
8	牛堰屯	19	狮子坡屯堡	30	比格透顶屯堡
9	安井关南屯	20	四岩屯屯堡	31	比格炮楼屯堡
10	天星古屯堡	21	营盘屯	32	靖疆营屯堡
11	安井屯	22	新茶田屯	33	腿儿坡屯

（四）古寨堡

序号	名称	序号	名称	序号	名称
1	舒家塘古堡寨	3	勾良古堡寨	5	林寨古堡寨
2	砂罗古堡寨	4	八斗丘古堡寨		

（五）碉楼

序号	名称	序号	名称	序号	名称
1	路边碉	115	烂良子碉	229	熊家脑碉
2	碉岩上碉楼	116	黄岩坎碉	230	雷打碉
3	碉上碉楼	117	关山垴碉	231	塘湾碉
4	大坡脑碉楼	118	大茶林碉	232	油房脑碉
5	碉边董上碉卡	119	小板井碉	233	栗平脑上碉
6	烂碉（新场）	120	万里墙碉	234	西方碉
7	仙碉碉卡	121	家楼碉（登家碉）	235	碉上碉
8	马鞍山碉	122	碉沙碉	236	井喇上碉
9	岩角坪碉	123	烂碉	237	尖坡碉1
10	岩码碉	124	桐子堡碉	238	尖坡碉2
11	大碉	125	呔岩板上碉	239	金塘坳碉
12	五桶庙碉	126	大沙碉	240	排老坳碉
13	烂碉（黄合）	127	登高楼碉	241	自生碉
14	教场碉	128	洞岩碉	242	万里墙碉1
15	明仙坡碉2	129	青树坳碉	243	万里墙碉2
16	明仙坡碉1	130	岩坎云碉	244	墙外碉
17	炮垄碉	131	旧岩坎云营碉	245	工班后头碉
18	高步碉	132	井水坳碉	246	马脑屯碉1
19	塘土坳碉	133	牛四通碉	247	马脑屯碉2
20	帽子坡碉1	134	烂肚子碉	248	马脑屯碉3
21	帽子坡碉2	135	发坳碉	249	马脑屯碉4
22	安井碉	136	对门碉	250	马脑屯碉5
23	罗家湾碉	137	碉仙碉	251	脑壳喇上碉

续表

序号	名称	序号	名称	序号	名称
24	炮楼坡碉	138	老屋场碉	252	大口井碉
25	老炮台碉	139	顶家楼碉	253	新良子碉
26	明桑（碉）	140	良子喇上碉	254	洞口哨碉
27	比格半碉	141	鸭堡洞碉	255	水井喇上碉
28	邦高丢碉	142	烂碉仙	256	西口碉
29	沙坎碉	143	野猫坟碉	257	坳田碉1
30	小河坎碉4	144	聋猪湾碉	258	牛鼻碉
31	南门碉	145	长屯碉1	259	岩脚碉
32	北门碉	146	长屯碉2	260	靶子碉
33	对门碉	147	钩笈坡碉	261	猪碉
34	坳田碉	148	啊口坳碉1	262	半坡碉
35	小河坎碉1	149	老碉仙	263	高碉
36	小河坎碉2	150	阿口坳碉	264	碉上碉
37	邦都秀碉	151	机动田碉	265	石碉
38	碾子坡碉	152	老碉仙碉	266	龙碉
39	三拱桥碉	153	老屋场碉	267	麻碉
40	伤水井碉	154	碉仙碉	268	尾炮台碉
41	鸡公碉	155	杆竹湾碉	269	象鼻子碉
42	营山碉	156	杉木坪碉1	270	柳家岭碉
43	吃血坳碉	157	杉木坪碉2	271	烂田湾碉
44	小营盘碉1	158	杉木坪碉3	272	狗田炮台碉
45	小营盘碉2	159	杉木坪碉4	273	狗田碉
46	小营盘碉3	160	杉木坪碉5	274	奄堂坳上碉
47	岩板堰碉楼	161	湾里碉	275	红眼炮台碉
48	岩板堰碉	162	桐坳碉	276	坳口碉
49	关碉上碉	163	调子冲碉	277	狮子碉1
50	犀牛碉	164	大格脑坡碉	278	狮子碉2
51	朱公井碉	165	人心碉	279	狮子碉3
52	炮楼坡碉（龙井）	166	背后湾碉	280	狮子碉4
53	碉喇上1	167	坡上脑碉	281	松关碉
54	王山坳碉	168	塘江坡碉	282	韩世碉

续表

序号	名称	序号	名称	序号	名称
55	和尚坡碉	169	长潭碉	283	青树碉
56	泰河上碉	170	墙外碉	284	云盘碉
57	田坎喇上碉	171	背后坡碉	285	炮台碉
58	岩屋坡碉	172	现眼坨碉	286	无名碉
59	岩喇坡碉	173	梅家垅碉	287	后点脑上碉
60	碉顶上碉	174	牛屎通碉	288	后田上碉
61	登高坡碉	175	烂岩晃碉	289	靶子碉
62	顶家坡碉1	176	茶树英碉	290	李田碉
63	懒杉屯碉	177	仙岭碉	291	钥匙碉
64	烂脚杆喇上碉	178	苗疆英碉	292	良子碉
65	妹怒喇上碉	179	望家碉	293	墙外碉
66	打比鼓碉	180	苗井岭碉	294	转家碉
67	登阁楼碉	181	良上碉	295	桥下碉
68	地高碉	182	长脑碉1	296	田碉
69	林家坳碉	183	梁上碉1	297	坟晃碉
70	白子湾碉	184	长脑碉2	298	墙外碉
71	烂屋场碉	185	洞门卡碉	299	底下湾碉
72	田中碉	186	蛤蟆碉	300	枫木树碉
73	打岩湾碉	187	半坡碉	301	水谷碉
74	青堡坡碉	188	中心碉	302	旱眼沱碉
75	背后坡碉1	189	烂梁子碉	303	墙外碉2
76	背后坡碉2	190	岩湾碉	304	水门碉
77	背后坡碉3	191	高头喇上碉	305	晒金塘碉
78	安脚坎喇上碉	192	对门喇上碉	306	长田外坎碉
79	马驴坡碉	193	南坳上碉	307	墙外碉
80	黄家坟堂碉	194	烟虚碉	308	对门坡上碉
81	东游田碉	195	碉脑上碉	309	赖子碉
82	中间碉	196	西方碉	310	狮子尾碉
83	流水湾碉	197	月神碉	311	水湾碉
84	和尚坡碉	198	乌鬼碉	312	墙外碉
85	高碉	199	小黄土碉	313	钥匙碉

序号	名称	序号	名称	序号	名称
86	烂碉（团结）	200	象鼻碉	314	半坡头碉
87	梯子坎碉	201	脚仙碉	315	半坡二碉
88	狮子坡碉	202	炮台坡碉	316	半坡三碉
89	解放桥碉	203	卡棚碉	317	半坡四碉
90	良子碉	204	李子湾碉	318	半坡碉（后卫碉）
91	哨毛碉	205	岩板湾桥碉	319	矮坡碉 1
92	拉毫碉	206	十家湾碉	320	矮坡碉 2
93	乌云脑碉	207	岩边喇碉	321	矮坡碉 3
94	营脑上碉	208	文家脑碉	322	肥坨碉
95	碉脑上碉	209	矮良子碉	323	红铜钢碉 1
96	营盘上碉	210	雷公碉	324	红铜岗碉
97	杨家坨碉	211	高良子碉 1	325	猴儿碉
98	喇上碉	212	高良子碉 2	326	碉外碉
99	高坎上碉	213	高良子碉 3	327	颜家老碉
100	发不冲碉	214	后喇上营盘碉	328	磨盘碉
101	矮垒垒碉	215	井水脑上碉	329	禁山林碉
102	碉脑上碉（大坪村）	216	营盘脑碉	330	印龙岗碉 1
103	采石场碉	217	桐木塘碉	331	印龙岗碉 2
104	苗坎上碉	218	盘山碉	332	独桥坳碉
105	高良子碉	219	大布卡碉 1	333	学堂原碉
106	喇叭口碉	220	大布卡碉 2	334	学堂碉 2
107	麻园幼上碉	221	大布卡碉 3	335	学堂碉 3
108	烂良子碉	222	铲子碉 1	336	学堂碉 4
109	云良子碉	223	铲子碉 2	337	学堂碉 5
110	碉堡脑碉	224	铲子碉 3	338	学堂坳碉
111	凉水井碉	225	大布卡碉 4	339	箟子坪碉
112	彭水井碉	226	乌云脑碉 1	340	老营盘碉
113	喜鹊坡老哨营碉	227	乌云脑碉 2		
114	登高楼碉	228	乌云脑碉 3		

（六）关卡

序号	名称	序号	名称	序号	名称
1	亭子关	5	求垅坳关卡	9	永兴坪哨卡
2	炮台坡关卡	6	油房喇关卡	10	靖边关
3	岩屋堂关卡	7	铜罗关		
4	大坡脑关卡	8	苜机冲关卡		

（七）集市、屯粮

序号	名称	序号	名称	序号	名称
1	得胜营集	2	新茶田集遗址	3	古桑营仓

（八）古道

序号	名称	序号	名称	序号	名称
1	背后坡古道	6	走步云古道	11	黄泥岗古道
2	东游田古道	7	落潮井古道	12	靖疆营古道
3	青堡坡古道	8	登高楼坡古道	13	烂田湾古道
4	太岭古道	9	靖边关古道	14	澎水井古道
5	肖水坨古道	10	大布卡古道		

综上，凤凰县边墙遗址遗存：实有边墙 87 段、营盘 99 处、屯堡 33 处、古堡寨 5 个、碉楼 340 个、关卡 10 个、集市 2 处、屯粮 1 处、古道 14 处，共有 9 类遗址遗存，总计 591 处，是湘黔两省中边墙遗址遗存数量最多、类型最丰富的地区。

不过需要说明的是，虽有 591 处边墙遗址遗存（含边墙），但实际现场考察发现，尚存地面建筑的遗址遗存不及十分之一，许多遗址遗存有名无实，仅是一个名称而已，遗址遗存或毁坏或仅是一片耕地

（荒地）。340个碉楼，现保存下来且高出地面半截底座的，更是不及百分之一。

吉首市

（一）边墙、营盘

序号	名称	序号	名称	序号	名称
1	隘口石边墙	6	榔木坪营	11	振武营
2	城上营盘	7	良章营	12	林木山营盘
3	河溪营	8	几比营盘	13	老屋场营盘
4	喜鹊营	9	溪马营盘		
5	丑沱汛	10	营盘坡营		

（二）屯堡、古堡寨、碉楼、关卡

序号	名称	序号	名称	序号	名称
1	五里牌屯	6	炮台顶碉	11	洞上碉
2	康营古堡寨	7	二炮台碉	12	哨路碉
3	一碗水碉	8	豹子脑烽火台	13	隘口关卡
4	榔头脑碉	9	岩屋田碉	14	坳扎关卡
5	大湾营碉	10	团结坡碉		

综上，吉首市边墙遗址遗存：实有边墙1段、营盘12处、屯堡1处、古堡寨1个、碉楼10个、关卡2个，共有6类遗址遗存，总计27处。吉首市区域在明清时期乃镇溪所、乾州之地，边墙与边防设施皆有大量分布，现今保存较少，这与吉首市是湘西土家族苗族自治州首府，地方开发与城市建设过程中多有毁坏有关。与凤凰县类似，吉首市边墙遗址遗存多有名无实。

经开区
（一）炮楼、碉楼

序号	名称	序号	名称	序号	名称
1	三炮台	7	靶子场碉	13	碉盘碉
2	渔公坡碉	8	吴家碉	14	三角田碉
3	档子墙碉	9	马叠连碉	15	打岩坡碉
4	椿木碉	10	桐木圆碉	16	老屋场碉
5	王家田碉	11	雷公坡碉		
6	后头坡碉	12	碉边碉		

综上，湘西经济开发区边墙遗址遗存：实有炮楼 1 处、碉楼 15 个，共有 2 类遗址遗存，总计 16 处。湘西经济开发区边墙遗址遗存原属吉首市区域，是明清时期镇溪所、乾州边墙与边防设施的一部分。

花垣县
（一）营盘

序号	名称	序号	名称	序号	名称
1	跃马古汛堡	10	望城坡营盘	19	板栗树营盘
2	老寨上营盘	11	浮桥堡	20	下八排汛
3	凉水井营盘	12	大营盘	21	营盘
4	卑禾坡汛	13	老鸭塘营	22	寨堡
5	车落坪汛	14	漾水营盘	23	鸭堡汛
6	狮子桥汛1	15	云盘	24	老营盘
7	狮子桥汛2	16	踏沙汛	25	德高老营盘
8	川心城营盘	17	石牛溪汛		
9	下腊尔铺营盘	18	小寨汛		

（二）屯堡

序号	名称	序号	名称	序号	名称
1	青龙铺屯	7	三溪口屯堡	13	大路坡屯
2	新胜屯	8	长兴屯	14	马路屯
3	老鸭塘屯	9	玉落屯	15	后衙门屯
4	清平屯	10	木山屯	16	官庄屯
5	永丰屯	11	梭西洞屯	17	龙洞屯
6	太平屯	12	五里坡屯	18	跃马屯堡

（三）古堡寨、碉楼、古道

序号	名称	序号	名称	序号	名称
1	螺丝董古城堡	6	望城坡碉	11	二碉
2	排达扣古堡寨	7	漾水坪碉	12	大碉
3	油麻古堡寨	8	长新碉	13	跃马古道
4	泽洛坪碉堡	9	石牛溪碉		
5	跃马碉	10	黄土坡碉		

综上，花垣县边墙遗址遗存：实有营盘 25 处、屯堡 18 处、古堡寨 3 个、碉楼 9 个、古道 1 处，共有 5 类遗址遗存，总计 56 处。花垣县自明代设崇山卫至清代大修边防设施，文献所记载的边防设施不少，但实存不多，且有名无实。

古丈县

营盘、碉楼

序号	名称	序号	名称	序号	名称
1	龙鼻嘴	4	万岩溪汛	7	砂子坡碉
2	旦武营	5	新窝汛堡		
3	三岔河汛堡	6	岩仁碉		

综上，古丈县边墙遗址遗存：实有营盘 5 处、碉楼 2 个，共有 2 类遗址遗存，总计 7 处。古丈县无论明代抑或清代，属边墙一线的边缘地带，所设边墙与边防设施本就不多，保存下来则更少。

保靖县

（一）营盘

序号	名称	序号	名称	序号	名称
1	葫芦寨汛	6	柏子木营	11	五里坡汛
2	印山汛堡	7	踏步营盘	12	斑鸠井汛
3	浪蒿营盘	8	水荫场汛	13	梁子上汛
4	鱼塘汛堡	9	大营盘		
5	涂乍汛	10	小营盘		

（二）碉楼

序号	名称	序号	名称	序号	名称
1	后门碉	7	龙洞碉 1	13	水银大碉楼
2	牛脑壳碉	8	龙洞碉 2	14	小碉碉卡
3	下河碉楼	9	浪蒿碉楼	15	斑鸠井碉
4	枫香碉	10	唐上坡碉楼	16	梭西洞碉
5	印山碉	11	马路碉		
6	庙边碉楼	12	渡船口碉		

（三）关卡

序号	名称	序号	名称	序号	名称
1	其都关卡	4	凉风上关卡	7	卡列湖关卡
2	粑槽关卡	5	城门卡	8	木耳关卡
3	涂乍河二卡	6	岩朝坡关卡	9	黄土坡卡

（四）古道

序号	名称	序号	名称	序号	名称
1	印山古道	2	木耳古道	3	瓦场古驿道
4	鱼塘古驿道				

综上，保靖县边墙遗址遗存：实有营盘 13 处、碉楼 16 个、关卡 9 个、古道 4 处，共有 4 类遗址遗存，总计 42 处。保靖县明代至清初虽为土司地区，但明清边墙与边防设施均有涉及，明代万历年间修筑边墙曾到"保靖汛地"，边墙与边防设施历史悠久。不过，保靖县边墙遗址遗存类型虽较为丰富，但保存下来并不多，且主要靠近吉首市区域。

泸溪县、麻阳县
营盘、哨

序号	名称	序号	名称	序号	名称
1	松柏潭营盘	6	能滩汛	11	瓦曹营盘
2	大陂流营盘	7	干溪塘	12	合水营盘
3	潭溪营盘	8	洗溪汛	13	石羊哨
4	鱼梁坳营盘	9	峒底塘		
5	鱼坳塘	10	狗腊岩汛		

泸溪县边墙遗址遗存：实有营盘 12 处，无其他类型遗址遗存。泸溪县、麻阳县在明清时期皆是边防后方重地，亦增修了边防设施。

碧江区、松桃县

营盘、屯堡

序号	名称	序号	名称	序号	名称
1	盘石营	7	臭脑营盘	13	碉边碉1
2	正大营	8	碉边营盘	14	碉边碉2
3	滑石营	9	后坡营盘	15	董上背后碉
4	谷坳屯	10	高丢哈屯堡	16	平营盘碉
5	新营垴屯	11	桃谷坪碉1	17	高角楼碉
6	桃谷坪营盘	12	桃谷坪碉2		

　　贵州省铜仁市碧江区、松桃县边墙遗址遗存：实有营盘7处、屯堡3个、碉楼7个，共有3类遗址遗存，总计17处。明代边墙自贵州铜仁府霭云营连接湖广镇筸王会营（亭子关），今铜仁市碧江区、松桃县的边墙遗址遗存是边墙的重要组成部分。如要将边墙"申遗"，贵州省区域的边墙遗址遗存与湖南省的边墙遗址遗存是一体的，联合"申遗"极为必要，也是尊重历史，尊重文化遗产的完整性。遗憾的是，贵州省边墙遗址遗存保存程度整体不及湖南省，部分遗址遗存有名无实。

第二节　边墙遗址遗存保护名录

　　由明迄清，中央王朝在湘黔边区修筑边墙与边防设施，随着时间的沉淀，形成了诸多历史古迹，是为边墙遗址遗存。由于各种原因，边墙遗址遗存长期未受到重视，以致散落乡间，不断地遭到破败、毁坏。

　　自2012年"凤凰区域性防御体系"成功入选《中国世界文化遗产预备名单》，有关边墙遗址遗存日益受到重视，黄丝桥古城、拉毫营盘、舒家塘古寨堡、王坡屯均入选"国家级文物保护单位"名单。2021年，湘西土家族苗族自治州启动"苗疆边墙"的"申遗"工作，组织专家调查边墙遗址遗存，并出台《苗疆边墙保护管理办法》《苗疆边墙保护与申遗工作方案》，拨付1000万元作为保护和申遗专项资金，制定《苗疆边墙保护修缮五年（2022～2026年）行动计划》，湖南省区域的边墙遗址遗存日益受到重视和保护。

贵州省区域的边墙遗址遗存保护程度不及湖南省，且相对于湖南省，贵州省重视程度不高，暂时未有将边墙遗址遗存纳入重点文物申报工作范畴。

文物保护是一项全民性的事业，且无论文物是否被官方"认定"和"定级"，文物本身是无价的。但如能纳入政府保护范畴，给予"定级"，则所保护的文物受官方的"认定"，拨有专项保护经费，在形式上受法律保护程度更高，能够更好地促进文物保护。

以下是有关边墙遗址遗存入选各级文物保护单位名单：

国家级文物保护单位

序号	名称	序号	名称	序号	名称
1	凤凰古城	3	黄丝桥古城	5	王坡屯
2	乾州文庙	4	舒家塘古堡寨	6	拉毫营盘

省级文物保护单位

序号	名称	序号	名称	序号	名称
1	老卫城	5	五里坡汛（保靖长潭河乡）	9	麒麟屯
2	喜鹊营	6	大营盘（保靖长潭河乡）	10	官庄屯
3	鸭宝洞城堡遗址	7	小营盘（保靖长潭河乡）	11	三潭书院
4	印山汛堡	8	新营垴屯（复兴桥）		

州（市）级文物保护单位

序号	名称	序号	名称	序号	名称
1	五里牌屯	12	洞口哨营盘	23	铜钱坡营盘
2	新茶田古军事贸易遗址	13	欧阳寨寨门	24	高地摆古屯堡（禾若古屯堡）
3	凤屯	14	猴儿屯	25	团上遗址
4	宜都营	15	峨嵋山屯	26	三多第寨门
5	屯喇上屯堡	16	靖边关	27	吉多坪城址
6	高良子哨卡	17	油麻古堡寨	28	螺蛳董城墙
7	新屯	18	黄土坡古城堡	29	三溪口古石桥
8	澎水井营盘	19	三溪口屯堡	30	跃马卡汛
9	火烧坡营盘	20	排达扣古堡寨	31	跃马卡屯堡
10	老爷坡营盘	21	五里坡屯		
11	滑石营遗址	22	青山碉哨卡		

县级文物保护单位

序号	名称	序号	名称	序号	名称
1	盘石镇盘石城址	2	正大镇南方长城遗址	3	正大镇周公泉碑

可以显见，虽边墙遗址遗存数量众多、类型丰富，但纳入政府保护范畴的并不多，且主要是以湖南省为主。而边墙遗址遗存入选湖南省各级文物保护单位中，以"州级"最为众多，主要集中在2021年以后，这自然与近年来湘西土家族苗族自治州启动边墙"申遗"工作有关。即便如此，边墙遗址遗存中尚有绝大多数甚至都不是县级文物保护单位，边墙文化遗产的保护与传承工作任重而道远。

第 四 章

边墙文化遗产价值及保护思考

中国有关"墙"的历史悠久,内涵丰富,但长期以来学界在探讨时多是以北方的长城来概括。诚然,长城已是中华文明的象征,但这并不能统而概之中国所有"墙"的政治内涵与文化细部。明清中央王朝在南方修筑边墙,前后历时400余年,是传统中国治理南方少数民族地区统治方式和控制手段的重要体现,其重在区隔,而非隔离。与明代"围而治之"极为不同的是,清代边墙既防又治,更注重湘黔边区的社会建设与地方开发,以墙为"界","界"而治之,依托边墙实施了一系列的开发与建设,如屯田屯政、发展教育、移风易俗,又设置苗官屯官,组织苗兵、练勇、屯丁巩卫,试图振兴苗区。经过一段时间的治理,"民苗和辑",① 苗汉边界畛域日益缩小,最终实现了从清中期的苗汉分治到清末的苗汉共融。

深化边墙研究,既须厘清边墙遗址遗存的数量、类型,还须秉持应以墙为"诚"、以史为鉴的研究宗旨。一方面,明清时期,中央王朝在湘黔边区修筑边墙与边防设施,现今湘黔交界地区除了实体的边墙、古城遗址遗存,还包括大量的屯堡、关隘、营哨、汛堡、屯卡、碉楼、炮台、关厢、关门等边防设施,形成了规模宏大、类型丰富、数量众多、地域广泛的遗址遗存;另一方面,历经明清长时段的演替与变迁,加之边墙沿线生活着苗族、汉族、土家族、侗族、仡佬族

---

① (清)徐铉:《松桃厅志》卷5《关隘》,道光十六年(1836)刻本。

等，因边墙而产生不同的文化生境，衍生出边墙地域的文化类型与文化资源，与边墙遗址遗存一道构成了"全景式"的文化遗产结构，形成了南方少数民族地区特色民族史地属性的军事古迹建筑群，以及多民族文化交融形态与多样人文景观，是极为重要的民族历史文化遗产。应重视边墙遗址遗存研究与分析，促进文化遗产的传承和保护。

2012 年，湖南省组织申报的"凤凰区域性防御体系"成功入选《中国世界文化遗产预备名单》，有关边墙文化遗产研究不断深入。不过，当前学界对边墙的研究主要集中在历史学、民族学、考古学、旅游学层面，[①] 从文化遗产的角度研究尚不多见，[②] 更缺乏对边墙文化遗产"内""外"范围、主题性质、价值意义等进行界定和辨析，从而导致这一重要民族历史文化遗产在传承、保护与开发过程面临诸多的困难和问题。鉴于此，笔者拟结合前人成果和自身实地调查经历，系统分析边墙文化遗产的内涵与结构，并提出相应的保护策略，以期抛砖引玉，引发学界更多关注，推动边墙文化遗产的传承、保护与开发。

第一节 边墙文化遗产价值内涵[*]

文化遗产是不可再生、不可替代的资源，调查与整理边墙遗址遗存是促进文化遗产保护的一方面；与此同时，不能让"遗产"在静止时空地被观赏，或在封闭场域中被保护，基于遗址遗存的文化内涵与

---

① 陈文元：《湘西苗疆边墙研究述评》，《民族论坛》2019 年第 4 期。

② 相关成果如：王亚力、刘艳芳《"苗疆边墙"与凤凰民族文化景观分区》，《西南民族大学学报》2007 年第 9 期；吴必虎、程静《遗产廊道视角下的苗疆边墙体系保护与发展》，《开发研究》2015 年第 4 期；艾菊红《人、物与时空整合视域下的文化遗产保护——以湘西凤凰文化遗产保护与传承为例》，《中州学刊》2017 年第 3 期；李佳佳《苗疆边墙沿线聚落景观特质研究》，硕士学位论文，华中农业大学，2017 年；李昌佐、李佳佳、魏代谋、张斌《明清"苗疆边墙防御体系"文化景观遗产价值剖析》，《中国文化遗产》2021 年第 3 期；龙京沙《湘西苗疆边墙调查报告》，岳麓书社 2023 年版，等等。

* 本节内容参见拙文《明清湘黔苗区边墙文化遗产结构及保护策略》，《民族论坛》2023 年第 1 期。在原文基础上有增删。

文本资料，开展深入的研究探讨，亦是促进文化遗产保护的另一面，更是推动其传承、保护的重要路径。

应深化和丰富边墙的历史内涵，突出南方少数民族地区特色的军事建筑体系与多样化的地域文化形态。边墙遗址遗存蕴含着丰富多样的各民族交往交流交融历史实证，传承民族历史文化遗产，阐释统一多民族国家的内在逻辑与民族团结理论与实践重要的历史经验，客观评析边墙对巩固国家统治、调控族群关系、维持社会稳定的积极作用和限制苗汉交往的消极作用，从中归纳中国经验，提升中国话语与学术自信，为国家认同理论与民族关系理论的发展提供丰富的历史依据，推动文化遗产学的学科发展，更为促进我国民族区域自治与民族团结进步事业实践提供智力支撑。

作为一项重要的民族历史文化遗产，边墙文化遗产结构元素鲜明，人文景观突出，笔者将其文化遗产价值内涵总结为四个方面：军事古迹建筑、特色民族史地、传统文化资源、国家统治方略。

一　军事古迹建筑

由明迄清，中央王朝在湘黔边区先后两次修筑边墙，形成了规模宏大、类型丰富、数量众多、地域广泛的军事古迹建筑群。关于边墙的历史追溯，应是从明代宣德年间开始。明朝宣德年间萧授筑"二十四堡"，嘉靖年间张岳改为"十三哨"、孙贤"筑边墙七十里"，至万历年间蔡复一修筑三百余里边墙，呈现出先后更替、应袭继承的关系，边墙与边防体系是基于先前的卫所屯堡/营哨结构建立起来的。质言之，万历年间修筑的边墙是在"二十四堡""十三哨"基础上的延伸，[①] 无论是"二十四堡"，抑或是"十三哨"，均为明廷"抑汉镇苗"、经略湘黔边区之举措，因此而产生的各类军事古迹、军防设施、各类建筑、文化形态，皆属于边墙文化遗产范畴。现今湘黔两地尚有

---

① 张振兴：《从哨堡到边墙：明代对湘西苗疆治策的演递——兼论明代治苗与土司制度的关系》，《吉首大学学报（社会科学版）》2014 年第 2 期。

部分"堡""哨"遗址遗存，如亭子关、喜鹊营、石羊哨等。

明代边墙"上铜仁，下至保靖汛地"，"绕水蹂山，统三百余里"，天启年间"又起自镇溪所，至喜鹊营，止添墙六十里"①。清代边墙，自"凤凰厅接连乾州厅沿边，开筑长墙、壕沟一百一十余里"②，借助陡崖、山涧，走势险峻。明清边墙修筑情形，按材质可分为"石砌边墙""土筑边墙"和"土石混合边墙"三类。明代边墙多为"土筑边墙"，也有少部分的"土石混合边墙"；清代边墙则是"石砌边墙"和"土石混合边墙"两类。三类边墙遗址遗存主要分布在今湖南省湘西州凤凰县落潮井镇、阿拉营镇、廖家桥镇、沱江镇（城关镇）、吉信镇、筸子坪镇等地。

虽整体形质、较大规模的边墙形成于明代万历年间，天启年间予以增修，构成三百八十余里边墙，但湘黔边区此前已修筑有堡、营、哨、关隘、炮楼，乃至小段边墙。除了实体的边墙，明代还依据山形地貌在湘黔边区修筑了不同类型的建筑、设施。清代在明代的基础上进一步扩展，虽边墙里程少了许多，但在湘黔边区修筑了汛堡、屯卡、碉楼、哨台、炮台、关厢、关门等大量边防设施。

二　特色民族史地

除了实体的军事古迹建筑，因边墙与边防体系分布地域位处湘黔交界，这一地区是一个典型的多民族地区，苗族、汉族、土家族、侗族、仡佬族等多民族聚集，彼此围绕边墙进行了多种形式的互动与交流，构成了特色的地域文化形态与多样的人文景观。

其一，因明清边墙与边防体系构建，大量军事设施相应建立，数以千计的军士驻扎，一定程度上构成特有的边墙社会生态。明初的湘黔边区防卫，主要是通过设置卫所、迁徙军士来实现的，卫所移民多

---

① （清）席绍葆：《辰州府志》卷40《艺文纂》，乾隆三十年（1765）刻本。
② （清）佚名：《苗疆屯防实录》卷3《屯防纪略下》，江苏扬州人民出版社1960年复制印行。

是来自长江中下游的汉族，构成民族互嵌初态。① 但明中期起，卫所日渐倾颓，军士大量逃亡，仅存十之一二，通过招募当地土著巩卫边防已成既定的可选之策。明末边墙与边防体系是以卫所屯堡/营哨结构为基础，扩展至省镇营兵制，② 因而才有边墙沿线"养汉、土官兵七千八百名"③ 之载。除了原有的卫所汉族移民，还有凯兵、仡兵、苗兵、土兵、蛮兵、播兵等多族类群体的加入。④ 一言以蔽之，早在明代时湘黔边区已是多民族军兵协同守卫的特色形态。

进入清代，清廷裁撤卫所，更置军制，湘黔边区设置有总兵、参将、游击、都司、守备、千总、把总、外委等各层级军职，设立镇、协、营、汛等军队编制。凤凰厅是整个防卫的指挥中枢（辰沅永靖兵备道、镇箪镇），由边墙及碉楼/哨台/炮台、汛堡/屯堡、营城、镇城多道防线共同形成不同层级、共同防御的军事防御体系。⑤ 兵力布置上，其中湘西部分各镇、协、营、汛的绿营兵近七千余名。清初，湘黔边区尚有八旗兵驻扎，而后统一改为绿营兵建置，绿营兵多是汉族。除了绿营兵，湘黔边区还有苗兵、屯丁，"设苗兵控制苗人，设屯兵控制苗兵，设绿营控制屯兵，保境息民，相安无事者有年"⑥。随着时间的流逝，外来绿营兵与当地民众日常交流增多，"湖南凤凰厅女子喜嫁兵丁，以其有月饷可资赡养也。故男子之欲得妇者，必先求入伍"⑦。总之，因边墙修筑产生了诸多外来移民驻军，经年久月，移民、土著居民及各民族互动互嵌互融愈加明显，奠定了现今湘黔地区多民族交往交流交融的历史基础。

① 陈文元：《论明代卫所制度与民族互嵌》，《广西民族研究》2020 年第 6 期。
② 肖立军：《明代省镇营兵制与地方秩序》，天津古籍出版社 2010 年版，第 2 页。
③ （清）席绍葆：《辰州府志》卷 40《艺文纂》，乾隆三十年（1765）刻本。
④ （明）吴国仕：《楚边饷叙》（第一册），万历四十五年（1617）刻本。
⑤ 张杰、李林、张飏、刘业成：《湘西苗疆凤凰区域性防御体系空间格局研究》，《建筑史》2013 年第 2 期。
⑥ 石启贵：《湘西苗族实地调查报告》（增订本），湖南人民出版社 2002 年版，第 172 页。
⑦ （清）徐珂：《清稗类钞》婚姻类，中华书局 1984 年版，第 2000 页。

　　其二，除了驻军与移民层面，自明清以来，因防卫需要，边墙沿线建有众多兵营，聚集了大量人口，逐渐演变成聚落，并由此产生了诸多特色地名。细数下来，现今边墙遗址遗存分布沿线形成了诸多大型聚落，如旦武营、喜鹊营、镇溪（吉首市）、寨阳、二炮台、镇篁（凤凰县城）、廖家桥、阿拉营、篁子坪、木林坪、黄丝桥、舒家塘、亭子关、石羊哨、滑石营、正大营、盘石营等，如今已演变成市、县、镇（乡）、村等。除此之外，还有很多小型聚落，如拉毫、靖疆营、晒金塘、得胜营、洞口哨、长岭卡、鸭宝洞、三岔河等。

　　地名同样是一项重要的文化遗产。现湘黔两省诸多地名与边墙紧密相关。除前文提到的，还有如凤凰县廖家桥镇、落潮井镇一带的营盘寨、炮楼山、把总湾、古桑营、铜锣关，千工坪镇的千门哨、盛华、地良坡（囤粮山），吉信镇的火暑坪、塘寨，吉首市的头炮台、三炮台、强虎哨、仙镇哨、冲角营、关厢门、振武营、良章营、隘口、炮路坡，花垣县补抽乡的大哨，松桃县的正大、盘石等地名。有些地名虽为苗语，但却是边墙历史文化的反映。如凤凰县阿拉营镇的勾良苗寨，"勾良"意为"粮道"；花垣县补抽乡的热粮寨，"热粮"意为"粮仓"。还有一些苗族、汉族共同地名的现象。如凤凰县篁子坪镇有苗晒金塘和客晒金塘，吉信镇有苗吉卡与汉吉卡，腊尔山镇有苗塘冲村和汉塘冲村等。双重地名的出现，或与历史时期边墙修筑后官方致力于划分民、苗界址，施行"苗汉分治"的政策有关。还有些地名反映了苗汉交融的历史事实。如凤凰县廖家桥一带有民谚："廖家桥廖家桥，一半客来一半苗；客家说春兑，苗家说'柳碉'。"① 这些带有边墙印记的地名留存至今，丰富了边墙史地属性。

　　其三，明清两朝打造边墙与边防体系，为了确保军事活动开展与军需物资通畅，开辟道路和设置集市成为重要的人文景观。除了紧邻的湘黔大道外，围绕边墙还有不同形式的道路，如联系边墙内外、各

---

　　① 吴恒忠、吴鸿俊：《湘西苗族地名文化概述（三）》，文章来自湘西网。网址：ht-tps：//baijiahao. baidu. com/s？id = 1734519427941207352&wfr = spider&for = pc。

营各汛之路，以及民间性的小道。"边防战守之方，以审径路为最要。各汛相通，有营路；居民取径往来，有民路；转输军实，有台站。苗路虽云如发，其间亦有经由常道。"① 笔者曾多次前往湘黔两地调查，边墙遗址遗存附近往往即有延绵的石板古道，历史感顿生。大致说来，边墙区域道路主要分为官道、营路、民路、苗路，以苗路最多。譬如，清代时凤凰厅至乾州厅走营路。自厅北门经过擂草发、四方井、奇梁桥、黄土凹、清溪哨、黄岩江、靖疆营、高楼哨、得胜营、西门江、三脚岩、龙潜营、瑞安营、凤凰营、晒金塘、重郎坡、箽子哨、湾溪、二炮台，最后至乾州厅城。"按，此路极为崎岖，安营设汛星列棋布，沿途分东北为民地，西北为苗寨。西北苗寨即镇箽右营生苗、乾州左营生苗是也。计程不及百里，而处处苗口，其路如发。"② 从凤凰厅至乾州厅，一路北上，路形崎岖，基本是在沿边墙一线，沿途哨堡林立，与苗路交织。与此同时，不同道路的连通，型构了族群的交互格局与地域景观。"查苗疆营路之外为苗寨，傍营路居者为客民，营路内山谷之间为土人，在泸溪即大小章。"③ 总之，以边墙为"中介"的道路体系延展，是湘黔边区边墙特色民族史地的一个方面。

历史上湘黔边区"划墙而治"，但并不代表苗汉之间没有经济贸易交流。清代构筑边墙与边防体系后，沿边墙沿线设置了众多集场。以凤凰厅为例，凤凰厅共有十四个集场，其中十个集场分布在边墙沿线，集场位置一般位于边墙沿线的营汛驻地，如廖家桥场、鸦拉（阿拉）营场、长凝哨场、得胜营场、箽子坪场、强虎哨场等。④ 其中，除南门外场是"百日场"可长期进行贸易外，其他集场依次按官方规定的日期开展贸易。为规范苗汉经贸往来，减少苗汉冲突，官方规定民、苗需在规定的集场开展贸易，并择立贸易日期，且明令汛屯兵弁

① （清）严如熤：《苗防备览》卷6《道路考上》，嘉庆二十五年（1820）刻本。
② （清）严如熤：《苗防备览》卷6《道路考上》，嘉庆二十五年（1820）刻本。
③ （清）严如熤：《苗防备览》卷22《杂识》，嘉庆二十五年（1820）刻本。
④ （清）黄应培：《凤凰厅志》卷2《集场》，道光四年（1824）刻本。

亲自弹压，监督苗汉经贸活动开展。随着边墙沿线的集场贸易兴起，一些集场成为区域性的商业市镇，并在今天依然发挥作用，如阿拉营镇（鸦拉营场）、吉信镇（得胜营场）皆是现今凤凰县重要的商贸物资交流集镇。

三　传统文化资源

文化是一项重要的资源，将传统文化创造性转化是传承民族传统文化、促进乡村振兴的应有之义。边墙沿线生活着苗族、汉族、土家族、侗族、仡佬族等，不同民族有着各自的文化体系，这些传统文化类型多样，如民族语言、饮食节日、文化习俗、宗教信仰、手工技艺、音乐舞蹈、民俗活动、戏剧表演、神话传说、民间故事、历史记忆、古史歌谣等。

边墙沿线的传统文化虽不全是因边墙与边防体系构筑而产生，但因边墙而产生不同的文化生境，衍生出边墙地域的文化类型与文化资源，与边墙遗址遗存一道构成了"全景式"的文化遗产结构。边墙既是历史之墙，更是文化之墙。"边墙既是历史过程是苗汉和与分的过程，又是一种文化样态，是历史互动过程的结果。"① 附于边墙遗址遗存的文本、传说、记忆，诉说着过去的历史印记，展现了湘黔边区各民族交往交流交融的史实。相比于建筑遗迹类的"有形"，这些"无形"同样是非常重要的文化遗产，属于实体建筑的"灵魂"和"内核"，是边墙文化遗产的重要组成部分。

除了本体的文化内涵，还应看到因边墙衍生出的互嵌结构与交融史实。一方面，因边墙与边防体系的构建、维持，边墙在一定历史时期具有地理边界、行政边界、市场边界、族群边界、文化边界等区分标识，而各个边界在不同的历史时期的交织、互渗乃至重合，边墙沿线各民族彼此对边墙的理解认识亦有不同，"展现了多族群背景下文

---

① 彭永庆：《民族历史记忆的价值重构——以湘西苗疆边墙为个案的分析》，《吉首大学学报（社会科学版）》2009 年第 1 期。

化权力的实际构成及其具体运作方式，及'边地'社会国家化进程中选择性的历史书写"①，型构出边缘边地边民的生活形态。

另一方面，边墙历经修筑—倾圮—重修—废弃，湘黔边区从民苗分界至民苗错居演变，恰如《古丈坪厅志》所称："边墙以外者为'生苗'，在内者与民相错居住，或佃耕民地，纳赋当差，与内地民人无异，则为'熟苗'。古丈坪厅苗皆在边墙以外，故为'生苗'。然苗情驯静，服役充兵，亦非昔日'生苗'之比。"② 也因此，"现在苗民婚姻往来，与民相等，宜因其机，尽去民苗之界，一切同于内地"③，苗汉日趋交融。不仅是苗族与汉族之间，边墙沿线苗族、汉族、土家族、侗族、仡佬族等多民族之间亦有文化交流互动，构成了特色的地域文化形态与多样的人文景观。

四 国家统治方略

在中央王朝的统治视野里，历史上的湘黔边区乃"偏远""边缘"的代名词，但战略位置却十分重大。历史地理学意义上，湘黔边区是西南地区与中南地区（长江中下游地区）的中间地带，华南汉文化与西南少数民族文化在此交汇，民族互动频繁，形成多民族共居之所，湘黔边区所处的武陵地区是重要的民族走廊④；从自然地理形态来看，湘黔边区又是云贵高原与湖广平原丘陵区的过渡地带，处在中国第二、第三阶梯地势分离交叉区域，整体山势呈西南—东北走向，是中原向西南进发的重要通道。元明以来，中央王朝开辟湘黔滇通道，军事活动、商贸往来、移民迁徙愈渐增多，形成了人群互动与区

① 暨爱民：《以"墙"为"界"：清代湘西苗疆"边墙体系"与"民"、"苗"区隔》，《中央民族大学学报（哲学社会科学版）》2017 年第 3 期。

② （清）董鸿勋：《古丈坪厅志》卷 9《民族上》，光绪三十三年（1907）刻本。

③ （清）董鸿勋：《古丈坪厅志》卷 1《治古丈坪条陈》，光绪三十三年（1907）刻本。

④ 黄柏权：《武陵民族走廊及其主要通道》，《三峡大学学报（人文社会科学版）》2007 年第 6 期。

域建构的"通道"与"走廊",① 既是中央王朝经略西南少数民族地区之前哨,又为统治腹地与边徼之缓冲。因而,当动乱波及湘黔两省时,明初构建的卫所/土司防控体系瓦解,明廷剿抚无策,出于全局考虑不得已筑墙固界。"设立边墙自万历四十三年,乃楚边长城,非为镇筸而设,原为全楚而设。"② 明廷修筑边墙,是秉持历代对南方少数民族地区的深入治理与策略改制的"治夷"之策,实为围绕"内地的边缘"隙地的治理与控制。

明廷修筑边墙"借以捍蔽苗类,保障边圉者也",③ 进而将边墙作为应对边疆/边缘地区复杂社会形态与多元族群结构情形下,建立在赖以治边固界的军政型管理系统,体现出传统中国边疆统治方略。但明代"围而治之"的举措颇为消极,军事管控扼甚之,政治、经济、文化、社会治理甚少,未能全盘考虑地方治理、经营与开发,自然无法从根本上解决问题。清代重修边墙虽是延续明代的边墙防卫思路,但更注重社会治理与开发建设。清廷既有将边墙作为治理地方重要举措之一,又是治苗、抚苗、化苗的统治策略和手段的重要组成部分,是一项"治军""治吏""治民"工程,提升了边墙修建的格局。④ 明清修筑边墙,乃是中国古代中央王朝基于地理结构与社会形态的"因地制宜"和"因俗而治",蕴含着统一多民族国家形成脉络和民族交往交流交融思想。边墙是划界治理的重要载体,重在区隔而非隔离,应以墙为"诚",以史为鉴。

当然,明清中央王朝修筑边墙亦体现出传统中国的统治思维缺陷。在传统中国的统治逻辑里,当动乱发生或族际冲突时,中央王朝

---

① 张应强:《通道与走廊:"湖南苗疆"的开发与人群互动》,《广西民族大学学报(哲学社会科学版)》2014 年第 3 期。

② (清)俞益谟:《办苗纪略》卷 1《镇筸传边录》,康熙四十四年(1705)俞氏余庆堂刊本。

③ (清)段汝霖:《楚南苗志》卷 1《楚黔蜀三省接壤苗人巢穴总图说》,乾隆二十三年(1758)刻本。

④ 陈文元:《边墙格局与苗疆社会——基于清代湘西苗疆边墙的历史学考察》,《中央民族大学学报(哲学社会科学版)》2020 年第 6 期。

多偏向于"压"的解决手段，随后才是"抚"与"疏"。基于这一点审视，亦不难解释为何在清代，当北方的长城已然失去其防卫功能时，在南方依然会有"边墙"这一产物。当然，修"墙"不是目的，而是一种统治策略、管控手段，应从"墙"中透视传统中国的多样政治结构。"墙"的"废弃"与"重修"，是传统中国在南、北地域政治统治脉络的演变。历代中原王朝在北方修筑长城，清代的统治者曾得意于北方不再需要长城，大漠南北一统天下，却又在南方不得不按照明代的方式再筑边墙。湘黔边区不同于北方草原社会，其对应的是南方少数民族地区复杂的地理环境与多样的族群交互，且长时期以来统治基础较为薄弱。修筑边墙，厘清民、苗界址，重在"因俗而治""民苗相安"，彼此尊重，天下一统，既凸显了传统中国统一性的整体维持与差别化治理方式的延续，更呈现了中央王朝有将"夷民"向"编民"整体转化的政治结构转型。

第二节 边墙遗址遗存保护与开发利用思考

笔者自2016年起关注"边墙历史文化"，多年来行走湘黔两省乡间，查看各类边墙遗址遗存，探寻边墙史迹，深感文物保护的艰辛与无助。文化遗产保护，一方面是人力、物力、财力的切实保障，另一方面则是人才、制度、法律的深厚支持，这两方面缺一不可。另外，文化认同与历史记忆同样也是文化遗产保护的需要考虑的因素，一项文化遗产保护离不开民众的心灵认可与情感关切，特别是像边墙这类的大规模且分散的建筑类遗址遗存。

在保护边墙遗址遗存，要有整体的思维与宏观的视野。其实，如果把每一处遗址单独拿出来，湘黔两地能拿得出手的地面遗址遗存并不多，但明清边墙沿线分布着数以百计的遗址遗存，成规律、成线路的分布，整体而言就非常可观，所以将这些遗落在各处遗址遗存以一个整体的"大遗址"来申报的思路无疑是正确的，否则这些遗址遗存很难形成一定的特色和亮点，如果对比全国比比皆是的军事防御建筑遗址，更没有什么特别的显耀之处。所以，如何总结遗址中蕴含的价值意义，提炼、包装非常重要。边墙（包括实体边墙及各类边防设施），在湘西至铜仁形成一条"线性"的遗址群，呈"一线多点繁星"式，遗产的核心内涵是：明清南方少数民族地区特色民族史地属性的军事古迹建筑群与多样人文景观。应弱化"防苗镇苗"，突出国家治理的思想，总结边墙沿线民族交往交流交融元素，彰显边墙沿线多民族文化交融形态。

笔者粗略认为，在传统文化遗产概念中，边墙文化遗产既可归为"线性文化遗产"，也可归为"文化景观遗产"，遗产资源丰富，是具备多维文化空间的"大遗址"。作为一项重要的民族历史文化遗产，湘黔两地应高起点谋划，开展全面、系统、深入的调查研究，推动边墙文化遗产的传承与保护。

一 组织边墙分布区域军事古迹建筑群的全面统计和系统梳理

现湘黔两地边墙遗址遗存甚多。然而，学界对边墙的修筑年代、起止走向、工程里数仍有争议，边墙与边防设施的遗址遗存现状、数量了解不清，加上年代久远、文献记载散漫和遗址遗存的坍塌、破坏，对众多遗址遗存分布更是语焉不详，整体缺乏修缮维护和分级分类保护。且这些遗址遗存面临日益毁坏、遗弃的情形，甚至有些遗址遗存逐渐被人们遗忘而"消失"，从而导致人们对边墙遗址遗存的现存现状、具体数量无从统计。如笔者于湘黔两地调查期间，了解到目前边墙保护工作经费有限，虽有部分边墙遗址遗存得以修缮，但主要是委托村委会日常保护，尚有一部分遗址遗存无人维护，处在毁坏、消失的边缘。如此严峻形势下，组织湘黔两地边墙遗址遗存调查与整理更显得刻不容缓。

值得庆幸的是，2021 年湘西土家族苗族自治州对境内的边墙遗址遗存开展了颇为系统、全面的普查，调查出边墙遗址遗存共计 578 处。而作为边墙的南端区域，铜仁市碧江区、松桃县尚有部分边墙残垣，以及众多营、堡、哨、汛、碉楼、炮台、关隘等遗址遗存，但当地尚未组织全面、系统、权威的调查与统计。应积极组织开展全域式边墙遗址遗存实地考察，弄清其分布地带、具体数量、性质类型、毁坏程度、现存现状，并分级、分类、编目，从而实现全面、系统、深入的调查、整理与统计，以科学化、规范化的方式和方法摸清边墙遗址遗存的具体情况，形成全域性的整理成果，通过"大数据"的形式建立文物保护档案，从而充实南方少数民族地区特色民族史地属性军事古迹建筑群的统计、调查、整理。与之配套的，当下应尽快制订边墙文化遗产保护法律法规，贯彻"保护为主、抢救第一、合理利用、加强管理"十六字方针，制定修缮保护办法。

二　开展边墙沿线文化形态与人文景观的整体保护与微观记录

其一，遗址遗存与人文景观。明清修筑边墙与边防设施，除了绵延群山的边墙，还依据山形地貌、生态环境建造了不同类型的建筑，如哨卡、营盘、屯堡、碉楼、炮台、兵营、古道、庙宇等。应统筹好官方与民间的深度合作，通过全方位的实地探查，厘清边墙与边防设施的建造工艺、建筑形态与防卫特点，描绘军事建筑群的结构内涵，揭示屯兵文化史，增强南方少数民族史地研究。

其二，"有形遗产"与"无形遗产"。文化遗产保护应注重"有形"与"无形"的有机结合。湘黔边区各民族围绕边墙与边防设施沿线进行了多种形式的互动互嵌互融，型构了丰富多彩的民族文化。文化虽是"无形"，但同样是重要的遗产资源。以边墙与边防体系分布为核心的湘黔交界毗邻区域，即湘西南、黔东北地域，是一个典型的多民族地区。

广泛分布在贵州、湖南交界的边墙与边防设施沿线，有着苗族、汉族、土家族、侗族、仡佬族等多民族聚集，明清时期因大量驻军和移民，产生众多聚落，各族人民彼此围绕边墙进行了多种形式的互动与交流，塑造了边缘边地边民的生活岁月，构成了特色的地域文化形态与多样的人文景观，应在逐渐遗失的情形下抓紧调查挖掘和整理，以更清晰地展现边墙地域特色文化形态与多样人文景观，增添历史的厚度与文化记忆。

其三，"文化"与"旅游"合理开发。边墙是历史之墙、文化之墙、地理之墙、旅游之墙，但它更重要的是遗产之墙。然而，现今诸多文化遗迹与旅游开发运作思路多是"文化搭台，经济唱戏"，在经济利益驱使的"短平快"运作模式下，保护个体，忽视整体，往往将一项遗产变得失去内涵，没有体现其固有的价值。如何将历史遗址、遗迹、遗存更有效合理地开发，是一个值得思考的问题。边墙遗址遗存蕴含着历史、地理、军事、文化、建筑、思想等文化遗产资源，既有南方少数民族地区特色民族史地属性的军事古迹建筑群，又有湘黔边区多民族交融共生形成的文化。因此，应组织编纂边墙遗址遗存的整体类和专题类系列记录。通过实地调查，形成实证研究成果，包括边墙历史文化研究论文，边墙遗址遗存图片集、影像志，边墙遗址遗存保护名录，边墙遗址遗存调查报告等，进一步挖掘这些文化遗产资源，丰富边墙的历史文化内涵，展现湘黔边区多民族文化交融形态与多样人文景观。

"文化旅游"不是单纯的经济利用，而是要在现代化的社会结构中走出一条"文化+"而非"经济+"的可持续之路。当前，通过整体保护与微观记录边墙沿线的文化形态与人文景观，以文化赋能，借"遗产"契机增进商贸交流，适时升级旅游产业，在边墙沿线打造传统村落"休闲生态"，发展特色扶贫项目，助力乡村振兴。反过来，亦使边墙遗址遗存的周边民众获得经济实惠，提升他们边墙文化遗产保护的意愿。

三 提炼边墙遗址遗存的民族历史文化遗产属性与多层面价值

第一，边墙是一项内涵丰富的民族历史文化遗产，有着重要的意义与价值。边墙与边防体系旨在区隔苗汉、分而治之，调节苗汉畛域，有加强政治统治、调控族群关系、维护经济活动、保障社会治安等多重内外效用。明清中央王朝修筑边墙改变了区域社会的历史与族群社会发展格局，边墙的修筑具有重要的历史作用和社会意义。

应从中汲取历史经验，以"墙"为诚，以史为鉴，不必过于强调边墙的消极作用，以其生动鲜活的建筑形态和威严厚重的历史表述，为今天爱国主义教育提供历史警醒，为民族团结教育提供历史素材，促进民族区域自治制度与民族政策法规的进一步完善，更为今天的社会主义核心价值观培育、中华民族共有精神家园建构、民族团结进步创建提供实物载体和宣传平台，从而深度铸牢中华民族共同体意识。

第二，边墙作为治理措施，实际结果上促进了多民族的交往交流交融。边墙是中央王朝治理民族地区的传统方略和建造技艺的结晶，从苗汉分治到苗汉共融，体现了民族交往交流交融的历史路径。现今"文化热""遗产热""旅游热"的氛围下，应通过实证研究，将边墙遗址遗存实物实证调查统计与学界的理论探讨、观点辨析对应起来，将边墙文献史料与历史事实紧密结合起来，致力于理论和实践，坚守实证史学的道路，避免人云亦云的空谈、玄谈。以求真务实的态度传承民族历史文化遗产，诠释明清时期中央王朝在湘黔边区社会治理的历史经验与统治策略，为当前学界有关统一多民族国家的形成逻辑、中华民族共同体历史演进等热点话题提供新鲜的学术资源与思想火花。

第三，对于边墙本身，要认识到边墙虽是历史时期分隔苗汉、防苗控苗的军事建筑，但以历史上民族关系发展轨迹与今日民族平等、民族团结的良好氛围视之，应以一种不反感、不回避、不遮掩、不偏颇的姿态去看待边墙所带给我们的反思、自省和警惕，透视因之而产生的民族关系史、文化交流史与政治制度史，激发我们以史为鉴，更加合理地处理民族矛盾，更加关注各民族的切身利益，以历史的视角和发展的眼光致力于民族交往更加和睦，民族交流更加通畅，民族交融更加和谐，以更稳定的秩序和高效的联动机制，构建更高层次的民族团结，增强南方少数民族史地研究，为当前中华民族共有家园建设以及民族团结进步事业发展提供历史借鉴与理论支撑，实现历史服务现实的研究宗旨。

四 完善边墙遗址遗存保护体制机制和边墙文化遗产政策法规

边墙遗址遗存的保护不仅是要保护它的实体遗址遗存，还要保护依附边墙及边墙沿线的神话传说、民间故事、古史歌谣、历史记忆，不能画地为牢的把边墙圈在那里，要协调好边墙遗址遗存的保护与利用的关系，去挖掘更多边墙的历史资源、人文资源，并对其进行整合，挖掘出边墙的历史文化内涵，体现出边墙的延续性，满足现代文化生活的需要。对边墙遗址遗存进行科学的保护与利用将会对地方文化、经济、旅游起到积极作用。顺应地，边墙遗址遗存的保护有利于提高民众对历史遗迹的认识，促进地方文物保护事业的发展。

落实对边墙遗址遗存保护机制和边墙文化遗产保护的政策法规，以法治"产"，以法护"产"。应根据当前的文物保护法律法规，制订一系列有关边墙文化遗产的保护措施和保护政策，并确保这些政策措施能够有效实施。当前边墙遗址遗存保护工作面临着一些问题与挑战。较为重要的是，边墙遗址遗存保护管理工作应当贯彻文物保护法律法规，正确处理好经济建设、社会发展与文物保护的关系，将边墙遗址遗存与边墙文化遗产保护事业纳入国民经济和社会发展规划、城乡规划，统筹边墙"申遗"工作。

五 应尽快地制定系统的保护工作方案和相应的修缮保护办法

边墙遗址遗存因为各种自然、人为的因素遭到破坏或消失，现存的边墙遗迹已然不多，当务之急在于如何更好地保护，实现边墙的可持续发展。第一是要抢救现存的边墙遗迹，尤其是抢救那些濒临消失的遗迹，做到应保尽保。第二是要尽最大能力去修复边墙遗址遗存，将诸多毁坏的部分保护起来。除了实体性的遗址遗存，承载于边墙遗址遗存历史记忆、民间传说、文化习俗，同样需要保护。这些都是非常重要的文化资源，是边墙文化遗产的重要组成部分。保护边墙遗址遗存，不能只注重"有形"，忽视"无形"，应积极挖掘更多的边墙历史资源、人文资源，整合边墙的历史文化内涵，从而实现对边墙遗址遗存科学保护、规范保护。

值得一提的是，2023 年中共湖南省委、省政府印发了《关于加强全省文物保护利用工作的意见》，旨在加强全省文物古迹保护和利用。具体到地方，湘西州自 2021 年以来，先后出台了《苗疆边墙保护管理办法》《苗疆边墙保护与申遗工作方案》，并拨付 1000 万元"苗疆边墙保护和申遗专项资金"。2022 年又制定了《苗疆边墙保护修缮五年（2022—2026 年）行动计划》，湘西州在边墙遗址遗存工作方面走在前列。

六 根据边墙遗地遗存基本情况设置各级各类的文物保护单位

边墙遗址遗存"申遗"之路绝非坦途，需要政府各部门、社会各界人士的共同参与。一方面，政府各部门应强化"申遗"意识，组织专家学者调研边墙遗址遗存，共同努力研究边墙遗址遗存的历史意义与价值，提高民众文物保护意识，提升边墙遗址遗存的保护力度与保护级别。另一方面，由于边墙遗址遗存涉及两省多市县，保护工作的组织、协调难度相对较大，需要各部门共同协作共同推进"申遗"工作，以整体的部局开展边墙遗址遗存的保护。

开展边墙遗址遗存保护，有必要进行分级、分类保护。一是按照国家级、省级、市（州）、县级层次，将遗址遗存分级统筹保护，拨付专项资金和专项保护人员进行，一些未被定级的遗址遗存应积极整合申报，做到不漏一片一瓦。二是根据边墙遗址遗存的分布区域、坐落位置、分布地域开展保护，将处在地方开发与社会建设最前沿、最容易受到外界破坏的边墙遗址遗存重点保护起来，严守、严防，各县市更是要落实责任。三是围绕"申遗"主题，将体现边墙文化遗产核心要义和关键之处的遗址遗存保护起来，妥善维修，专人专责，如有必要，可适度实行半封闭式保护。四是落实文化遗产的"活态"保护，根据边墙遗址遗存的实际情形，适时打造边墙遗址遗存主题公园，将遗址遗存与人们日常生活融合起来，实现遗产与生活、遗产与节日、遗产与教育的多维结合。在这方面，鸭宝洞石边墙目前是较具潜力的。五是湖南省、贵州省可就边墙遗址遗存保护开展交流合作，在边墙遗址遗存的定级、分类上互相分享经验，协同聚力，共同进步，互助维护，最终致力于边墙文化遗产的保护与传承。

七 构建多层次多维度多学科边墙遗址遗存专业人才保护队伍

边墙遗址遗存传承与保护，一方面是资金问题，另一方面就是人才问题。湖南省启动"苗疆边墙"的"申遗"工作，湘西州及各县市应积极利用好此次机会，聚集更多关注边墙、热爱边墙保护工作的各方面的人才，向边墙沿线居民普及文物保护知识。边墙遗址遗存保护，需要历史学、民族学、考古学、文物学等相关技术人才，但由于研究边墙的学者年纪都较大，现在急需研究边墙的年轻学者加入，并长期致力于边墙的研究、保护。

根据边墙遗址遗存情况来看，形势不容乐观。文物保护是一项极为耗资耗力耗时的工作。再大的经费投入，落实到地方，很可能只是杯水车薪。虽然湘西州有拨付相关保护经费，但具体到地方却较为有限。笔者在箅子坪镇调查期间，了解到目前镇里没有专项的边墙遗址遗存保护工作经费，都是委托村委会日常性保护，并没有相应的补助。虽然州县很重视边墙遗址遗存保护工作，已多次到现场调研。为此，应拨付专项资金落实到基层培养边墙遗址遗存本土保护队伍，以基层力量守护民族历史文化遗产。

八 应重视文化认同与历史记忆在文化遗产保护中的重要作用

边墙遗址遗存如星点般分布在湘黔两省，因所处环境、区位、人群、社会和关注度不同，彼此命运亦各不相同。在现代化的城镇建设浪潮中，古迹建筑类文化遗产保护面临诸多挑战。不过，结合笔者调查感悟，发现一些保存较好的边墙遗址遗存，附近居民往往保持有较强的文化认同和深厚的历史记忆，如舒家塘、王坡屯、麒麟屯、拉毫、老爷坡等。

再如分属湘黔两省的亭子关（属湖南省）、新营垴（属贵州省），两处遗址遗存紧邻，处在湘黔交界，但遗址遗存现状差别极大：亭子关地面建筑所剩无几，而新营垴则保护较好。造成这一现象的核心原因之一是明清驻防新营垴军士后裔世代守护，将新营垴视为祖祖辈辈的"老屋"，传续祖先记忆与荣耀，更是"乡愁"与"家园"的珍贵记忆承载之地。这一现象极具启示意义，当前诸多文物保护往往脱离群众，遗产与民众是非常陌生的，彼此未能形成深度的认同与情感。在保护文物时，不能忽视附之于实体上的文化认同与历史记忆，要将这些"无形"资源积极利用起来，借助当地民众的力量共同维护，切实贯彻"从群众中来，到群众中去"的理论思路。

附录 1

边墙遗址遗存照片[*]

凤凰古城

---

* 此部分边墙遗址遗图片凡未注明出处的,皆是笔者及调研组自 2017 年以来在湘西州、铜仁市两地调查时拍摄、整理。

凤凰古城——靖边关

乾州古城

黄丝桥古城

老爷坡

舒家塘

石羊哨

峨嵋山屯（1）

峨嵋山屯（2）

王坡屯

拉毫

大黄土坳

铜钱坡

全石营（中国南方长城）

晒金塘

澎水井

高楼哨

高塘边墙遗址①

<hr/>

① 高塘边墙遗址（现位于吉信镇高塘村，原大塘村四组）照片，由吉信镇火炉坪村
（火罢坪）龙中森书记提供。不过，目前此处边墙遗址遗存尚不能对应至明清边墙与边防
设施具体名称，但肯定属于边墙沿线遗址的一部分，待考。2024 年 1 月笔者到吉信镇调查
时，得知因修路此段边墙已被破坏一部分。

后头坡

喜鹊营

得胜营(上排)、靖疆营(下排)、碑刻①(上排最右)、三潭书院(下排最右)

① 碑刻图片来自谭必友教授田野调查,见"田野中国学 Fieldology"微信公众号。参见:"龙举人开场碑重见天日:清代苗疆各民族融合的伟大见证"。网址:https://mp. weixin. qq. com/s/8EqSIPMU2 – D8LHEhACHNBQ,2023 年 3 月 20 日。

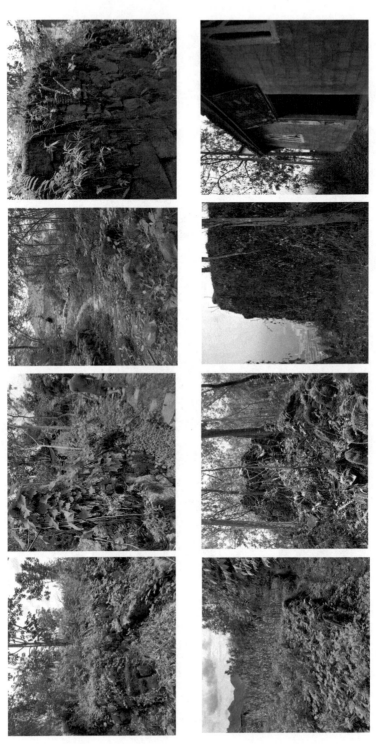

勘口盟

猴儿屯

红狮村

鸭宝洞

勾良苗寨（内设"苗疆边墙文化展"）

老家寨

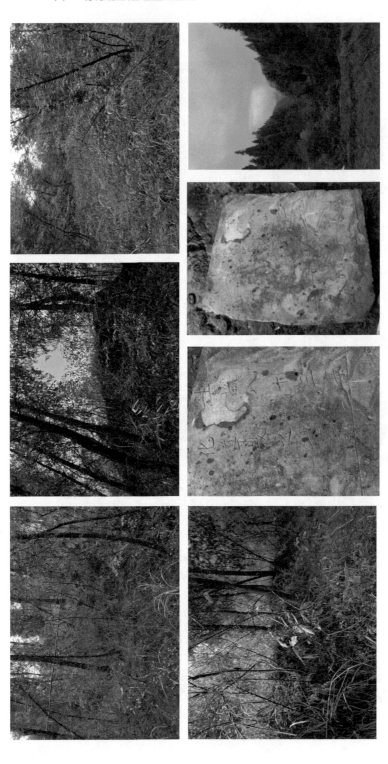

吃血坳明代土边墙（托苗碑）

高堰

水打田

新茶田古军事贸易遗址

砂罗古堡寨

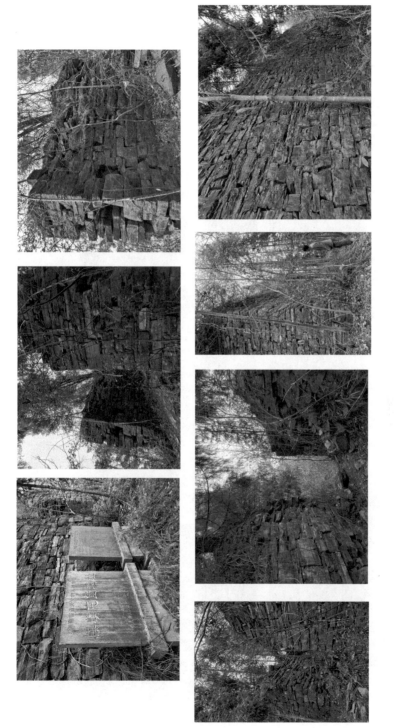

麒麟屯

亭子关

天星山遗址遗存（古兵营、军事防御墙、古战场遗址）

三 炮台

螺蛳营

三溪口屯

老卫城（上排）、吉多乎古城（下排）

跃马卡汛

跃马卡屯堡

龙鼻嘴(上排)、旦武营(下排)①

———

① 龙鼻嘴、旦武营已开发为旅游区,遗址遗存已毁,相关图片来自网络,特此说明。

官庄

涂作

马路屯

渭石营

盘石营

周公泉碑①

————————————

① 周公泉碑刻照片由铜仁市民族和宗教事务局吴国瑜主任提供。

正大营

附录 2

边墙遗址遗存名录[*]

类型		名称	地点	经纬度	海拔（m）	形制	长度（m）	现状
边墙	石边墙	太岭山石边墙	凤凰县阿拉营镇黄合社区九组	N：27°51′10.57″ E：109°20′25.02″	613	石砌	45	一般
		碉脑上石边墙	凤凰县阿拉营镇黄合社区一组	N：27°52′18.01″ E：109°20′17.10″	641	石砌	39	一般
		狮子脑石边墙	凤凰县阿拉营镇黄合社区天心村五组	N：27°52′13″ E：109°20′51″	610	石砌	24	一般
		高步碉石边墙	凤凰县阿拉营镇天星村三组	N：27°52′40″ E：109°20′29″	650	石砌	55	一般
		帽子坡石边墙一段	凤凰县阿拉营镇龙井村八、九组	N：27°52′51″ E：109°20′1″	690	石砌	62	较差
		帽子坡石边墙二段	凤凰县阿拉营镇龙井村八、九组	N：27°52′51″ E：109°20′0″	690	石砌	30	一般
		在口垴石边墙	凤凰县阿拉营镇西牛村三组	N：27°53′38.51″ E：109°21′30.92″	615	石砌	94	一般
		犀牛屯石边墙	凤凰县阿拉营镇西牛村三组	N：27°53′47.162″ E：109°21′38.37″	607	石砌	81	一般

---

* 此附录1统计资料来自龙京沙《湘西湘黔边区边墙调查报告》及笔者和调研组在湘西州、铜仁市所属各县(市、区)调查后编辑、整理而成。因探查地点不同或测算数据误差,正文中边墙遗址遗存经纬度与此附录中或有出人,以此附录中的经纬度为准。

类型		名称	地点	经纬度	海拔（m）	形制	长度（m）	现状
边墙	石边墙	比戈塘响石边墙一段	凤凰县落潮井镇勾良村五组	N：27°55′46.26″ E：109°21′22.75″	607	石砌	24	一般
		比戈塘响石边墙二段	凤凰县落潮井镇勾良村五组	N：27°55′47.88″ E：109°21′21.16″	614	石砌	23	一般
		小营盘石边墙一段	凤凰县落潮井镇落潮井村高堰六组	N：27°55′15.90″ E：109°21′28.67″	601	石砌	70	一般
		小营盘石边墙二段	凤凰县落潮井镇落潮井村高堰六组	N：27°55′14.77″ E：109°21′34.61″	615	石砌	15	较差
		小营盘石边墙三段	凤凰县落潮井镇落潮井村高堰六组	N：27°55′13.61″ E：109°21′28.97″	616	石砌	205	较好
		大营盘石边墙二段	凤凰县落潮井镇落潮井村高堰六组	N：27°54′58.56″ E：109°21′25.87″	619	石砌	51	一般
		岩板堰石边墙一段	凤凰县阿拉营镇和平社区十二组	N：27°55′7.11″ E：109°21′49.16″	623	石砌	26	一般
		岩板堰石边墙二段	凤凰县阿拉营镇和平社区十二组	N：27°55′7.6″ E：109°21′49.3″	623	石砌	9	较差
		岩板堰石边墙三段	凤凰县阿拉营镇黄丝桥社区十二组	N：27°55′7.35″ E：109°21′49.64″	621	石砌		已毁
		黄丝桥东石边墙	凤凰县阿拉营镇黄丝桥社区三组	N：27°54′49.62″ E：109°22′4.02″	599	石砌	5	较差
		和尚坡石边墙	凤凰县阿拉营镇黄丝桥社区九组	N：27°54′50.80″ E：109°22′21.71″	628	石砌	45	一般
		青堡坡石边墙	凤凰县阿拉营镇黄丝桥社区七组	N：27°54′54.86″ E：109°23′30.68″	600	石砌	107	一般
		背后坡碉石边墙一段	凤凰县阿拉营镇和平社区二十三组	N：27°55′3.32″ E：109°24′12.62″	583	石砌	18	一般
		背后坡碉石边墙二段	凤凰县阿拉营镇和平社区二十三组	N：27°55′3.46″ E：109°24′11.76″	586	石砌	107	一般
		东游田碉石边墙一段	凤凰县阿拉营镇和平社区郑家湾组	N：27°55′11″ E：109°24′36″	560	石砌	123	较好

类型		名称	地点	经纬度	海拔（m）	形制	长度（m）	现状
边墙	石边墙	东游田碉石边墙二段	凤凰县阿拉营镇和平社区郑家湾组	N：27°55′5″ E：109°24′18″	590	石砌	87	较差
		流水湾碉石边墙	凤凰县阿拉营镇团结村四组	N：27°55′16″ E：109°24′53″	580	石砌	28	较好
	土边墙	拉毫石边墙	凤凰县廖家桥镇拉毫村九组	N：27°55′59.17″ E：109°27′32.71″	447	石砌	2400	修复
		高坎上石边墙	凤凰县廖家桥镇瓦场村四、五组	N：27°56′4″ E：109°29′38″	430	石砌	0	已毁
		阿撒脑石边墙	凤凰县廖家桥镇廖家桥社区六、七组	N：27°56′18.190″ E：109°30′17.97″	438	石砌	90	一般
		桐子堡碉石边墙一段	凤凰县廖家桥镇大坪村四组	N：27°57′32″ E：109°30′43″	420	石砌	42	一般
		桐子堡碉石边墙二段	凤凰县廖家桥镇大坪村四组	N：27°57′33″ E：109°30′41″	430	石砌	13	一般
		万里城石边墙	凤凰县廖家桥镇大坪村四组	N：27°58′13.71″ E：109°30′30.13″	418	石砌	74	较差
		阿口坳石边墙	凤凰县沱江镇杉木村二、三组	N：27°59′16.96″ E：109°32′35.66″	552	石砌	51	一般
		烂岩见碉石边墙	凤凰县沱江镇大黄土村一组	N：27°59′53.37″ E：109°34′56.86″	442	石砌		已毁
		文仙脑石边墙	凤凰县吉信镇高坡营村二组	N：28°2′43.72″ E：109°36′2.86″	410	石砌	12	较差
		后喇上石边墙二段	凤凰县吉信镇黎高坡营村六组	N：28°3′26.63″ E：109°35′37.51″	426	石砌	99	一般
		高楼哨卡石边墙	凤凰县吉信镇得胜营社区八组	N：28°8′63″ E：109°60′56.1″	410	石砌	100	较好
		烂田湾石边墙	凤凰县吉信镇龙肱村一组	N：28°7′52.69″ E：109°37′17.38″	326	石砌	124	一般
		半坡碉石边墙	凤凰县箐子坪镇鱼洞村三组	N：20°10′18.85″ E：109°38′54.44″	303	石砌	650	较好

类型		名称	地点	经纬度	海拔（m）	形制	长度（m）	现状
边墙	土边墙	隘口石边墙	吉首市马颈坳镇隘口村大寨组	N：28°25′49.5″ E：109°47′31″	245	石砌	200	修复
		肖水圫土边墙一段	凤凰县落潮井镇牛堰村肖水圫四组	N：27°54′27″ E：109°19′12″	680	土筑	169	一般
		肖水圫土边墙二段	凤凰县落潮井镇牛堰村肖水圫四组	N：27°54′30″ E：109°19′18″	670	土筑	13	较好
		比戈板土边墙	凤凰县落潮井镇大田垄村一、二组	N：27°55′18″ E：109°18′60″	651	土筑	14	较差
		合哨营土边墙	凤凰县落潮井镇大田垄村四组	N：27°55′46″ E：109°18′42″	662	土筑	81	一般
		邦度秀碉土边墙一段（小河坎碉3附近）（土）	凤凰县落潮井镇大田垄村四组	N：27°55′41.1″ E：109°19′7.5″	640	土筑	46	一般
		小河坎土边墙	凤凰县落潮井镇大田垄村三组	N：27°55′35.5″ E：109°19′16.4″	647	土筑	220	一般
		老鼠垄土边墙	凤凰县落潮井镇大田垄村三组	N：27°55′34.3″ E：109°19′33.7″	653	土筑	162	一般
		鸡公寨中寨土边墙	凤凰县落潮井镇落潮井村三组	N：27°55′34.3″ E：109°19′33.7″	660	土筑	40	一般
		吃血坳土边墙	凤凰县落潮井镇落潮井村四组	N：27°56′11″ E：109°20′56″	550	土筑	274	较好
		梁上碉土边墙	凤凰县沱江镇大黄土村二组	N：28°0′28″ E：109°35′8″	430	土筑	16	较差
		烟墟碉土边墙	凤凰县沱江镇青瓦村城内一组	N：28°0′32.3″ E：109°35′18.3″	424	土筑	230	较好
		尖坡碉土边墙	凤凰县吉信镇大桥村一、五组	N：28°5′9.21″ E：109°36′15.31″	381	土筑	101	较好

类型		名称	地点	经纬度	海拔（m）	形制	长度（m）	现状
边墙	土石混合边墙	炮楼坡碉土石混合边墙一段	凤凰县落潮井镇牛堰村后洞四组	N：27°54′18.54″ E：109°19′30.53″	676	土石混合	193	一般
		炮楼坡碉土石混合边墙二段	凤凰县落潮井镇牛堰村后洞四组	N：27°54′19.13″ E：109°19′28.54″	680	土石混合	59	一般
		邦度秀碉边墙二段（小河坎碉01附近）（土石混合）	凤凰县落潮井镇大田垄村三组	N：27°55′41″ E：109°19′6″	620	土石混合	213	一般
		凤凰营土石混合边墙	凤凰县落潮井镇落潮井村四组	N：27°55′57.7″ E：109°20′27.3″	634	土石混合		已毁
		大营盘边墙一段（土石混合）	凤凰县落潮井镇落潮井村高堰六组	N：27°55′0.07″ E：109°21′37.86″	593	土石混合	242	一般
		和尚坡混搭式边墙	凤凰县阿拉营镇黄丝桥社区六组	N：27°54′47″ E：109°22′20″	630	自然+人工垒砌	181	一般
		背后喇上混搭式边墙	凤凰县阿拉营镇黄丝桥社区七组	N：27°54′47.61″ E：109°23′18.62″	591	石砌	50	一般
		走步云大营盘土石混合边墙	凤凰县阿拉营镇和平社区二十一组	N：27°54′56.62″ E：109°23′46.79″	602	土石混合		已毁
		背后坡混搭式边墙三段	凤凰县阿拉营镇和平社区二十三组	N：27°55′5.70″ E：109°24′6.60″	604	自然+人工垒砌	75	一般
		采石场碉土石混合边墙	凤凰县廖家桥镇瓦场村四组	N：27°56′11″ E：109°30′8″	432	土石混合	97	较差
		老屋场碉土石混合边墙	凤凰县廖家桥镇鸭堡洞村老屋场二、三组	N：27°58′57.78″ E：109°20′28.43″	397	土石混合	65	一般
		登高楼坡土石混合边墙	凤凰县沱江镇长宜哨一、二组	N：27°59′29.76″ E：109°34′37.83″	381	土石混合	50	一般

类型		名称	地点	经纬度	海拔（m）	形制	长度（m）	现状
边墙	土石混合边墙	牛屎通碉土石混合边墙	凤凰县沱江镇大黄土村一组	N：27°59′40.25″ E：109°34′42.32″	419	土石混合	208	一般
		望家碉土石混合边墙	凤凰县沱江镇大黄土村一组	N：27°59′53″ E：109°35′15″	480	土石混合	263	较好
		长脑碉土石混合边墙	凤凰县沱江镇大黄土村一组	N：28°0′12.35″ E：109°35′0.8″	436	土石混合	160	一般
		高头喇上土石混合边墙	凤凰县沱江镇青瓦村一组	N：28°1′17.465″ E：109°35′25.527″	440	土石混合	146	一般
		袁脑上土石混合边墙	凤凰县吉信镇黄泥岗村二组	N：28°2′54.53″ E：109°35′46.68″	392	土石混合	15	较差
		雷公碉混搭式边墙	凤凰县吉信镇高坡营村二组	N：28°3′5.82″ E：109°35′41.32″	454	自然＋人工垒砌	16	较差
		高良子土石混合边墙	凤凰县吉信镇高坡营村二组	N：28°3′23.28″ E：109°35′35.39″	409	自然＋土石混合	435	一般
		后喇上碉混搭式一段	凤凰县吉信镇高坡营村六组	N：28°3′32.76″ E：109°35′38.80″	413	自然＋人工垒砌	217	一般
		大布卡土石混合边墙一段	凤凰县吉信镇高坡营村五组	N：28°3′51.60″ E：109°35′52.14″	360	土石混合	30	一般
		大布卡混搭式边墙二段	凤凰县吉信镇高坡营村五组	N：28°3′56.34″ E：109°35′52.78″	393	自然＋人工垒砌	50	一般
		铲子碉混搭式边墙	凤凰县吉信镇高坡营村五组	N：28°3′59.49″ E：109°35′50.30″	410	自然＋人工垒砌	140	较差
		乌云脑混搭式边墙	凤凰县吉信镇大桥村七组	N：28°4′4.85″ E：109°35′53.58″	391	自然＋人工垒砌	276	一般
		熊家脑土石混合边墙	凤凰县吉信镇大桥村七、八组	N：28°4′15″ E：109°35′55″	370	土石混合	62	一般
		西方碉土石混合边墙	凤凰县吉信镇大桥村四、五、六组	N：28°4′45.95″ E：109°36′2.05″	381	土石混合	25	一般

类型		名称	地点	经纬度	海拔（m）	形制	长度（m）	现状
土石混合边墙	土石混合边墙	工班后头碉土石混合边墙	凤凰县吉信镇大麻园村	N：28°5′57.26″ E：109°36′7.57″	332	土石混合	296	一般
		新良子土石混合边墙	凤凰县吉信镇得胜营社区十二组	N：28°6′43.86″ E：109°36′36.99″	319	土石混合	24	较差
		洞口哨营盘混搭式边墙	凤凰县吉信镇得胜营社区十一区	N：28°6′44″ E：109°63′44″	350	自然+人工垒砌	103	一般
		长不卡混搭式边墙	凤凰县吉信镇龙肱村八组	N：28°8′49.82″ E：109°37′57.97″	321	自然+人工垒砌		已毁
		钥匙碉土石混合边墙	凤凰县吉信镇龙肱村八组	N：28°9′0.79″ E：109°38′8.49″	330	土石混合	40	一般
		坟儿碉边墙一段（土石）	凤凰县箪子坪镇鱼洞村一组	N：28°9′19″ E：109°38′23″	330	土石混合	27	较差
		坟儿碉边墙二段（土石）	凤凰县箪子坪镇鱼洞村一组	N：28°9′17″ E：109°38′24″	320	土石混合	9	较差
		坟儿碉边墙三段（土石）	凤凰县箪子坪镇鱼洞村一组	N：28°9′14″ E：109°38′22″	310	土石混合	78	较好
		猴儿屯混搭式边墙一段	凤凰县箪子坪镇新民村五组	N：28°10′56.62″ E：109°39′11.43″	254	自然+人工垒砌	74	一般
		猴儿屯混搭式边墙二段	凤凰县箪子坪镇新民村五组	N：28°10′49.66″ E：109°39′7.71″	279	自然+人工垒砌	13	较差
		箪子坪土石混合边墙	凤凰县箪子坪镇箪子坪社区四组	N：28°11′37.12″ E：109°39′21.53″	228	土石混合		已毁

类型	名称	地点	经纬度	海拔（m）	形制	面积（m²）	现状
营盘	茶田汛	凤凰县茶田镇茶田村 5 组	N：27°48′35.7″ E：109°21′11.6″	527			已毁
	营盘上营盘	凤凰县阿拉营镇化眉村 2 组	N：27°50′06″ E：109°20′44.1″	596	圆形	2826	一般
	化眉垄营盘	凤凰县阿拉营镇化眉村 1、2 组	N：27°50′0.6″ E：109°20′41.19″	576	长方形	1400	较差
	屯董上营盘	凤凰县阿拉营镇黄合社区 11 组	N：27°51′3.14″ E：109°20′26.37″	597.5			已毁
	王会营	凤凰县阿拉营镇黄合社区 3 组	N：27°51′59.33″ E：109°20′11.4″	641	近圆形	10000	较差
	明仙坡营盘	凤凰县阿拉营镇天星村 5 组	N：27°52′21.71″ E：109°20′44.43″	616			已毁
	合哨营营盘	凤凰县落潮井镇大田垄村 4 组	N：27°55′48.31″ E：109°18′43.39″	680	近圆形	2256.36	较差
	老鼠垄营盘	凤凰县落潮井镇大田垄村 3 组	N：27°55′35.3″ E：109°19′33.6″	656			已毁
	伢仔营盘	凤凰县落潮井镇大田垄村 4 组	N：27°55′42.9″ E：109°19′50.2″	628			已毁
	凤凰营	凤凰县落潮井镇落潮井村 4 组	N：27°55′52.7″ E：109°20′27.3″	634			已毁
	比格透项小营盘	凤凰县落潮井镇勾良村 5 组	N：27°55′47.21″ E：109°21′23.01″	610			已毁
	大营盘	凤凰县落潮井镇落潮井村 6 组	N：27°55′10.69″ E：109°21′25.53″	630			已毁
	老场上营盘	凤凰县落潮井镇落潮井村 6 组	N：27°55′8.9″ E：109°21′27.3″	596			已毁
	岩板堰营盘	凤凰县落潮井镇落潮井村 6 组	N：27°54′56.41″ E：109°21′28.90″	621			已毁

类型	名称	地点	经纬度	海拔（m）	形制	面积（m²）	现状
营盘	大岔营盘	凤凰县新场镇大岔村1、2、3组	N：27°52′15.3″ E：109°23′52.4″	435			已毁
	都库营盘	凤凰县新场镇大岔村5组	N：27°51′48.9″ E：109°24′25.7″	443			已毁
	竹木坪营盘	凤凰县新场镇长田村1组	N：27°51′45.7″ E：109°24′41.2″	449			已毁
	茨岩营盘	凤凰县新场镇茨岩社区1组	N：27°50′58.1″ E：109°25′1.3″	455			已毁
	岩寨营盘	凤凰县新场镇茨岩社区5组	N：27°51′10.72″ E：109°25′20.0″	440			已毁
	新场营盘	凤凰县新场镇新场村4组	N：27°52′33.5″ E：109°26′43.1″	438			已毁
	古冲营盘	凤凰县新场镇古林村4组	N：27°52′57.7″ E：109°28′44.5″	416			已毁
	岩上喇营盘	凤凰县新场镇合水村达木坪组	N：27°52′56.9″ E：109°27′11.7″	430	不规则	406	较好
	高碑营盘	凤凰县新场镇新场村4组	N：27°52′39.5″ E：109°26′29.1″	422			已毁
	高枧营盘	凤凰县新场镇先锋村1组	N：27°52′40.2″ E：109°26′3.0″	432			已毁
	王粟村营盘	凤凰县新场镇先锋村2组	N：27°52′39.3″ E：109°25′57.6″	416			已毁
	翁耒营盘	凤凰县新场镇先锋村翁耒寨组	N：27°52′34.9″ E：109°25′36.0″	481			已毁
	枫木林营盘	凤凰县新场镇枫木林村3组	N：27°53′35.7″ E：109°25′0.0″	433			已毁
	屯上营盘	凤凰县阿拉营镇黄丝桥社区5、6组	N：27°54′5.6″ E：109°23′2.5″	596			已毁
	和尚坡营盘	凤凰县阿拉营镇黄丝桥社区3组	N：27°54′50″ E：109°22′21″	630	不规则	362	较差

续表

类型	名称	地点	经纬度	海拔（m）	形制	面积（m²）	现状
营盘	老营盘	凤凰县阿拉营镇黄丝桥社区6组	N：27°54′32.2″ E：109°22′59.6″	581			已毁
	阿拉营盘	凤凰县阿拉营镇黄丝桥社区中心完小	N：27°54′25.2″ E：109°23′8.8″	592			已毁
	真营盘	凤凰县阿拉营镇天龙峡村5组	N：27°55′32.66″ E：109°23′32.57″	562			已毁
	走步云大营盘	凤凰县阿拉营镇和平社区24组	N：27°54′56.03″ E：109°23′45.47″	600			已毁
	走步云营盘	凤凰县阿拉营镇和平社区24组	N：27°54′57.2″ E：109°23′49.3″	627			已毁
	宜都营	凤凰县阿拉营镇和平社区24组	N：27°54′45.89″ E：109°24′16.95″	580	方形	2520	较差
	屯上营盘（团结）	凤凰县阿拉营镇团结村2组	N：27°55′11.0″ E：109°25′9.7″	564	圆形	1332	较差
	古桑营盘	凤凰县廖家桥镇古双村1组	N：27°56′34.27″ E：109°26′33.69″	515.5	圆形	27745	较差
	拉毫营盘	凤凰县廖家桥镇拉毫村9组	N：27°55′51.4″ E：109°26′53.1″	508	圆形	5000	较好
	乌云脑营盘	凤凰县廖家桥镇永兴坪村2组	N：27°56′3.85″ E：109°27′47.4″	542	椭圆	400	修复
	营盘	凤凰县廖家桥镇八斗丘5组	N：27°55′59.2″ E：109°29′9.0″	456			已毁
	碉坡脑营盘	凤凰县廖家桥镇瓦场镇5组	N：27°55′59.5″ E：109°29′54.0″	422			已毁
	栗林（下寨）营盘	凤凰县廖家桥镇瓦场村4组	N：27°56′1.0″ E：109°30′4.0″	437			已毁
	阿撒脑营盘	凤凰县廖家桥镇廖家桥社区6、7组	N：27°56′16.753″ E：109°30′19.454″	435			已毁

类型	名称	地点	经纬度	海拔（m）	形制	面积（m²）	现状
营盘	大坪营盘	凤凰县廖家桥镇大坪村2、3组	N：27°57′11.9″ E：109°30′46.5″	438			已毁
	旧岩坎营	凤凰县廖家桥镇大坪村6组	N：27°58′22.8″ E：109°30′39.6″	453			已毁
	万里城营盘	凤凰县廖家桥镇岩坎云村1组	N：27°58′13.18″ E：109°30′29.34″	420			已毁
	岩板井营盘	凤凰县廖家桥镇大坪村4组	N：27°58′22.800″ E：109°30′39.600″	433			已毁
	老屋场营盘	凤凰县廖家桥镇鸭堡洞村1组	N：27°58′53.7″ E：109°30′38.9″	413.9			已毁
	鸭宝洞城堡	凤凰县廖家桥镇鸭堡洞村2、3组	N：27°59′14″ E：109°30′31″	390	正方形	4000	较好
	罗田寨营盘	凤凰县廖家桥镇鸭堡洞村5组	N：27°59′22.3″ E：109°31′5.9″	408			已毁
	良子营盘	凤凰县沱江镇长坪村1组	N：27°59′30.199″ E：109°33′11.498″	395.84			已毁
	高良子营盘	凤凰县沱江镇长坪村1组	N：27°59′31.898″ E：109°33′11.599″	378.2			已毁
	矮良子营盘	凤凰县沱江镇长坪村1组	N：27°59′41.4″ E：109°33′17.8″	351			已毁
	大格脑坡营盘	凤凰县沱江镇长坪村2组	N：27°59′21.8″ E：109°34′15.9″	447			已毁
	长宜哨营盘	凤凰县沱江镇长坪村1、2组	N：27°59′11.2″ E：109°34′23.7″	357			已毁
	良子上营盘	凤凰县沱江镇土桥社区3组	N：27°55′53.9″ E：109°34′22.4″	374			已毁
	营盘	凤凰县沱江镇齐良村3组	N：27°59′28.0″ E：109°35′29.0″	380			已毁
	小黄土营盘	凤凰县沱江镇小黄土村1组	N：28°02′10.2″ E：109°35′36.2″	426			已毁

续表

类型	名称	地点	经纬度	海拔（m）	形制	面积（m²）	现状
营盘	铜钱坡营盘	凤凰县沱江镇三里湾1组	N：28°01′59.6″ E：109°35′03.1″	469	圆形	2715	较好
	高良子营盘	凤凰县吉信镇黄泥岗村2组	N：28°03′10.9″ E：109°35′41.6″	488	圆形	3846	较差
	黄泥岗营盘	凤凰县吉信镇黄泥岗村2组	N：28°03′00.2″ E：109°35′46.9″	392			已毁
	高坡云营盘	凤凰县吉信镇油菜村3组	N：28°03′27.3″ E：109°35′39.7″	460	圆形	3500	一般
	上马岩营盘	凤凰县吉信镇油菜村3组	N：28°03′33.8″ E：109°35′46.4″	380			已毁
	油菜塘营盘	凤凰县吉信镇油菜村1组	N：28°03′42.2″ E：109°35′42.5″	367			已毁
	营盘脑营盘	凤凰县吉信镇油菜村1组	N：28°03′49.7″ E：109°35′52.6″	384			已毁
	大布卡营盘	凤凰县吉信镇油菜村1组	N：28°03′59.36″ E：109°35′49.62″	410	圆形	4000	一般
	靖疆营小营盘	凤凰县吉信镇大桥村7、8村	N：28°04′21.7″ E：109°35′55.7″	372	圆形	不详	一般
	靖疆营	凤凰县吉信镇大桥村7组	N：28°04′16.85″ E：109°36′16.49″	230	椭圆	324	较差
	高楼哨营盘1	凤凰县吉信镇吉信村8组	N：28°05′22.999″ E：109°36′5.000″	410	近方形	1269	一般
	高楼哨营盘2	凤凰县吉信镇吉信村8组	N：28°05′24.0″ E：109°36′13.3″	416			已毁
	火烧坡营盘	凤凰县吉信镇吉信村8组	N：28°05′39.4″ E：109°36′13.8″	484	近方形	12540	较好
	澎水井营盘	凤凰县吉信镇吉信村7组	N：28°05′48″ E：109°36′7″	350	椭圆	1589	较好
	后头坡营盘	凤凰县吉信镇联欢村1组	N：28°06′18.3″ E：109°36′25.1″	376	近圆形	4890	较差

续表

类型	名称	地点	经纬度	海拔（m）	形制	面积（m²）	现状
营盘	得胜营营盘	凤凰县吉信镇吉信村2组	N：28°06′26.2″ E：109°36′18.6″	335			已毁
	新良子营盘	凤凰县吉信镇联欢村4组	N：28°06′38.6″ E：109°36′33.1″	339			已毁
	洞口哨营盘	凤凰县吉信镇联欢村4组	N：28°6′44.70″ E：109°36′46.80″	353.86	梯形	960	一般
	大营盘	凤凰县吉信镇锡木村1组	N：28°07′04.6″ E：109°36′59.7″	330			已毁
	高良子营盘	凤凰县吉信镇锡木村1组	N：28°07′03.9″ E：109°37′07.1″	382			已毁
	锡腊树营盘	凤凰县吉信镇锡木村2组	N：28°07′20.7″ E：109°37′16.0″	375			已毁
	尾炮台营盘	凤凰县吉信镇锡木村3组	N：28°07′34.0″ E：109°37′19.6″	376			已毁
	狗田营盘	凤凰县吉信镇龙滚村1组	N：28°08′2.602″ E：109°37′17.9″	310			已毁
	大布（坡）卡营盘	凤凰县吉信镇龙滚村2组	N：28°08′09.0″ E：109°37′30.9″	323			已毁
	龙滚营盘	凤凰县吉信镇龙滚村4组	N：28°08′32.1″ E：109°37′49.9″	327			已毁
	长不卡营盘	凤凰县吉信镇龙滚村5组	N：28°08′51.8″ E：109°38′03.1″	372			一般
	炮台坡营盘	凤凰县吉信镇龙滚村6组	N：28°09′09.6″ E：109°38′14.5″	383	圆形	350	已毁
	矮良子营盘	凤凰县箬子坪镇鱼洞村1、2组	N：28°09′25.9″ E：109°38′25.1″	358			已毁
	晒金塘营盘	凤凰县箬子坪镇鱼洞村2组	N：28°09′23.33″ E：109°38′49.27″	318.1			较差
	狮子坡营盘	凤凰县箬子坪镇红狮村3组	N：28°09′40.89″ E：109°39′2.50″	362	长方形	2035	一般

续表

类型	名称	地点	经纬度	海拔（m）	形制	面积（m²）	现状
营盘	香板营盘	凤凰县篁子坪镇红狮村1组	N：28°10′06.7″ E：109°38′50.3″	385			已毁
	红狮营盘	凤凰县篁子坪镇红狮村1组	N：28°10′10.9″ E：109°38′52.0″	387			已毁
	矮梁子营盘	凤凰县篁子坪镇民主村3组	N：28°10′59.5″ E：109°39′13.9″	358			已毁
	营兵良子营盘	凤凰县篁子坪镇民主村1、2组	N：28°11′11.8″ E：109°39′12.0″	279			已毁
	独桥坳营盘	凤凰县篁子坪镇新民村1组	N：28°11′26.8″ E：109°39′23.0″	234			已毁
	篁子营营盘	凤凰县篁子坪镇篁子坪村2组	N：28°11′49.6″ E：109°39′13.4″	290	不详	20000	较差
	篁子坪老营盘	凤凰县篁子坪镇篁子坪村4组	N：28°12′07.6″ E：109°39′07.5″	318	不规则	5000	一般
	老营盘	凤凰县篁子坪镇木林坪2组	N：28°13′03.8″ E：109°39′19.9″	224			已毁
	湾溪营盘	凤凰县篁子坪镇湾溪村1组	N：28°13′13.8″ E：109°39′27.3″	224			已毁
	龙头营盘（三炮台）	凤凰县篁子坪镇湾溪村5组	N：28°13′46.5″ E：109°39′57.6″	256			较差
	欧阳寨	凤凰县篁子坪镇欧阳寨	N：28°10′15.632″ E：109°35′33.33″	614	长方形	200	较好
	城上营盘	吉首马颈坳镇阳田村城上组	N：28°23′29.9″ E：109°47′14.7″	259	椭圆形	10100	较差
	河溪营	吉首市河溪社区1、2组	N：28°13′24.4″ E：109°48′43.5″	160	近圆形	不详	较差
	喜鹊营	吉首市马颈坳镇团结村东门口组	N：28°23′28.6″ E：109°49′37.5″	416	圆形	52000	较好
	丑沱汛	吉首市河溪社区上组	N：28°13′21.8″ E：109°49′54.3″	170	近圆形	不详	较差

类型	名称	地点	经纬度	海拔（m）	形制	面积（m²）	现状
营盘	榔木坪营	吉首市马颈坳镇榔木坪村1组	N：28°25′45.4″ E：109°49′22.6″	321	圆形	6000	较差
	良章营	吉首市马颈坳镇康营村良章营组	N：28°24′48.7″ E：109°47′20.5″	462	圆形	1400	较差
	几比营盘	吉首市马颈坳镇几比村1组	N：28°26′47″ E：109°48′35.4″	455	不规则	2000	较差
	溪马营盘	吉首市马颈坳镇溪马社区5组	N：28°24′22.6″ E：109°48′04.6″	238			已毁
	营盘坡营	吉首市乾州街道狮子社区2组	N：28°14′53.9″ E：109°41′20.0″	191	正方形	2000	较差
	振武营	吉首市马颈坳镇武营村3组	N：28°21′57.6″ E：109°46′05.5″	227	椭圆	1200	较差
	林木山营盘	吉首市乾州街道狮子社区5组	N：28°14′36.0″ E：109°40′41.0″	203			已毁
	老屋场营盘	吉首市吉凤街道龙凤社区1组	N：28°14′12.9″ E：109°40′27.0″	227			已毁
	松柏潭营盘	泸溪县潭溪镇松柏潭村二组	N：28°13′29.8″ E：109°51′39.0″	166			已毁
	大陂流营盘	泸溪县潭溪镇大坡流村二组	N：28°14′31.4″ E：109°55′06.0″	171			已毁
	潭溪营盘	泸溪县潭溪镇潭溪新区社区二组	N：28°15′42.5″ E：109°56′58.4″	145			已毁
	鱼梁坳营盘	泸溪县潭溪镇下都村	N：28°14′33.0″ E：109°58′08.9″	134			已毁
	鱼坳塘	泸溪县洗溪镇能滩村二组	N：28°14′11.8″ E：109°58′07.2″	126			已毁
	能滩汛	泸溪县洗溪镇能滩村一组	N：28°14′04.48″ E：109°59′08.1″	150			已毁
	干溪塘	泸溪县洗溪镇干溪村	N：28°14′25.4″ E：109°00′59.1″	129			已毁

类型	名称	地点	经纬度	海拔（m）	形制	面积（m²）	现状
营盘	洗溪汛	泸溪县洗溪镇洗溪社区一组	N：28°14′24.5″ E：110°03′00.7″	126			已毁
	峒底塘	泸溪县洗溪镇洞低村一组	N：28°14′06.2″ E：110°05′06.0″	138			已毁
	狗腊岩汛	泸溪县解放岩乡场上	N：28°07′45.7″ E：109°44′19.6″	209			已毁
	瓦曹营盘	泸溪县小章乡瓦曹村一组	N：28°08′15.8″ E：109°53′32.6″	398			已毁
	合水营盘	泸溪县合水镇合水社区二组	N：27°59′01.8″ E：109°55′03.4″	194			已毁
	龙鼻嘴营盘	古丈县默戎镇龙鼻嘴村岩仁界山	N：28°18′18.7″ E：109°50′22.4″	496	不规则	不详	较差
	旦武营	古丈县坪坝镇旦武营社区2组	N：28°30′22.6″ E：109°58′29.1″	594	不详	不详	较差
	三岔河汛堡	古丈县默戎镇万岩村9组	N：28°31′46.9″ E：109°50′25.7″	425	长方形	2199	一般
	万岩溪汛	古丈县默戎镇万岩村3组	N：28°30′43.3″ E：109°50′04.8″	337			已毁
	新窝汛堡	古丈县默戎镇新窝村2组	N：28°32′29.2″ E：109°48′39.2″	518	不规则圆形	1476	一般
	盘石营	松桃县盘石镇盘石村	N：28°11′31.33″ E：109°48′39.2″	797	近似圆形	45000	一般
	正大营	松桃县正大镇	N：27°57′56.06″ E：109°17′23.28″	640	圆形		已毁
	滑石营	碧江区滑石乡滑石村	N：27°48′44.96″ E：109°19′2.81″	535	圆形	不详	一般
	葫芦寨汛	保靖县葫芦镇葫芦村葫芦组	N：28°32′25.5″ E：109°45′46.6″	365			已毁
	印山汛堡	保靖县葫芦镇新印村1组	N：28°33′45.1″ E：109°46′10.0″	743	正方形	5000	较差

类型	名称	地点	经纬度	海拔（m）	形制	面积（m²）	现状
营盘	浪蒿营盘	保靖县长潭河乡鱼塘村3组	N：28°33′43.9″ E：109°43′32.8″	707	椭圆	1543	较好
	鱼塘汛堡	保靖县长潭河乡鱼塘村3组	N：28°34′03.1″ E：109°43′33.3″	711			已毁
	涂乍汛	保靖县长潭河乡涂乍汛3组	N：28°35′22.1″ E：109°41′16.8″	476	圆形	7000	较好
	柏子木营	保靖县长潭河乡官庄村6组	N：28°34′45.408″ E：109°39′35.330″	443			已毁
	踏步营盘	保靖县长潭河乡水银村踏步组	N：28°34′51.5″ E：109°38′36.1″	526			已毁
	水荫场汛	保靖县长潭河乡水银村4组	N：28°34′26.130″ E：109°38′5.356″	508	长方形	10000	较差
	大营盘	保靖县长潭河乡水银村5组	N：28°34′22.858″ E：109°38′2.897″	522			已毁
	小营盘	保靖县长潭河乡水银村5组	N：28°34′21″ E：109°38′11.2″	558	近圆形	2205	较好
	五里坡汛	保靖县长潭河乡河马福村五里坡组	N：28°35′19.9″ E：109°38′6.7″	651	椭圆	2000	较差
	斑鸠井汛	保靖县长潭河乡马福村斑鸠组	N：28°35′43.278″ E：109°37′41.232″	555	圆形	1962	较差
	梁子上汛	保靖县迁陵镇扁朝村大寨组	N：28°38′23.591″ E：109°37′21.806″	427	近圆形	3117	较差
	跃马古汛堡	花垣县长乐乡跃马卡村7组	N：28°36′15″ E：109°34′00.1″	676	圆形	31200	较好
	老寨上营盘	花垣县长乐乡跃马卡村泽落坪组	N：28°36′32.512″ E：109°34′43.925″	645			已毁
	凉水井营盘	花垣县长乐乡跃马卡村泽落坪组	N：28°36′28.771″ E：109°35′18.495″	695			已毁
	卑禾坡汛	花垣县长乐乡跃马卡村卑禾组	N：28°36′20.9″ E：109°35′40.5″	775	近圆形	3000	一般

类型	名称	地点	经纬度	海拔（m）	形制	面积（m²）	现状
营盘	车落坪汛	花垣县长乐乡跃马卡村泽落坪组	N：28°36′17.899″ E：109°35′37.500″	745			已毁
	狮子桥汛 1	花垣县花垣镇狮子桥村 5 组	N：28°37′16.6″ E：109°32′47.1″	268	圆形	10301	较差
	狮子桥汛 2	花垣县花垣镇狮子桥村 3、4、5 组	N：28°37′21.331″ E：109°32′33.364″	259	椭圆形	不详	较差
	川心城营盘	花垣县花垣镇狮子桥 1 组	N：28°36′53.107″ E：109°31′50.736″	230	圆形	9847	较差
	下腊尔铺营盘	花垣县花垣镇望城村 6、7 组	N：28°36′19.617″ E：109°30′55.930″	273	圆形	21371	较差
	望城坡营盘	花垣县花垣镇望城村 3 组	N：28°36′3.6″ E：109°30′28.5″	285	椭圆形	10000	较差
	浮桥堡	花垣县花垣镇浮桥社区 3 组	N：28°35′47.000″ E：109°29′28.226″	257			已毁
	大营盘	花垣县花垣镇凉水井社区 3 组	N：28°34′07.3″ E：109°26′30.5″	359			已毁
	老鸭塘营	花垣县花垣镇老鸭塘村 3、4 组	N：28°33′47.1″ E：109°24′52.4″	371			已毁
	漾水营盘	花垣县花垣镇吉峒坪社区 5 组	N：28°33′03.6″ E：109°24′00.1″	385			已毁
	云盘	花垣县花垣镇营盘村 1、2 组	N：28°32′51.1″ E：109°22′19.2″	406			已毁
	踏沙汛	花垣县花垣镇踏沙村 1 组	N：28°32′17″ E：109°20′08.8″	418	近圆形	5817	较差
	石牛溪汛	花垣县边城镇石牛溪村 4 组	N：28°31′51.2″ E：109°19′06.2″	354	圆形	1250	较差
	小寨汛	花垣县边城镇大寨村 7 组	N：28°31′22.4″ E：109°18′10.1″	357			已毁
	板栗树营盘	花垣县边城镇板栗村 6 组	N：28°30′59.2″ E：109°17′38.3″	297			已毁

类型	名称	地点	经纬度	海拔（m）	形制	面积（m²）	现状
营盘	下八排汛	花垣县边城镇八排水村4、8组	N：28°29′38.375″ E：109°16′23.171″	340	不规则	930	较差
	营盘	花垣县猫儿乡排腊村1、2、9、10组	N：28°25′22.2″ E：109°22′12.60″	533			已毁
	寨堡	花垣县花垣镇道二村寨堡村	N：28°30′47.031″ E：109°26′6.767″	510	圆形	2000	较差
	鸭堡汛	花垣县石栏镇雅桥村3组	N：28°25′14.628″ E：109°25′14.455″	517	不规则	1500	较差
	老营盘	花垣县民乐镇田家社区	N：28°23′10.33″ E：109°18′1.67″	548			已毁
	德高老营盘	花垣县雅酉镇高达社区5、6组	N：28°12′29.6″ E：109°22′31.2″	807			已毁
	桃谷坪营盘	松桃县盘石镇桃谷坪村桃谷坪组	N：28°14′7.33″ E：109°19′17.75″	893			已毁
	臭脑营盘	松桃县盘石镇臭脑村5、6、7、8、9组	N：28°13′14.82″ E109°17′51.58″	823	圆形	262	较差
	碉边营盘	松桃县盘石镇盘石村碉边组	N：28°9′27.46″ E109°17′38.13″	851			已毁
	后坡营盘	松桃县长坪乡黎明村8、9组	N：28°06′19.411″ E：109°16′40.85″	779	圆形	不详	较差
屯堡	屯喇上屯堡	凤凰县阿拉镇舒家塘村一组	N：27°51′14.5″ E：109°22′8.9″	637	长方形	3000	一般
	井水岩屯	凤凰县阿拉营镇白果村一组	E：109°21′52.5″ N：27°52′4.4″	629	圆形	不详	较差
	高屯上	凤凰县阿拉营镇化眉村	E：109°22′14.5″ N：27°51′14.5″	不详			已毁
	白果屯屯堡	凤凰县阿拉营镇白果村	E：109°22′0.5″ N：27°51′14.2″	637			已毁

续表

类型	名称	地点	经纬度	海拔（m）	形制	面积（m²）	现状
屯堡	化眉屯	凤凰县阿拉营镇化眉村五、六组	E：109°20′42.1″ N：27°50′32.67″	613	圆形	1360	较好
	烂化眉屯	凤凰县阿拉营镇化眉村	E：109°20′47.5″ N：27°50′13.4″	610	椭圆形	800	较差
	晏田屯	凤凰县阿拉营镇黄合社区	E：109°20′28.4″ N：27°51′28.4″	609	近方形	1000	较好
	牛堰屯	凤凰县阿拉营镇牛堰村一组	E：109°19′22.8″ N：27°54′5.9″	662			已毁
	安井关南屯	凤凰县阿拉营镇安井村一组	E：109°19′39.9″ N：27°53′13″	678			已毁
	天星古屯堡	凤凰县阿拉营镇天星村二组	E：109°20′38.8″ N：27°53′3.44″	630.8	长方形	630.8	较好
	安井屯	凤凰县阿拉营镇安井村一、三组	E：109°19′49.7″ N：27°53′6.8″	690	椭圆形	2400	较差
	白鼓屯	凤凰县阿拉营镇安井村一、三组	N：27°55′34.66″ E：109°23′40.36″	556			
	拉毫营屯	凤凰县阿拉营镇拉毫村九组	E：109°26′40.23″ N：27°55′36.27″	623	近圆形	1700	较好
	王坡屯	凤凰县阿拉营镇舒家塘村一组	N：27°51′25.1″ E：109°22′54.6″	683	鞋底形	6390	较好
	犀牛屯	凤凰县阿拉营镇犀牛村	E：109°36′1.0″ N：27°89′59.0″	625	近方形	900	较差
	凤屯	凤凰县阿拉营镇川岩村舒家塘组	N：27°51′15.769″ E：109°22′10.063″	612	不详	2000	较差
	屯喇上屯堡	凤凰县阿拉营镇川岩村木林塘组	N：27°52′4.4″ E：109°21′52.5″	617	近椭圆	14560	较好
	新屯	凤凰县茶田镇砂罗村六组	E：109°21′37.1″ N：27°48′58.1″	582	近圆形	3172	较差
	狮子坡屯堡	凤凰县茶田镇半会村麻子坳组	E：109°21′59.8″ N：27°45′5″	641	圆形	不详	较差

类型	名称	地点	经纬度	海拔（m）	形制	面积（m²）	现状
屯堡	四岩屯屯堡	凤凰县茶田镇半会村五组	E：109°23′14.8″ N：27°45′57.5″	662	长方形	不详	一般
	营盘屯	凤凰县茶田镇半会村四组	E：109°21′42.7″ N：27°46′2.5″	628			已毁
	新茶田屯	凤凰县茶田镇茶田村五、六组	E：109°21′52.8″ N：27°48′18.2″	641			已毁
	反屯	凤凰县茶田镇茶田村五、六组	N：27°47′43.6″ E：109°20′18.6″	561	不规则	不详	一般
	麒麟屯	凤凰县茶田镇芭蕉村三组	N：27°49′30.5″ E：109°22′31.8″	575	葫芦状	15000	较好
	绊死马屯堡	凤凰县箄子坪镇鱼洞村一组	N：28°9′14″ E：109°38′22″	310			已毁
	峨眉山屯	凤凰县廖家桥镇申坨村一组	E：109°30′30.2″ N：27°54′9.6″	463	椭圆形	12030	一般
	炮楼坡屯	凤凰县廖家桥镇荫上村四组	N：27°55′36.4″ E：109°25′35.8″	606			已毁
	围尖坡屯	凤凰县廖家桥镇廖家桥村六、七组	N：27°56′11.919″ E：109°30′15.887″	430			已毁
	城门坳屯	凤凰县落潮井镇唐桥村七组	N：27°54′6.6″ E：109°19′38.2″	666			已毁
	比格透顶屯堡	凤凰县落潮井镇勾良村五组	E：109°21′21.93″ N：27°55′47.88″	613			已毁
	比格炮楼屯堡	凤凰县落潮井镇落潮井村六组	N：27°55′11.59″ E：109°21′29.53″	620			已毁
	靖疆营屯堡	凤凰县吉信镇大桥村七、八组	N：28°4′26.75″ E：109°35′57.11″	358			已毁
	腿儿坡屯	凤凰县箄子坪镇高寨村一组	N：28°08′19.28″ E：109°34′52.39″	545	圆形	2000	较好
	五里牌屯	吉首市峒河街道镇五里牌村桐木檀组	N：28°20′37″ E：109°45′15″	270	椭圆形	4020	较好

续表

类型	名称	地点	经纬度	海拔（m）	形制	面积（m²）	现状
屯堡	青龙铺屯	花垣县吉卫镇螺丝董村	N：28°16′1.9″ E：109°20′30.5″	932	圆形	4000	一般
	新胜屯	花垣县花垣镇新胜屯村四组	N：28°34′31.00″ E：109°26′19.90″	350			已毁
	老鸭塘屯	花垣县花垣镇老鸭塘村1、2组	N：28°33′52.30″ E：109°24′59.50″	370			已毁
	清平屯	花垣县花垣镇老鸭塘村七、八组	N：28°33′37.40″ E：109°24′20.30″	369			已毁
	永丰屯	花垣县花垣镇半坡村九组	N：28°32′40.60″ E：109°22′16.60″	389			已毁
	太平屯	花垣县花垣镇吉洞坪社区三组	N：28°33′10.00″ E：109°22′51.10″	387			已毁
	三溪口屯堡	花垣县花垣镇狮子桥村	N：28°36′55.80″ E：109°33′7.70″	352	圆形	1283	较好
	长兴屯	花垣县边城镇大寨村十一组	N：28°31′32.34″ E：109°18′12.55″	372			已毁
	玉落屯	花垣县花垣镇贵碳村七组	N：28°30′32.20″ E：109°16′50.20″	385	圆形	不详	较差
	木山屯	花垣县边城镇板栗村四组	N：28°31′3.46″ E：109°17′42.43″	333			已毁
	跃马屯堡	花垣县长乐镇跃马卡村七组	N：28°36′18.20″ E：109°33′41.90″	594	椭圆	70650	较好
	梭西洞屯	保靖县长潭河乡马福村上寨组	N：28°35′54.6″ E：109°36′41.6″	581	圆形	1500	较差
	五里坡屯	保靖县长潭河乡庄官村三组	N：28°35′15.7″ E：109°38′04.0″	633	圆形	2200	一般
	大路坡屯	保靖县迁陵镇扁朝村三组	N：28°38′01.2″ E：109°36′42.9″	768			已毁
	马路屯	保靖县长潭河乡马路村十组	N：28°33′53.1″ E：109°42′125.4″	682	椭圆形	不详	一般

类型	名称	地点	经纬度	海拔（m）	形制	面积（m²）	现状
屯堡	后衙门屯	保靖县长潭河乡官庄村3组	N：28°35′29.40″ E：109°40′30.10″	415			已毁
	官庄屯	保靖县长潭河乡官庄村六、七组	N：28°34′40.20″ E：109°39′12.40″	440	方形	345	差
	龙洞屯	保靖县葫芦镇印山村龙洞组	N：28°33′31.2″ E：109°44′38.3″	763	长方形	420	较差
	高丢哈屯堡	松桃县长坪镇黎明村盘大斗组	N：28°7′14.64″ E：109°17′0.42″	859	椭圆	1819	较好
碉楼	路边碉	凤凰县阿拉营镇化眉村	N：27°49′32.6″ E：109°20′24.7″	420			已毁
	碉岩上碉楼	凤凰县阿拉营镇化眉村五组	N：27°49′33.8″ E：109°20′32.8″	556	长方形	30	较差
	碉上碉楼	凤凰县阿拉营镇化眉村二组	N：27°49′43.4″ E：109°20′40.9″	585	长方形	20	较差
	大坡脑碉楼	凤凰县阿拉营镇化眉村三、四组	N：27°50′14.8″ E：109°20′39.9″	605	圆形	20	较差
	碉边董上碉卡	凤凰县阿拉营镇黄合社区十三组	N：27°50′55.4″ E：109°20′49.9″	600	正方形	9	一般
	烂碉（新场）	凤凰县阿拉营镇新场村三组	N：27°51′29.2″ E：109°20′9.8″	602	圆形	20	较差
	仙碉碉卡	凤凰县阿拉营镇黄合社区二组	N：27°51′39.8″ E：109°20′40.1″	601	长方形	26.8	一般
	马鞍山碉	凤凰县阿拉营镇黄合社区三组	N：27°51′39.7″ E：109°20′10.5″	613	正方形	20	较差
	岩角坪碉	凤凰县阿拉营镇黄合社区四组	N：27°51′44.79″ E：109°20′33.1″	607	正方形	9	较差
	岩码碉	凤凰县阿拉营镇黄合社区三组	N：27°51′55.1″ E：109°20′22.18″	613			已毁
	大碉	凤凰县阿拉营镇黄合社区二组	N：27°52′7.4″ E：109°20′15.2″	634.1	长方形	16.9	一般

续表

类型	名称	地点	经纬度	海拔（m）	形制	面积（m²）	现状
碉楼	五桶庙碉	凤凰县阿拉营镇黄合社区三组	N：27°52′8.8″ E：109°20′14.8″	632.7			已毁
	烂碉（黄合）	凤凰县阿拉营镇黄合社区村一组	N：27°52′18.38 E：109°20′18.28″	643	正方形	16	较差
	教场碉	凤凰县阿拉营镇黄合社区一组	N：27°52′18.20″ E：109°20′2.60″	632	长方形	20	较差
	明仙坡碉 2	凤凰县阿拉营镇黄合社区天星村五组	N：27°52′19.87″ E：109°20′46.8″	624	正方形	16	较差
	明仙坡碉 1	凤凰县阿拉营镇黄合社区天星村五组	N：27°52′21.9″ E：109°20′48″	620	正方形	16	较差
	炮垄碉	凤凰县阿拉营镇天星村五组	N：27°52′25.9″ E：109°20′26.8″	607	圆 形	20	较差
	高步碉	凤凰县阿拉营镇天星村三组	N：27°52′40.1″ E：109°20′29.9″	650	正方形	25	较差
	塘土坳碉	凤凰县阿拉营镇天星村二组	N：27°52′44.86″ E：109°20′28.33″	645	长方形	20	较差
	帽子坡碉 2	凤凰县阿拉营镇龙井村八九组	N：27°52′51″ E：109°20′3″	690	正方形	16	较差
	帽子坡碉 1	凤凰县阿拉营镇龙井村八、九组	N：27°52′59″ E：109°19′55″	640	正方形	25	一般
	安井碉	凤凰县阿拉营镇黄合社区三组	N：27°53′5″ E：109°19′50″	690	正方形	16	较差
	罗家湾碉	凤凰县阿拉营镇安井村水湾组	N：27°53′31.1″ E：109°19′17.5″	671	圆 形	20	较差
	炮楼坡碉	凤凰县阿拉营镇牛堰村后洞四组	N：27°54′17.01″ E：109°19′27.18″	700	正方形	16	较差
	老炮台碉	凤凰县阿拉营镇牛堰村后洞四组	N：27°54′18.50″ E：109°19′34.93″	664	正方形	20	较差

类型	名称	地点	经纬度	海拔（m）	形制	面积（m²）	现状
碉楼	明桑（碉）	凤凰县阿拉营镇后洞村二、三组	N：27°54′32.17″ E：109°19′24.07″	660	正方形	20	较差
	比格半碉	凤凰县落潮井镇大田垄村一、二组	N：27°55′17.61″ E：109°19′3.12″	654	正方形	21.6	较差
	邦高丢碉	凤凰县落潮井镇大田垄村三组	N：27°55′32.78″ E：109°19′17.41″				已毁
	沙坎碉	凤凰县落潮井镇大田垄村三组	N：27°55′34.7″ E：109°19′15.48″				已毁
	小河坎碉4	凤凰县落潮井镇大田垄村四组	N：27°55′40.9″ E：109°18′53.1″	648			已毁
	南门碉	凤凰县落潮井镇大田垄村四组	N：27°55′44.6″ E：109°18′46.46″	640			已毁
	北门碉	凤凰县落潮井镇大田垄村四组	N：27°55′52.64″ E：109°18′46.6″	660			已毁
	对门碉	凤凰县落潮井镇大田垄村四组	N：27°55′44.72″ E：109°18′53.01″				已毁
	坳田碉	凤凰县落潮井镇大田垄村四组	N：27°55′42.4″ E：109°18′58.2″	637	圆形	20	较差
	小河坎碉2	凤凰县落潮井镇大田垄村四组	N：27°55′42.5″ E：109°19′0.0″	625			已毁
	小河坎碉1	凤凰县落潮井镇大田垄村四组	N：27°55′40.1″ E：109°19′3.4″	628			已毁
	邦都秀碉	凤凰县落潮井镇大田垄村四组	N：27°55′40.7″ E：109°19′5.2″	620	圆形	20	较差
	碾子坡碉	凤凰县落潮井镇大田垄村四组	N：27°55′41.1″ E：109°19′7.5″	626			已毁
	三拱桥碉	凤凰县落潮井镇大田垄村四组	N：27°55′41.1″ E：109°19′9.15″	626			已毁
	伤水井碉	凤凰县落潮井镇大田垄村三组	N：27°55′40.9″ E：109°19′17.7″	624			已毁

类型	名称	地点	经纬度	海拔（m）	形制	面积（m²）	现状
碉楼	鸡公碉	凤凰县落潮井镇落潮井村三组	N：27°55′45.7″ E：109°20′5.2″	660	长方形		已毁
	营山碉	凤凰县落潮井镇落潮井村三组	N：27°55′44.6″ E：109°20′25.6″	665	长方形		已毁
	吃血坳碉	凤凰县落潮井镇杨柳湾村四组	N：27°56′10.6″ E：109°20′57.00″	569	正方形	25	一般
	小营盘碉1	凤凰县落潮井镇落潮井村六组	N：27°55′10″ E：109°21′26″	660	正方形	16	一般
	小营盘碉2	凤凰县落潮井镇落潮井村六组	N：27°55′11.39″ E：109°21′29.88″	621	正方形	16	较差
	小营盘碉3	凤凰县落潮井镇落潮井村六组	N：27°55′14.20″ E：109°21′29.39″	614	正方形	16	一般
	岩板堰碉楼	凤凰县阿拉营镇黄丝桥社区四组	N：27°55′7.4″ E：109°21′49.1″	641.4	正方形	25	较好
	岩板堰碉	凤凰县落潮井镇落潮井村六组	N：27°54′58.41″ E：109°21′36.35″	559	正方形	20	较差
	关碉上碉	凤凰县阿拉营镇黄丝桥社区	N：27°54′32.2″ E：109°21′50.9″	647	长方形		已毁
	犀牛碉	凤凰县阿拉营镇西牛村二、三、四组	N：27°53′45.3″ E：109°21′36.07″	613	正方形	16	较差
	朱公井碉	凤凰县阿拉营镇天星村三组	N：27°53′9.8″ E：109°21′11.7″	641	正方形	16	较差
	炮楼坡碉（龙井）	凤凰县阿拉营镇龙井村四组	N：27°53′9.9″ E：109°21′3.6″	690	圆形	20	较差
	碉喇上1	凤凰县阿拉营镇天星村二组	N：27°53′2.4″ E：109°20′38.3″	628	圆形	20	较差
	王山坳碉	凤凰县阿拉营镇黄丝桥社区	N：27°54′49.2″ E：109°22′10.4″	653	正方形	25	一般

类型	名称	地点	经纬度	海拔（m）	形制	面积（m²）	现状
碉楼	和尚坡碉	凤凰县阿拉营镇黄丝桥社区六组	N：27°54′52″ E：109°22′18.	653.3	正方形	25	较差
	泰河上碉	凤凰县阿拉营镇黄丝桥社区三组	N：27°54′34.6″ E：109°22′39.3″	593.6	正方形	16	较差
	田坎喇上碉	凤凰县阿拉营镇黄丝桥社区六组	N：27°54′34.9″ E：109°22′43.3″	613	圆形	直径3.3	较好
	岩屋坡碉	凤凰县阿拉营镇黄丝桥社区教场六组	N：27°54′37.4″ E：109°22′49.4″	618			已毁
	岩喇坡碉	凤凰县阿拉营镇黄丝桥社区教场六组	N：27°54′38.1″ E：109°22′52.9″	609	长方形	30	较差
	碉顶上碉	凤凰县阿拉营镇黄合社区六组	N：27°54′37.6″ E：109°22′57.9″	609	圆形	20	较差
	登高坡碉	凤凰县阿拉营镇黄丝桥社区教场六组	N：27°54′36.5″ E：109°23′2.7″	623	圆形	30	较差
	顶家坡碉1	凤凰县阿拉营镇黄丝桥社区六组	N：27°54′41″ E：109°23′17.3″	595	圆形	20	较差
	懒杉屯碉	凤凰县阿拉营镇黄丝桥社区村五组	N：27°54′30.9″ E：109°22′57.9″	616	圆形	20	较差
	烂脚杆喇上碉	凤凰县阿拉营镇黄丝桥社区村六组	N：27°54′47.9″ E：109°23′6.5″	590	圆形	20	较差
	妹怒喇上碉	凤凰县阿拉营镇黄丝桥社区村六组	N：27°54′52.1″ E：109°23′12.9″	600	圆形	20	较差
	打比鼓碉	凤凰县阿拉营镇报木关村三组	N：27°55′0.3″ E：109°23′29.7″	597	近方形	25	较差
	登阁楼碉	凤凰县阿拉营镇报木关村四组	N：27°55′21.8″ E：109°23′33.5″	601	近方形	25	较差
	地高碉	凤凰县阿拉营镇报木关村三组	N：27°55′22.66″ E：109°23′20.46″	568	圆形	20	较差
	林家坳碉	凤凰县阿拉营镇天龙峡村五组	N：27°55′32.38″ E：109°23′26.67″	566	正方形	16	较差

类型	名称	地点	经纬度	海拔（m）	形制	面积（m²）	现状
碉楼	白子湾碉	凤凰县阿拉营镇黄丝桥社区村七组	N：27°54′50.3″ E：109°23′20.6″	614	圆形	30	较差
	烂屋场碉	凤凰县阿拉营镇和平社区二十二组	N：27°54′43.0″ E：109°23′32.4″	601			已毁
	田中碉	凤凰县阿拉营镇和平社区村二十二组	N：27°54′46.3″ E：109°23′36.6″	583	正方形		已毁
	打岩湾碉	凤凰县阿拉营镇和平社区二十一组	N：27°54′49.2″ E：109°23′41.3″	581	圆形	24	较差
	青堡坡碉	凤凰县阿拉营镇黄丝桥社区村七组	N：27°54′58.43″ E：109°23′42.72″	603	正方形	25	较差
	背后坡碉1	凤凰县阿拉营镇和平社区二十三组	N：27°55′5.4″ E：109°24′3.6″	633	长方形	24	较差
	背后坡碉2	凤凰县阿拉营镇和平社区二十三组	N：27°55′05.7″ E：109°24′6.6″	625	长方形	24	较差
	背后坡碉3	凤凰县阿拉营镇和平社区二十三组	N：27°55′05.2″ E：109°24′10.4″	615	圆形	26	较差
	安脚坎喇上碉	凤凰县阿拉营镇和平社区村二十三组	N：27°55′3.4″ E：109°24′11.9″	605	正方形	25	一般
	马驴坡碉	凤凰县阿拉营镇和平社区二十三组	N：27°55′3.8″ E：109°24′5.8″	602	圆形	24	较差
	黄家坟堂碉	凤凰县阿拉营镇和平社区25组	N：27°54′51.8″ E：109°24′05.0″	615.4	圆形	25	较差
	东游田碉	凤凰县阿拉营镇和平社区郑家湾组	N：27°55′04.4″ E：109°24′24.5″	667	长方形	24	较差
	中间碉	凤凰县阿拉营镇团结村五组	N：27°55′8.7″ E：109°24′34.0″	580			已毁
	流水湾碉	凤凰县阿拉营镇团结村四组	N：27°55′21.50″ E：109°25′8.6″	586	长方形	16.5	一般
	和尚坡碉	凤凰县阿拉营镇团结村四组	N：27°55′30.6″ E：109°25′13.5″	645	正方形	25	较差

类型	名称	地点	经纬度	海拔（m）	形制	面积（m²）	现状
碉楼	高碉	凤凰县阿拉营镇团结村四组	N：27°55′35.9″ E：109°25′22.7″	645	正方形	25	较差
	烂碉（团结）	凤凰县阿拉营镇团结村五组	N：27°55′34.5″ E：109°25′37.5″	649	圆形	24	较差
	梯子坎碉	凤凰县阿拉营镇团结村五组	N：27°55′32.4″ E：109°25′42.4″	551	圆形	23	较差
	狮子坡碉	凤凰县阿拉营镇团结村五组	N：27°55′23.8″ E：109°25′44.2″	594	正方形	25	一般
	解放桥碉	凤凰县阿拉营镇团结村五组	N：27°55′30.3″ E：109°25′59.6″	504	正方形	25	较差
	良子碉	凤凰县新场镇新场村四组	N：27°52′43.1″ E：109°26′38.2″	462	圆形	18	较差
	哨毛碉	凤凰县廖家桥镇拉毫村八组	N：27°55′35.0″ E：109°26′22.7″	468	圆形	18	较差
	拉毫碉	凤凰县廖家桥镇拉毫村九组	N：27°55′59.1″ E：109°27′34.3″	450－570	正方形	20	较差
	乌云脑碉	凤凰县廖家桥镇永兴坪村二组	N：27°55′59.6″ E：109°27′57.1″	671	长方形	20	较差
	营脑上碉	凤凰廖家桥镇永兴坪村1、2组	N：27°55′59.8″ E：109°28′02.2″	541	圆形	24	较差
	碉脑上碉	凤凰县廖家桥镇八斗丘村五组	N：27°56′02.5″ E：109°29′17.0″	474			已毁
	营盘上碉	凤凰县廖家桥镇八斗丘村五组	N：27°55′58.5″ E：109°29′18.0″	425	圆形	20	较差
	杨家坨碉	凤凰县廖家桥镇八斗丘村一组	N：27°55′58″ E：109°29′20.2″	426	正方形	25	较差
	喇上碉	凤凰县廖家桥镇瓦场村七组	N：27°56′10.5″ E：109°29′32.4″	518			已毁
	高坎上碉	凤凰县廖家桥镇瓦场村五组	N：27°56′4.8″ E：109°29′38.3″	427.5	近方形	12.48	一般

续表

类型	名称	地点	经纬度	海拔（m）	形制	面积（m²）	现状
碉楼	发不冲碉	凤凰县廖家桥镇八斗丘村五组	N：27°56′0.9″ E：109°29′37.2″	435			已毁
	矮垒垒碉	凤凰县廖家桥镇八斗丘村五组	N：27°56′1.9″ E：109°29′45.1″	433	长方形		已毁
	碉脑上碉（大坪村）	凤凰县廖家桥镇瓦场村五组	N：27°55′59.5″ E：109°29′54.0″	422	圆形	24	较差
	采石场碉	凤凰县廖家桥镇瓦场村四组	N：27°56′12.4″ E：109°30′12.2″	432	正方形	16	较差
	苗坎上碉	凤凰县廖家桥镇瓦场村六、七组	N：27°56′9.1″ E：109°30′30.5″	431	长方形	12	较差
	高良子碉	凤凰县廖家桥镇廖家村一组	N：27°56′2.7″ E：109°31′4.1″	426	正方形		已毁
	喇叭口碉	凤凰县廖家桥镇菖蒲塘村四组	N：27°55′9.4″ E：109°32′4.8″	403	正方形	25	较差
	麻园幼上碉	凤凰县廖家桥镇菖蒲塘村四组	N：27°55′6.9″ E：109°32′9.2″	403	正方形	25	较差
	烂良子碉	凤凰县廖家桥镇樱桃村三组	N：27°55′40.1″ E：109°32′56.6″	455	正方形	25	较差
	云良子碉	凤凰县廖家桥镇樱桃村一、二组	N：27°55′43.1″ E：109°33′1.5″	460	正方形	25	较差
	碉堡脑碉	凤凰县沱江镇土桥村三组	N：27°55′9.1″ E：109°34′3.0″	356	长方形	20	较差
	凉水井碉	凤凰县沱江镇土桥村凉水井组	N：27°55′55.0″ E：109°34′19.2″	389	正方形		已毁
	彭水井碉	凤凰县沱江镇土桥村彭水井	N：27°55′58.3″ E：109°34′27.2″	385	圆形	20	较差
	喜鹊坡老哨营碉	凤凰县沱江镇栗湾村七组	N：27°57′28.0″ E：109°35′58.1″	426	圆形	20	较差
	登高楼碉	凤凰县沱江镇四方井村六组	N：27°58′41.8″ E：109°35′53.5″	458	圆形	24	较差

类型	名称	地点	经纬度	海拔(m)	形制	面积(m²)	现状
碉楼	烂良子碉	凤凰县沱江镇齐良桥村三、四组	N：27°58′55.0″ E：109°35′37.6″	402	圆形	20	较差
	黄岩坎碉	凤凰县廖家桥镇八斗丘村五组	N：27°55′58.5″ E：109°29′27.9″	422	正方形	25	较差
	关山堖碉	凤凰县廖家桥镇大坪村四组	N：27°56′26.0″ E：109°30′29.1″	449.8	圆形	25	较差
	大茶林碉	凤凰县廖家桥镇漾水村八组	N：27°56′45.1″ E：109°30′33.5″	448	正方形	25	较差
	小板井碉	凤凰县廖家桥镇大坪村一组	N：27°56′53.2″ E：109°30′39.0″	434	圆形	28	较差
	万里墙碉	凤凰县廖家桥镇瓦场村六组	N：27°57′1″ E：109°30′46″	419	正方形	25	一般
	家楼碉（登家碉）	凤凰县廖家桥镇大坪村三组	N：27°57′6.0″ E：109°30′47.0″	434	圆形	32	较差
	碉沙碉	凤凰县廖家桥镇大坪村二组	N：27°57′10.3″ E：109°30′41.3″	426			已毁
	烂碉	凤凰县廖家桥镇大坪村四组	N：27°57′27.6″ E：109°30′45.5″	425	圆形	20	较差
	桐子堡碉	凤凰县廖家桥镇大坪村四组	N：27°57′33.3″ E：109°30′42.4″	429	正方形	16	较差
	呔岩板上碉	凤凰县廖家桥镇大坪村四组	N：27°57′41.1″ E：109°30′37.8″	434	长方形	12	较差
	大沙碉	凤凰县廖家桥镇大坪村一组	N：27°57′45″ E：109°30′41.3″	437			已毁
	登高楼碉	凤凰县廖家桥镇大坪村四组	N：27°57′54.7″ E：109°30′28.2	431			已毁
	洞岩碉	凤凰县廖家桥镇大坪村六组	N：27°58′5.3″ E：109°30′32.2″	431	正方形		已毁
	青树坳碉	凤凰县廖家桥镇大坪村六组	N：27°58′10.3″ E：109°30′15.4″	465	圆形	22	较差

续表

类型	名称	地点	经纬度	海拔（m）	形制	面积（m²）	现状
碉楼	岩坎云碉	凤凰县廖家桥镇大坪村六组	N：27°58′20.8″ E：109°30′33.1″	421	圆形	24	较差
	旧岩坎云营碉	凤凰县廖家桥镇大坪村六组	N：27°58′23.16″ E：109°30′41.66″	438	正方形	16	一般
	井水坳碉	凤凰县廖家桥镇大坪村六组	N：27°58′28.2″ E：109°30′35.1″	422	圆形	22	较差
	牛四通碉	凤凰县廖家桥镇鸭堡洞村一组	N：27°58′38.5″ E：109°30′41.6″	413	正方形	20	较差
	烂肚子碉	凤凰县廖家桥镇大坪村六组	N：27°58′4.0″ E：109°30′44.0″	421	圆形	26	较差
	发坳碉	凤凰县廖家桥镇鸭堡洞村一组	N：27°58′43.6″ E：109°30′38.1″	423	正方形	25	较差
	对门碉	凤凰县廖家桥镇鸭堡洞村一组	N：27°58′54.6″ E：109°30′31.0″	407	圆形	20	较差
	碉仙碉	凤凰县廖家桥镇鸭堡洞村	N：27°58′56.9″ E：109°30′28.1″	368	正方形	16	较差
	老屋场碉	凤凰县廖家桥镇鸭堡洞村二、三组	N：27°59′1.03″ E：109°30′28.54″	395	正方形	25	较好
	顶家楼碉	凤凰县廖家桥镇鸭堡洞村三组	N：27°59′11.4″ E：109°30′21.0″	455	长方形	13	较差
	良子喇上碉	凤凰县廖家桥镇鸭堡洞村三组	N：27°59′10.8″ E：109°30′42.2″	464	圆形	16	较差
	鸭堡洞碉	凤凰县廖家桥镇鸭堡洞村二、三组	N：27°59′16.6″ E：109°30′45.5″	408	正方形	12.25	一般
	烂碉仙	凤凰县廖家桥镇鸭堡洞村五组	N：27°59′22.3″ E：109°31′0.1″	392	正方形	20	较差
	野猫坟碉	凤凰县廖家桥镇鸭堡洞村五组	N：27°59′23.9″ E：109°31′21.1″	423	长方形	26	较差
	聋猪湾碉	凤凰县廖家桥镇鸭堡洞村五组	N：27°59′21.0″ E：109°31′31.1″	471	圆形	25	较差

续表

类型	名称	地点	经纬度	海拔（m）	形制	面积（m²）	现状
碉楼	长屯碉2	凤凰县廖家桥镇鸭堡洞村四、五组	N：27°59′22.7″ E：109°32′17.8″	526	正方形	20	较差
	钩篓坡碉	凤凰县沱江镇长坪村八、九组	N：27°59′19.8″ E：109°32′30.6″	547	正方形	16	较差
	啊口坳碉1	凤凰县沱江镇长坪村八、九组	N：27°59′17.0″ E：109°32′35.1″	486	正方形	16	较差
	长屯碉1	凤凰县沱江镇长坪村八、九组	N：27°59′23.3″ E：109°32′1.8″	520	正方形	25	较差
	老碉仙	凤凰县沱江镇长坪村八、九组	N：27°59′22.3″ E：109°32′45.3″	470	圆形	20	较差
	阿口坳碉	凤凰县沱江镇长坪村八、九组	N：27°59′25.5″ E：109°32′50.8″	486	正方形	15	较差
	机动田碉	凤凰县沱江镇长坪村八、九组	N：27°59′37.9″ E：109°32′37.9″	542	正方形	16	较差
	老碉仙碉	凤凰县沱江镇长坪村八、九组	N：27°59′25.6″ E：109°32′56.4″	470			已毁
	老屋场碉	凤凰县沱江镇长坪村八、九组	N：27°59′31.1″ E：109°33′04.1″	402	圆形	20	较差
	碉仙碉	凤凰县沱江镇长坪村九组	N：27°59′31.1″ E：109°33′10.8″	393	圆形	32	较差
	杆竹湾碉	凤凰县沱江镇长坪村八、九组	N：27°59′28.3″ E：109°33′00.46″	436	圆形	28	较差
	杉木坪碉1	凤凰县沱江镇长坪村九组	N：27°59′27.5″ E：109°33′13.3″	427	圆形	22	较差
	杉木坪碉2	凤凰县沱江镇长坪村八、九组	N：27°59′26.1″ E：109°33′15.3″	429	正方形	20	较差
	杉木坪碉3	凤凰县沱江镇长坪村八、九组	N：27°59′24.6″ E：109°33′19.6″	429	正方形	20	较差
	杉木坪碉4	凤凰县沱江镇长坪村八、九组	N：27°59′22.5″ E：109°33′20.3″	430	圆形	20	较差

续表

类型	名称	地点	经纬度	海拔 （m）	形制	面积 （m²）	现状
碉楼	杉木坪碉5	凤凰县沱江镇 长坪村八、九组	N：27°59′21.6″ E：109°33′26.3″	430	正方形	22	较差
	湾里碉	凤凰县沱江镇 长坪村长哨二组	N：27°59′20.9″ E：109°33′29.8″	404	正方形	25	较差
	桐坳碉	凤凰县沱江镇 长坪村七、八、 九组	N：27°59′17.6″ E：109°33′33.2″	405	圆形	22	较差
	调子冲碉	凤凰县沱江镇 长坪村长宜哨二组	N：27°59′23.5″ E：109°33′49.1″	428	正方形	16	较差
	大格脑坡碉	凤凰县沱江镇 长坪村长宜哨二组	N：27°59′13.5″ E：109°34′16.2″	405	正方形	25	较差
	人心碉	凤凰县沱江镇 长坪村长宜哨二组	N：27°59′07.9″ E：109°34′24.3″	356			已毁
	背后湾碉	凤凰县沱江镇 长坪村长宜哨三组	N：27°59′12.4″ E：109°34′28.4″	402	圆形	22	较差
	坡上脑碉	凤凰县沱江镇 长坪村长宜哨二组	N：27°59′26.6″ E：109°34′33.5″	363	圆形	28	较差
	塘江坡碉	凤凰县沱江镇长坪 村长宜哨一、二组	N：27°59′30.4″ E：109°34′36.2″	398			已毁
	长潭碉	凤凰县沱江镇 长坪村长宜 哨一、二组	N：27°59′29.6″ E：109°34′35.0″	382	正方形	残宽 1.75米	较差
	墙外碉	凤凰县沱江镇 长坪村长宜 哨一、二组	N：27°59′34.24″ E：109°34′37.31″	406			已毁
	背后坡碉	凤凰县沱江镇 长坪村长宜 哨一、二组	N：27°59′36.3″ E：109°34′38.0″	410			已毁
	现眼坨碉	凤凰县沱江镇 长坪村长宜哨二组	N：27°59′37.9″ E：109°34′38.6″	416	圆形	25	较差

续表

类型	名称	地点	经纬度	海拔（m）	形制	面积（m²）	现状
碉楼	梅家垅碉	凤凰县沱江镇长宜哨村一二组	N：27°59′39.00″ E：109°34′40.40″	411			已毁
	牛屎通碉	凤凰县沱江镇大黄土村一组	N：27°59′43.60″ E：109°34′46.90″	431			已毁
	烂岩晃碉	凤凰县沱江镇大黄土村一组	N：27°59′55.80″ E：109°34′57.37″	442			已毁
	茶树英碉	凤凰县沱江镇大黄土村一组	N：27°59′55.9″ E：109°34′65.2″	461	正方形	25	较差
	仙岭碉	凤凰县沱江镇大黄土村一组	N：28°0′3.59″ E：109°34′58.99″	459	正方形	16	较差
	苗疆英碉	凤凰县沱江镇大黄土村一组	N：28°00′06.9″ E：109°34′59.1″	468	正方形	36	较差
	望家碉	凤凰县沱江镇大黄土村一组	N：28°0′7.45″ E：109°35′0.24″	437	正方形	25	较差
	苗井岭碉	凤凰县沱江镇大黄土村一组	N：28°00′07.6″ E：109°35′04.4″	404	圆形	24	较差
	良上碉	凤凰县沱江镇大黄土村一组	N：28°0′10.37″ E：109°35′0.33″	432	正方形		已毁
	长脑碉1	凤凰县沱江镇大黄土村一组	N：28°0′11.87″ E：109°35′0.64″	437	正方形	25	较差
	梁上碉1	凤凰县沱江镇大黄土村二组	N：28°0′15.67″ E：109°35′2.22″	444.7	正方形		已毁
	长脑碉2	凤凰县沱江镇大黄土村二组	N：28°00′32.6″ E：109°35′08.7″	421			已毁
	洞门卡碉	凤凰县沱江镇大黄土村一组	N：28°00′38.5″ E：109°35′09.7″	423	圆形	20	较差
	蛤蟆碉	凤凰县沱江镇大黄土村四组	N：28°00′43.3″ E：109°35′12.5″	340	圆形	20	较差
	半坡碉	凤凰县沱江镇大黄土村四组	N：28°00′50.7″ E：109°35′15.1″	456	圆形	22	较差

类型	名称	地点	经纬度	海拔（m）	形制	面积（m²）	现状
碉楼	中心碉	凤凰县沱江镇大黄土村四组	N：28°0′51.0″ E：109°35′21.3″	451	圆形	24	较差
	烂粱子碉	凤凰县沱江镇大黄土村四组	N：28°01′05.0″ E：109°35′24.5″	456	圆形	26	较差
	岩湾碉	凤凰县沱江镇长坪村长宜哨七、八、九组	N：28°01′10.3″ E：109°35′27.5″	404	圆形	32	较差
	高头喇上碉	凤凰县沱江镇青瓦村一组	N：28°01′17.1″ E：109°35′25.7″	473	圆形	24	较差
	对门喇上碉	凤凰县沱江镇青瓦村一组	N：28°01′24.2″ E：109°35′25.2″	471	长方形	24	较差
	南坳上碉	凤凰县沱江镇青瓦村一组	N：28°01′35.4″ E：109°35′16.1″	446	正方形	25	较差
	烟虚碉	凤凰县沱江镇青瓦村一组	N：28°01′37.6″ E：109°35′22.6″	456	长方形	18	较差
	碉脑上碉	凤凰县沱江镇三里湾村二、三组	N：28°01′41.7″ E：109°35′04.1″	433	正方形	25	较差
	西方碉	凤凰县沱江镇三里湾村二组	N：28°01′48.2″ E：109°34′58.7″	427	圆形	24	较差
	月神碉	凤凰县沱江镇三里湾村一组	N：28°01′51.9″ E：109°35′19.8″	460			已毁
	乌鬼碉	凤凰县沱江镇三里湾村七组	N：28°01′56.4″ E：109°35′12.1″	434	圆形	22	较差
	小黄土碉	凤凰县沱江镇小黄土村一组	N：28°02′07.3″ E：109°35′26.4″	417			已毁
	象鼻碉	凤凰县沱江镇小黄土村一组	N：28°02′17.3″ E：109°35′33.0″	418	长方形	24	较差
	脚仙碉	凤凰县吉信镇高坡营村一组	N：28°02′30.50″ E：109°35′37.4″	398	圆形	24	较差

类型	名称	地点	经纬度	海拔（m）	形制	面积（m²）	现状
碉楼	炮台坡碉	凤凰县吉信镇高坡营村一组	N：28°02′33.5″ E：109°35′55.1″	528	圆形	32	较差
	卡棚碉	凤凰县吉信镇高坡营村一组	N：28°02′33.5″ E：109°35′37.3″	404	圆形	24	较差
	李子湾碉	凤凰县吉信镇高坡营村一组	N：28°02′36.7″ E：109°35′38.6″	380	圆形	28	较差
	岩板湾桥碉	凤凰县吉信镇高坡营村一组	N：28°02′43.6″ E：109°35′41.7″	399	圆形	30	较差
	十家湾碉	凤凰县吉信镇高坡营村一组	N：28°02′48.3″ E：109°35′45.4″	389	圆形	34	较差
	岩边喇碉	凤凰县吉信镇黄泥岗村二组	N：28°02′53.3″ E：109°35′46.6″	638	圆形	35	较差
	文家脑碉	凤凰县吉信镇黄泥岗村二组	N：28°02′56.5″ E：109°35′47.0″	402	长方形	32	较差
	矮良子碉	凤凰县吉信镇黄泥岗村二组	N：28°03′01.2″ E：109°35′49.3″	306	长方形	30	较差
	雷公碉	凤凰县吉信镇黄泥岗村二组	N：28°03′02.9″ E：109°35′39.6″	452	正方形	25	较差
	高良子碉3	凤凰县吉信镇黄泥岗村一组	N：28°03′12.93″ E：109°35′39.87″	471	正方形	25	较差
	高良子碉2	凤凰县吉信镇黄泥岗村一组	N：28°03′13.23″ E：109°35′38.11″	462	正方形	16	较差
	高良子碉1	凤凰县吉信镇黄泥岗村一组	N：28°03′19.87″ E：109°35′35.68″	422	正方形	16	较差
	后喇上营盘碉	凤凰县吉信镇高坡营村六组	N：28°03′32.3″ E：109°35′38.4″	415	圆形	16	较差
	井水脑上碉	凤凰县吉信镇高坡营村六组	N：28°03′36.0″ E：109°35′38.7″	433	圆形	18	较差
	营盘脑碉	凤凰县吉信镇高坡营村五组	N：28°03′46.6″ E：109°35′45.9″	389	圆形	18	较差

续表

类型	名称	地点	经纬度	海拔（m）	形制	面积（m²）	现状
碉楼	桐木塘碉	凤凰县吉信镇高坡营村五组	N：28°03′51.0″ E：109°35′46.3″	371	圆 形	20	较差
	盘山碉	凤凰县吉信镇高坡营村五组	N：28°03′52.4″ E：109°36′02.7″	364	圆 形	24	较差
	大布卡碉2	凤凰县吉信镇高坡营村五组	N：28°03′54.3″ E：109°35′52.2″	387	圆 形	16	较差
	大布卡碉1	凤凰县吉信镇高坡营村五组	N：28°03′55.2″ E：109°35′57.2″	386	圆 形	18	较差
	大布卡碉3	凤凰县吉信镇高坡营村五组	N：28°03′55.7″ E：109°35′51.8″	389	圆 形	20	较差
	铲子碉3	凤凰县吉信镇高坡营村五组	N：28°03′55.2″ E：109°35′51.4″	387	圆 形	22	较差
	铲子碉2	凤凰县吉信镇高坡营村五组	N：28°03′58.1″ E：109°35′49.4″	418	圆 形	24	较差
	铲子碉1	凤凰县吉信镇高坡营村五组	N：28°04′00.2″ E：109°35′50.8″	432	圆 形	26	较差
	大布卡碉4	凤凰县吉信镇高坡营村五组	N：28°04′03.21″ E：109°35′53.78″	387	正方形	16	较差
	乌云脑碉3	凤凰县吉信镇大桥村七组	N：28°04′06.0″ E：109°35′53.4″	409	正方形	9	较差
	乌云脑碉2	凤凰县吉信镇大桥村七组	N：28°04′07.2″ E：109°35′53.3″	428	正方形	25	较差
	乌云脑碉1	凤凰县吉信镇大桥村七组	N：28°04′09.9″ E：109°35′51.8″	425	正方形	25	较差
	熊家脑碉	凤凰县吉信镇大桥村七、八组	N：28°04′16.4″ E：109°35′52.0″	399	圆 形	24	较差
	雷打碉	凤凰县吉信镇大桥村七组	N：28°04′24.8″ E：109°35′50.7″	353	圆 形	22	较差
	塘湾碉	凤凰县吉信镇大桥村七组	N：28°04′30.8″ E：109°35′52.8″	370	圆 形	26	较差

续表

类型	名称	地点	经纬度	海拔（m）	形制	面积（m²）	现状
碉楼	油房脑碉	凤凰县吉信镇大桥村四组	N：28°04′34.1″ E：109°35′57.8″	347	圆形	32	较差
	栗平脑上碉	凤凰县吉信镇大桥村四组	N：28°04′35.6″ E：109°36′03.7″	347	正方形	25	较差
	西方碉	凤凰县吉信镇大桥村四组	N：28°04′46.1″ E：109°36′01.2″	402	圆形	22	较差
	碉上碉	凤凰县吉信镇大桥村一组	N：28°04′56.9″ E：109°36′13.5″	372	圆形	24	较差
	井喇上碉	凤凰县吉信镇大桥村一组	N：28°05′05.6″ E：109°36′15.3″	406	圆形	32	较差
	尖坡碉2	凤凰县吉信镇大桥村一组	N：28°05′05.0″ E：109°36′15.3″	409	圆形	24	较差
	尖坡碉1	凤凰县吉信镇大桥村一组	N：28°05′09.1″ E：109°36′15.5″	416	圆形	22	较差
	金塘坳碉	凤凰县吉信镇大桥村一组	N：28°05′13.5″ E：109°36′15.8″	402	圆形	26	较差
	排老坳碉	凤凰县吉信镇得胜营社区八组	N：28°05′16.6″ E：109°36′12.6″	395	圆形	32	较差
	自生碉	凤凰县吉信镇得胜营社区八组	N：28°05′19.0″ E：109°36′09.0″	389	正方形	25	较差
	万里墙碉1	凤凰县吉信镇得胜营社区八组	N：28°05′39.2″ E：109°36′04.6″	361	圆形	24	较差
	万里墙碉2	凤凰县吉信镇得胜营社区五组	N：28°05′44.29″ E：109°36′06.6″	353	圆形	22	较差
	墙外碉	凤凰县吉信镇得胜营社区五组	N：28°05′51.9″ E：109°36′06.7″	342	圆形	26	较差
	工班后头碉	凤凰县吉信镇得胜营社区五组	N：28°05′54.3″ E：109°36′06.4″	347	圆形	32	较差
	马脑屯碉1	凤凰县吉信镇得胜营社区五组	N：28°05′57.7″ E：109°36′08.6″	341	正方形	25	较差

续表

类型	名称	地点	经纬度	海拔（m）	形制	面积（m²）	现状
碉楼	马脑屯碉2	凤凰县吉信镇得胜营社区五组	N：28°05′57.1″ E：109°36′13.1″	347	圆形	24	较差
	马脑屯碉3	凤凰县吉信镇得胜营社区五组	N：28°05′59.5″ E：109°36′12.4″	322	圆形	22	较差
	马脑屯碉4	凤凰县吉信镇得胜营社区五组	N：28°06′08.9″ E：109°36′15.1″	308	圆形	26	较差
	马脑屯碉5	凤凰县吉信镇得胜营社区五组	N：28°06′11.0″ E：109°36′16.31″	304	圆形	32	较差
	脑壳喇上碉	凤凰县吉信镇龙肱村一组	N：28°06′02.1″ E：109°36′53.0″	334	正方形	25	较差
	大口井碉	凤凰县吉信镇得胜营社区九组	N：28°06′44.0″ E：109°36′39.2″	328	圆形	24	较差
	新良子碉	凤凰县吉信镇得胜营社区九组	N：28°06′44.70″ E：109°36′38.79″	319	圆形	22	较差
	洞口哨碉	凤凰县吉信镇得胜营社区九组	N：28°06′44.0″ E：109°36′49.0″	380	圆形	26	较差
	水井喇上碉	凤凰县吉信镇龙肱村一组	N：28°06′55.6″ E：109°36′53.4″	309	圆形	24	较差
	西口碉	凤凰县吉信镇龙肱村一组	N：28°06′57.1″ E：109°36′53.6″	326	圆形	32	较差
	坳田碉1	凤凰县吉信镇龙肱村一组	N：28°07′03.5″ E：109°36′53.0″	319	圆形	24	较差
	牛鼻碉	凤凰县吉信镇龙肱村一组	N：28°07′06.9 E：109°36′54.2	318	圆形	28	较差
	岩脚碉	凤凰县吉信镇龙肱村二组	N：28°07′13.5″ E：109°36′59.2″	340	圆形	30	较差
	靶子碉	凤凰县吉信镇龙肱村三组	N：28°07′12.9″ E：109°37′06.0″	380	圆形	34	较差
	猪碉	凤凰县吉信镇龙肱村二组	N：28°07′17.2″ E：109°37′04.5″	343	圆形	35	较差

类型	名称	地点	经纬度	海拔（m）	形制	面积（m²）	现状
碉楼	半坡碉	凤凰县吉信镇龙肱村三组	N：28°07′17.4″ E：109°37′10.0″	379	长方形	32	较差
	高碉	凤凰县吉信镇龙肱村二组	N：28°07′17.2″ E：109°37′15.5″	415	长方形	30	较差
	碉上碉	凤凰县吉信镇龙肱村二组	N：28°07′23.4″ E：109°37′25.6″	372	正方形	25	较差
	石碉	凤凰县吉信镇龙肱村二组	N：28°07′24.1″ E：109°37′21.0″	392	圆形	24	较差
	龙碉	凤凰县吉信镇龙肱村二组	N：28°07′26.4″ E：109°37′15.6″	344	圆形	32	较差
	麻碉	凤凰县吉信镇龙肱村三组	N：28°07′32.6″ E：109°37′24.4″	356	正方形	25	较差
	尾炮台碉	凤凰县吉信镇龙肱村三组	N：28°07′33.5″ E：109°37′16.4″	369	圆形	24	较差
	象鼻子碉	凤凰县吉信镇龙肱村三组	N：28°07′41.2″ E：109°37′08.4″	326	圆形	32	较差
	柳家岭碉	凤凰县吉信镇龙肱村三组	N：28°07′45.1″ E：109°37′16.3″	326	圆形	24	较差
	烂田湾碉	凤凰县吉信镇龙肱村四组	N：28°07′47.9″ E：109°37′15.0″	357	圆形	28	较差
	狗田炮台碉	凤凰县吉信镇龙肱村四组	N：28°07′58.9″ E：109°37′17.3″	337	圆形	30	较差
	狗田碉	凤凰县吉信镇龙肱村四组	N：28°08′05.2″ E：109°37′19.3″	308	圆形	34	较差
	奄堂坳上碉	凤凰县吉信镇龙肱村四组	N：28°08′12.1″ E：109°37′24.9″	311	圆形	35	较差
	红眼炮台碉	凤凰县吉信镇龙肱村五组	N：28°08′13.7″ E：109°37′30.3″	313	长方形	32	较差
	坳口碉	凤凰县吉信镇龙肱村五组	N：28°08′16.2″ E：109°37′31.9″	321	长方形	30	较差

续表

类型	名称	地点	经纬度	海拔（m）	形制	面积（m²）	现状
碉楼	狮子碉 1	凤凰县吉信镇龙肱村七组	N：28°08′24.9″ E：109°37′42.3″	334	正方形	25	较差
	狮子碉 2	凤凰县吉信镇龙肱村七组	N：28°08′27.79″ E：109°37′43.4″	323	圆形	24	较差
	狮子碉 3	凤凰县吉信镇龙肱村七组	N：28°08′30.3″ E：109°37′44.3″	325	圆形	32	较差
	狮子碉 4	凤凰县吉信镇龙肱村七组	N：28°08′31.9″ E：109°37′46.3″	334	圆形	24	较差
	松关碉	凤凰县吉信镇龙肱村七组	N：28°06′31.3″ E：109°37′56.6″	373	圆形	28	较差
	韩世碉	凤凰县吉信镇龙肱村七组	N：28°08′39.1″ E：109°37′52.8″	321	圆形	30	较差
	青树碉	凤凰县吉信镇龙肱村八组	N：28°08′45.0″ E：109°37′57.5″	325	圆形	34	较差
	云盘碉	凤凰县吉信镇龙肱村八组	N：28°08′50.9″ E：109°37′57.9″	340	圆形	35	较差
	炮台碉	凤凰县吉信镇龙肱村八组	N：28°08′54.0″ E：109°37′59.2″	347	长方形	32	较差
	无名碉	凤凰县吉信镇龙肱村八组	N：28°08′55.7″ E：109°38′01.1″	345	长方形	30	较差
	后点脑上碉	凤凰县吉信镇龙肱村八组	N：28°08′52.3″ E：109°38′07.0″	405	正方形	25	较差
	后田上碉	凤凰县吉信镇龙肱村八组	N：28°08′55.4″ E：109°38′07.9″	356	圆形	24	较差
	靶子碉	凤凰县吉信镇龙肱村八组	N：28°08′55.8″ E：109°38′14.0″	391	正方形	25	较差
	李田碉	凤凰县吉信镇龙肱村八组	N：28°09′00.5″ E：109°38′07.1″	339	圆形	24	较差
	钥匙碉	凤凰县吉信镇龙肱村八组	N：28°09′01.3″ E：109°38′10.0″	371	正方形	9	较差

类型	名称	地点	经纬度	海拔（m）	形制	面积（m²）	现状
碉楼	良子碉	凤凰县吉信镇龙肱村九组	N：28°09′02.6″ E：109°38′15.0″	409	圆形	32	较差
	墙外碉	凤凰县吉信镇龙肱村九组	N：28°09′10.4″ E：109°38′15.3″	375	圆形	24	较差
	转家碉	凤凰县吉信镇龙肱村九组	N：28°09′11.9″ E：109°38′17.6″	304	正方形	16	较差
	桥下碉	凤凰县吉信镇龙肱村九组	N：28°09′11.6″ E：109°38′19.8″	302	圆形	32	较差
	田碉	凤凰县箬子坪镇鱼洞村一组	N：28°09′10.9″ E：109°38′23.6″	294	圆形	24	较差
	坟儿碉	凤凰县箬子坪镇鱼洞村一组	N：28°09′15.0″ E：109°38′22.3″	306	圆形	32	较差
	墙外碉	凤凰县箬子坪镇鱼洞村一组	N：28°09′18.1″ E：109°38′19.7″	327	正方形	23.04	较差
	底下湾碉	凤凰县箬子坪镇鱼洞村一组	N：28°09′20.0″ E：109°38′21.62″	329	圆形	25	较差
	枫木树碉	凤凰县箬子坪镇鱼洞村一组	N：28°09′21.3″ E：109°38′20.8″	328	圆形	26	较差
	水谷碉	凤凰县箬子坪镇鱼洞村一组	N：28°09′22.7″ E：109°38′32.6″	428	圆形	24	较差
	旱眼沱碉	凤凰县箬子坪镇鱼洞村一组	N：28°09′29.2″ E：109°38′24.5″	342	圆形	30	较差
	墙外碉2	凤凰县箬子坪镇鱼洞村一组	N：28°09′27.9″ E：109°38′32.1″	341	圆形	22	较差
	水门碉	凤凰县箬子坪镇鱼洞村二组	N：28°09′33.4″ E：109°38′27.3″	335	圆形	26	较差
	晒金塘碉	凤凰县箬子坪镇鱼洞村二组	N：28°09′35.5″ E：109°38′32.3″	369	圆形	20	较差
	长田外坎碉	凤凰县箬子坪镇鱼洞村二组	N：28°09′38.0″ E：109°38′29.5″	383	正方形	25	较差

续表

类型	名称	地点	经纬度	海拔（m）	形制	面积（m²）	现状
碉楼	墙外碉	凤凰县筸子坪镇鱼洞村二组	N：28°09′42.1″ E：109°38′32.9″	377	正方形	23.04	较差
	对门坡上碉	凤凰县筸子坪镇鱼洞村二组	N：28°09′42.8″ E：109°38′37.0″	379			已毁
	赖子碉	凤凰县筸子坪镇鱼洞村五组	N：28°09′49.9″ E：109°38′41.5″	322			已毁
	狮子尾碉	凤凰县筸子坪镇鱼洞村四组	N：28°09′52.8″ E：109°38′40.1″	350			已毁
	水湾碉	凤凰县筸子坪镇鱼洞村五组	N：28°09′57.3″ E：109°38′50.7″	340			已毁
	墙外碉	凤凰县筸子坪镇鱼洞村三组	N：28°10′04.4″ E：109°38′48.6″	360	正方形	25	较差
	钥匙碉	凤凰县筸子坪镇鱼洞村三组	N：28°10′07.4″ E：109°38′47.5″	373	正方形	25	较差
	半坡头碉	凤凰县筸子坪镇鱼洞村三组	N：28°10′15.7″ E：109°38′52.3″	368	正方形	25	较差
	半坡二碉	凤凰县筸子坪镇鱼洞村三组	N：28°10′18.3″ E：109°38′54.1″	319	正方形	25	较好
	半坡三碉	凤凰县筸子坪镇鱼洞村三组	N：28°10′21.8″ E：109°38′57.5″	280	正方形	25	较好
	半坡四碉	凤凰县筸子坪镇鱼洞村三组	N：28°10′23.0″ E：109°38′58.1″	273	正方形	25	较好
	半坡碉（后卫碉）	凤凰县筸子坪镇鱼洞村三组	N：28°10′18.1″ E：109°38′56.8″	330	正方形	25	较差
	矮坡碉3	凤凰县筸子坪镇鱼洞村三组	N：28°19′26.4″ E：109°39′02.7″	294	正方形	25	较好
	矮坡碉1	凤凰县筸子坪镇鱼洞村三组	N：28°10′26.5″ E：109°39′08.5″	273	正方形	25	较好
	矮坡碉2	凤凰县筸子坪镇鱼洞村三组	N：28°10′29.5″ E：109°39′02.9″	295	正方形	25	较好

续表

类型	名称	地点	经纬度	海拔(m)	形制	面积(m²)	现状
碉楼	肥坨碉	凤凰县箬子坪镇新民村五组	N：28°10′34.9″ E：109°39′04.5″	283	正方形	25	较差
	红铜钢碉1	凤凰县箬子坪镇新民村五组	N：28°10′39.1″ E：109°39′08.8″	321	正方形	25	较差
	红铜岗碉	凤凰县箬子坪镇新民村五组	N：28°10′43.1″ E：109°39′06.6″	245	正方形	25	较差
	猴儿碉	凤凰县箬子坪镇新民村五组	N：28°10′52.8″ E：109°39′07.1″	316	正方形	25	较差
	碉外碉	凤凰县箬子坪镇新民村四组	N：28°11′07.7″ E：109°39′12.9″	253	正方形	25	较差
	颜家老碉	凤凰县箬子坪镇新民村四组	N：28°11′11.6″ E：109°39′26.2″	297	正方形	25	较差
	磨盘碉	凤凰县箬子坪镇新民村一组	N：28°11′20.7″ E：109°39′13.9″	238	正方形	25	较差
	禁山林碉	凤凰县箬子坪镇新民村一组	N：28°11′21.4″ E：109°39′22.2″	241	正方形	25	较差
	印龙岗碉2	凤凰县箬子坪镇新民村一组	N：28°11′25.9″ E：109°39′17.9″	218	正方形	25	较差
	印龙岗碉1	凤凰县箬子坪镇新民村一组	N：28°11′27.3″ E：109°39′18.4″	218	正方形	25	较差
	独桥坳碉	凤凰县箬子坪镇新民村一组	N：28°11′26.6″ E：109°39′25.7″	255	圆形	24	较差
	学堂碉5	凤凰县箬子坪镇新民村一组	N：28°11′36.5″ E：109°39′22.0″	257	圆形	28	较差
	学堂碉4	凤凰县箬子坪镇新民村一组	N：28°11′37.6″ E：109°39′19.8″	225	圆形	20	较差
	学堂碉3	凤凰县箬子坪镇新民村一组	N：28°11′42.3″ E：109°39′15.9″	219	圆形	20	较差
	学堂碉2	凤凰县箬子坪镇箬子坪社区二组	N：28°11′46.3″ E：109°39′10.8″	218	圆形	20	较差

类型	名称	地点	经纬度	海拔（m）	形制	面积（m²）	现状
碉楼	学堂原碉	凤凰县箬子坪镇新民村一组	N：28°11′56.4″ E：109°39′04.7″	210	圆形	20	较差
	学堂坳碉	凤凰县箬子坪镇新民村一组	N：28°12′01.3″ E：109°39′02.5″	211	圆形	20	较差
	箬子坪碉	凤凰县箬子坪镇箬子坪社区一组	N：28°12′07.4″ E：109°39′07.7″	321	正方形	25	较差
	老营盘碉	凤凰县箬子坪镇新村一组	N：28°12′19.2″ E：109°39′13.9″	304	正方形		已毁
	渔公坡碉	湘西州经济开发区武陵山大道中石化加油站西南70米山坡上	N：28°12′34.0″ E：109°39′06.7″	229	正方形	25	较差
	档子墙碉	湘西州经济开发区武陵山大道中石化加油站西侧3米	N：28°12′36.7″ E：109°39′04.0″	217	正方形		已毁
	椿木碉	湘西州经济开发区武陵山大道中石化加油站内	N：28°12′36.6″ E：109°39′09.5″	209			已毁
	王家田碉	湘西州经济开发区武陵山大道雪花啤酒厂房内	N：28°12′44.6″ E：109°39′09.1″	229	正方形	25	已毁
	后头坡碉	湘西州经济开发区吉凤街道木林坪社区东南120米	N：28°12′43.4″ E：109°39′18.6″	284	正方形	25	已毁
	靶子场碉	湘西州经济开发区武陵山大道雪花啤酒厂房内	N：28°12′52.6″ E：109°39′09.4″	224	正方形	25	已毁
	吴家碉	湘西州经济开发区工业大道与长潭路十字路口西南280米	N：28°13′05.8″ E：109°39′11.2″	228	正方形		已毁

类型	名称	地点	经纬度	海拔（m）	形制	面积（m²）	现状
碉楼	马叠连碉	湘西州经济开发区工业大道与长潭路十字路口西南300米	N：28°13′08.1″ E：109°39′09.8″	225	正方形		已毁
	桐木圆碉	湘西州经济开发区工业大道与长潭路十字路口西300米	N：28°13′11.0″ E：109°39′09.0″	232	正方形		已毁
	雷公坡碉	湘西州经济开发区吉凤街道湾溪社区碧桂园小区	N：28°13′19.9″ E：109°39′21.1″	242	正方形		已毁
	碉边碉	湘西州经济开发区工业大道与湘西文化公园广场路口西侧20米	N：28°13′24.1″ E：109°39′30.5″	233	正方形		已毁
	碉盘碉	湘西州经济开发区湘西文化公园广场内	N：28°13′22.2″ E：109°39′36.0″	257	正方形		已毁
	三角田碉	湘西州经济开发区工业大道与丰达路丁字路口东南30米	N：28°13′26.9″ E：109°39′38.0″	222	正方形		已毁
	打岩坡碉	湘西州经济开发区州公安局东北170米	N：28°13′28.7″ E：109°39′48.2″	224	正方形		已毁
	老屋场碉	湘西州经济开发区吉凤街道龙凤社区一组	N：28°14′03.4″ E：109°40′21.8″	220	正方形		已毁
	一碗水碉	吉首市乾州街道狮子社区四组	N：28°15′07.0″ E：109°40′18.5″	410	正方形		已毁
	榔头脑碉	吉首市峒河街道振武营村四组	N：28°21′39.8″ E：109°45′48.5″	410	正方形	20	较差

续表

类型	名称	地点	经纬度	海拔（m）	形制	面积（m²）	现状
碉楼	大湾营碉	吉首市马颈坳镇阳田村大湾营组	N：28°22′54.8″ E：109°46′56.1″	238	正方形		已毁
	炮台顶碉	吉首市马颈坳镇康营村章营组	N：28°24′51.8″ E：109°47′37.9″	547	正方形		较差
	二炮台碉	吉首市马颈坳镇康营村章营组	N：28°24′56.2″ E：109°47′29.9″	514	正方形		已毁
	豹子脑烽火台	吉首市马颈坳镇隘口村夯落组	N：28°26′06.3″ E：109°47′47.3″	457	椭圆形	20	较差
	岩屋田碉	吉首市马颈坳镇榔木坪村一组	N：28°26′02.3″ E：109°49′36.2″	380	正方形	25	较差
	团结坡碉	吉首市马颈坳镇团结村桐木坳安置点	N：28°26′14.6″ E：109°49′27.8″	419	正方形	25	一般
	洞上碉	吉首市马颈坳镇团结村老屋场组	N：28°26′44.5″ E：109°49′16.3″	425	正方形	25	较差
	哨路碉	吉首市马颈坳镇团结村大寨组	N：28°28′31.3″ E：109°49′25.2″	483	正方形	25	较差
	岩仁碉	古丈县默戎镇万岩村三组	N：109°49′51.2″ E：28°31′24.1″	325	正方形	25	较差
	砂子坡碉	古丈县默戎镇新窝村2组	N：28°32′55.2″ E：109°48′08.5″	684	正方形	25	一般
	后门碉	保靖县葫芦镇枫香村一组	N：28°33′38.3″ E：109°47′48.3″	580	正方形	16	一般
	牛脑壳碉	保靖县葫芦镇枫香村一组	N：28°32′55.2″ E：109°48′48.80″	435	正方形	16	较差
	下河碉楼	保靖县葫芦镇枫香村一组	N：28°33′30.3″ E：109°47′08.3″	564	正方形	22.5	一般
	枫香碉	保靖县葫芦镇新印村一组	N：28°33′51.3″ E：109°46′39.1″	714	正方形	25	一般
	印山碉	保靖县葫芦镇新印村一组	N：28°33′49.9″ E：109°46′05.5″	828	正方形	25	一般

类型	名称	地点	经纬度	海拔（m）	形制	面积（m²）	现状
碉楼	庙边碉楼	保靖县葫芦镇新印村三组	N：28°33′35.7″ E：109°45′5.7″	749	正方形	25	一般
	龙洞碉1	保靖县葫芦镇新印村龙洞组	N：28°33′34.1″ E：109°45′08.5″	840	正方形	16	一般
	龙洞碉2	保靖县葫芦镇新印村龙洞组	N：28°33′30.9″ E：109°44′27.3″	794	正方形	16	一般
	浪蒿碉楼	保靖县长潭河乡鱼塘村三组	N：28°33′47.3″ E：109°43′34.4″	704	正方形	25	较差
	唐上坡碉楼	保靖县长潭河乡鱼塘村二组	N：28°34′06.0″ E：109°43′32.6″	743	正方形	25	较差
	马路碉	保靖县长潭河乡马路村二组	N：28°33′53.2″ E：109°42′34.1″	695	正方形	26	一般
	渡船口碉	保靖县长潭河乡涂乍村一组	N：28°35′36.3″ E：109°40′59.2″	391	长方形	24	较好
	水银大碉楼	保靖县长潭河乡水银村	N：28°34′20.4″ E：109°37′44.6″	596	正方形	25	一般
	小碉碉卡	保靖县长潭河乡水银村	N：28°30′32.7″ E：109°37′55.4″	583	正方形	25	较差
	斑鸠井碉	保靖县长潭河乡马福村一组	N：28°35′47.9″ E：109°37′43.1″	569	正方形	25	一般
	梭西洞碉	保靖县长潭河乡马福村上寨	N：28°36′01.4″ E：109°36′58.8″	587	正方形	25	一般
	泽洛坪碉堡	花垣县长乐乡跃马卡村泽洛坪组	N：28°36′30.539″ E：109°35′15.75″	674	正方形	25	较差
	跃马碉	花垣县长乐乡跃马卡村七组	N：28°36′15.0″ E：109°34′00.1″	676	正方形	25	一般
	望城坡碉	花垣县花垣镇望城村三组	N：28°35′55.795″ E：109°30′29.12″	289	正方形	24	较差

类型	名称	地点	经纬度	海拔（m）	形制	面积（m²）	现状
碉楼	漾水坪碉	花垣县花垣镇凉水坪村一组	N：28°33′22.3″ E：109°24′15″	459			已毁
	长新碉	花垣县花垣镇长新村工业园	E：109°20′28.3″ N：28°32′44.1″	388	正方形	16	一般
	石牛溪碉	花垣县边城镇石牛溪村四组	E：109°19′06.2″ N：28°31′51.2″	354	正方形	25	较差
	黄土坡碉	花垣县麻栗场镇黄土坡村	N：28°24′13.9″ E：109°26′41.6″	952	圆形	11	较差
	二碉	花垣县吉卫镇螺丝董村	N：28°16′24.9″ E：109°20′56.0″	1046	正方形	25	较差
	大碉	花垣县吉卫镇螺丝董村	N：28°16′05.6″ E：109°20′52.7″	906	正方形	25	较差
	桃谷坪碉1	松桃县盘石镇桃谷坪村桃谷坪组	N：28°14′0.26″ E：109°19′13.34″	899	正方形	25	较差
	桃谷坪碉2	松桃县盘石镇桃谷坪村桃谷坪组	N：28°14′4.87″ E：109°18′58.58″	873	正方形	25	较差
	碉边碉1	松桃县盘石镇盘石村碉边碉组	N：28°09′37.04″ E：109°17′43.45″	844	正方形	25	较差
	碉边碉2	松桃县盘石镇盘石村碉边碉组	N：28°9′27.92″ E：109°17′39.12″	846	正方形	25	较差
	董上背后碉	松桃县长坪镇黎明村八、九组	N：28°06′54.572″ E：109°16′46.78″	785	正方形	25	较差
	平营盘碉	松桃县长坪镇黎明村八、九组	N：28°06′49.061″ E109°16′53.753″	805	正方形	25	较差
	高角楼碉	松桃县长坪镇黎明村八、九组	N：28°06′21.157″ E：109°16′58.015″	777	正方形	25	较差

类型	名称	地点	经纬度	海拔（m）	形制	面积（m²）	现状
关卡	亭子关	凤凰县阿拉营镇化眉村五、六组	N：27°49′32″ E：109°20′15.6″	563	椭圆形	6359	一般
	炮台坡关卡	凤凰县阿拉营化眉村五、六组	N：27°49′13.6″ E：109°20′17.2″	586	长方形	900	较差
	岩屋堂关卡	凤凰县阿拉营镇化眉村五、六组	N：27°49′36.3″ E：109°20′18.7″	580	长方形	500	较差
	大坡脑关卡	凤凰县阿拉营镇化眉村四、五组	N：27°49′11.1″ E：109°20′32.8″	547	长方形	180	较差
	求垅坳关卡	凤凰县阿拉营镇化眉村	N：27°49′22″ E：109°20′19.9″	576	不规则	1722	一般
	油房喇关卡	凤凰县阿拉营镇化眉村四、五组	N：27°49′79.3″ E：109°20′9.7″	579	长方形	1500	一般
	铜罗关	凤凰县落潮井镇勾粮村六、七组	N：27°55′59.74″ E：109°21′2.82″	605	近圆形	1000	较差
	苜机冲关卡	凤凰县阿拉营镇团结村六组	N：27°55′25.5″ E：109°25′34.7″	564	长方形	1730	一般
	靖边关	凤凰县沱江镇金坪村六组	N：27°57′51.2″ E：109°35′57.0″	447	长方形	90	较好
	隘口关卡	吉首市马颈坳镇隘口村大寨组	N：28°25′48.51″ E：109°47′31.27″	232	长方形	10	较差
	坳扎关卡	吉首市乾州街道镇狮子桥村六组	N：28°14′55.60″ E：109°40′33.00″	238	正方形		已毁
	其都关卡	保靖县阳朝镇新云村老寨组	N：28°35′33.20″ E：109°47′31.20″	703			已毁
	粑槽关卡	保靖县长潭河镇涂乍村五组	N：28°33′44.4″ E：109°42′34″	556	长方形	22	一般
	涂乍河二卡	保靖县长潭河镇涂乍村一组	N：28°35′33.7″ E：109°40′59″	342	圆形	12	一般
	凉风上关卡	保靖县长潭河镇尖岩村一组	N：28°33′29.70″ E：109°43′31.00″	534	长方形	50	较差

类型	名称	地点	经纬度	海拔（m）	形制	面积（m²）	现状
关卡	城门卡	保靖县长潭河镇鱼塘村二组	N：28°34′26.5″ E：109°43′51.8″	692			已毁
	岩朝坡关卡	保靖县长潭河镇涂乍村马路组	N：28°33′40.8″ E：109°41′37.2″	577	长方形	2000	一般
	卡列湖关卡	保靖县长潭河镇鱼塘村二组	N：28°33′56.4″ E：109°43′35.8″	684	长方形	200	较差
	木耳关卡	保靖县葫芦镇木耳村一、二、四组	N：28°32′40.5″ E：109°40′44.0″	590	长方形	85	较差
	黄土坡卡	花垣县麻栗场镇黄土坡村四组	N：28°24′09.7″ E：109°27′06.5″	840	长方形	10	较差
	永兴坪哨卡	凤凰县廖家桥镇永兴坪村二组	N：27°55′53.5″ E：109°27′51.3″	469	方形	25	较好
集市屯粮遗址	得胜营集	凤凰县吉信镇得胜营社区	N：28°06′26.2″ E：109°36′18.6″	335			较好
	新茶田集	凤凰县茶田镇茶田社区5、6组	N：27°48′42.2″ E：109°21′12.3″	650～680			较好
	古桑营仓	凤凰县廖家桥镇古双村1组	N：27°56′34.69″ E：109°26′33.69″	515	椭圆		较好
古道	背后坡古道	凤凰县阿拉营镇和平社区	N：27°55′3.46″ E：109°24′11.84″	586	石板路面	220	较差
	东游田古道	凤凰县阿拉营镇和平社区	N：27°55′11″ E：109°27′36″	560	石板路面	8	较差
	青堡坡古道	凤凰县阿拉营镇黄丝桥社区七组	N：27°54′54.86″ E：109°23′30.68″	595	石板路面	60	一般
	太岭古道	凤凰县阿拉营镇黄合社区九组	N：27°51′10.57″ E：109°20′25.02″	613	石板路面	102	较好
	肖水坨古道	凤凰县阿拉营镇牛堰村四组	N：27°54′30″ E：109°19′18″	670	石板路面	18	一般
	走步云古道	凤凰县阿拉营镇和平社区二十一组	N：27°54′56.03″ E：109°23′45.47″	600	石板路面	46	一般

续表

类型	名称	地点	经纬度	海拔（m）	形制	面积（m²）	现状
古道	落潮井古道	凤凰县落潮井镇大田垄村三、四组	N：27°55′42.37″ E：109°18′55.05″	643	石板路面	596	一般
	登高楼坡古道	凤凰县沱江镇长坪村	N：27°59′29.88″ E：109°34′37.72″	380	石板路面	859	一般
	靖边关古道	凤凰县沱江镇金坪村六组	N：27°57′58.65″ E：109°35′59.76″	402	石板路面	825	较好
	大布卡古道	凤凰县吉信镇高坡营村	N：28°3′51.64″ E：109°35′55.32″	366	石板路面	900	一般
	黄泥岗古道	凤凰县吉信镇高坡营村	N：28°3′48.13″ E：109°35′54.06″	366	石板路面	344	较好
	靖疆营古道	凤凰县吉信镇大桥村	N：28°4′2.17″ E：109°35′55.21″	362			已毁
	烂田湾古道	凤凰县吉信镇胁村一组	N：28°8′1.50″ E：109°37′17.54″	311	石板路面	270	较好
	澎水井古道	凤凰县吉信镇得胜营社区	N：28°5′48″ E：109°36′7″	345	石板路面	380	较好
	印山古道	保靖县葫芦镇新印村一组	N：28°33′42.952″ E：109°46′5.243″	743	石板路面	1073	一般
	木耳古道	保靖县葫芦镇木耳村三组	N：28°32′15.76″ E：109°40′26.09″	590	石板路面	425	一般
	瓦场古驿道	保靖县葫芦镇瓦场村瓦场组	N：28°32′18.51″ E：109°46′13.19	514	石板路面	258	较好
	鱼塘古驿道	保靖县长潭河镇鱼塘村二组	N：28°34′1.80″ E：109°43′36.10″	673	石板路面	5500	一般
	跃马古道	花垣县长乐镇跃马卡村七组	N：28°36′18.10″ E：109°33′45.70″	589	石板路面	130	一般

续表

类型	名称	地点	经纬度	海拔（m）	形制	面积（m²）	现状
古城	老卫城（土城）	花垣县吉卫镇卫城村一组	N：28°19′55.48″ E：109°25′45.13″	829	椭圆形	350000	较好
	凤凰古城（镇筸）	凤凰县凤凰古城	N：27°57′51.2″ E：109°35′57.0″	447	不规则	400000	一般
	乾州古城（镇溪）	吉首市万溶江乡接丰村	N：28°15′29.41″ E：109°41′39.36″	195	近圆形	不详	较差
	吉多坪古城	花垣县老卫城遗址西北方向	N：28°20′13.8″ E：109°24′49.59″	837	椭圆形	300000	较好
	黄丝桥古城	凤凰县阿拉营镇黄丝桥社区	N：27°54′47″ E：109°22′20″	580	长方形	84100	较好
古堡寨	舒家塘古堡寨	凤凰县阿拉营镇舒家塘村1、2、3、4组	N：27°51′11.7″ E：109°22′19.4″	597	近圆形	8000	较好
	砂罗古堡寨	凤凰县阿拉营镇砂罗村6组	N：27°48′39″ E：109°22′8″	530	近圆形	30000	较好
	勾良古堡寨	凤凰县落潮井镇勾良村1、2、3、4组	N：27°55′31.2″ E：109°21′20.3″	528	近圆形	不详	较好
	八斗丘古堡寨	凤凰县廖家桥镇八斗丘村3、4、7、8组	N：27°55′54.5″ E：109°29′4.4″	424	圆形	2800	较好
	林寨古堡寨	凤凰县廖家桥镇林寨村2、3、4、5组	N：27°54′26.7″ E：109°29′54.4″	426	正方形	10000	较好
	螺丝董古城堡	花垣县吉卫镇螺丝董村4组	N：28°16′5.999″ E：109°20′57.901″	912	长方形	15500	较差
	排达扣古堡寨	花垣县雅酉镇排达扣村4组	N：28°14′25.199″ E：109°23′1.201″	828	圆形	88096	较差
	油麻古堡寨	花垣县石栏镇油麻村1组	N：28°24′45.346″ E：109°24′45.727″	526	椭圆	33300	较差
	康营古堡寨	吉首市马颈坳镇康营村良章营组	N：28°24′46.4″ E：109°47′26.6″	443	半圆形		已毁

附录 3

边墙遗址遗存考古调查报告[*]

2021 年 1 月至 10 月，湖南省湘西土家族苗族自治州组织有关部门和专家进行了系统调查和全面统计，普查结果为：现存边墙 88 段、长 12944 米，营汛、屯堡、关卡、碉楼、古道、古堡寨、古城址、城堡、石碑、题刻、龙窑等共计 578 处（参见图 4 边墙遗址遗存分布图）。此次勘探和试掘，涉及城址、汛堡、营盘、土石边墙等诸多遗迹，采集、出土大量的青花瓷片、硬陶片、铜钱、瓦片、砖块等遗物。

一 合哨营遗址试掘点

合哨营营盘，又名火烧营，位于大田垅高陂坪村西约 500 米，遗址北部有北门碉，往东北方向依次为"Za Gao Bang Ling"（苗语：闸高邦岭）、"Bang Du Xiu"（苗语：邦都秀）碉楼。遗址区 2020 年前为农耕地，2020 年后因退耕还林，挖掘机在此进行了大面积开垦，种植桑树，故遗址遭到不同程度的破坏，地表散布大量瓦砾和青花瓷残片。

为对该遗址的年代有所了解，经勘探，我们选在遗址的西部布两个探沟试掘点，T1 长 4 米，宽 0.9 米；T2，长 3 米，宽 0.5 米，两个探沟的方向 67°。

---

* 此部分边墙遗址遗存考古资料引自龙京沙《湘西苗疆边墙调查报告》，岳麓书社 2023 年版。

（一）地层关系

T1 地层关系

第1层，灰色黏土，较松散，水平状堆积，出土硬陶片和青花瓷片。厚10—35 厘米。

第2层，褐色黏土，较致密，水平状堆积，出土青花瓷片。厚20厘米。

第3层，浅黄色黏土，较致密。厚15—30 厘米。往下为生土。

T2 地层关系

第1层，灰色黏土，较松散，坡状堆积，出土硬陶片、青花瓷片。厚20—45 厘米。

第2层，褐色黏土，较致密，波浪状堆积，出土瓦片、硬陶片、青花瓷片。厚2—18 厘米。

第3层，浅黄色黏土，较松散，分布于探方西部，未出土遗物，厚4—20 厘米。往下为生土。

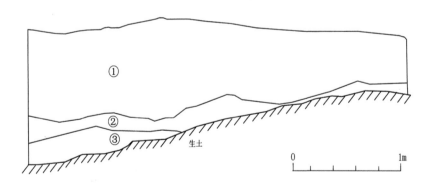

合哨营 T2 北壁剖面图

（二）遗迹遗物

遗址因近现代村民的劳作、农业开发等行为对遗址造成一定程度破坏，故原生堆积很少，遗物也较凌乱。

T1②层出土青花瓷碗口沿4 片，均侈口，青花瓷杯口沿1 片，青花瓷碗底 1 片，其他瓷片 5 件，硬陶罐口沿 2 件，器底 1 件，其他硬陶片 3 件，典型瓦砾 4 件，铁件 1 件，共 22 件。

T2①层出土青花瓷碗底 1 件，青花碗瓷片 3 片，陶器底 1 件（器型不明），瓦 7 件，共 12 件。

在其地表上，采集到较多的瓷器残片，瓷器口沿 29 件，瓷器底 59 件，其他瓷片 38 片，陶口沿 6 件，陶器底 5 件，其他硬陶片 10 片，瓦 4 片，其中少量瓷片为花垣县吉卫镇的新寨龙窑烧制，由此可推断，此地曾与吉卫通商，年代上大致在明代，并延续到清代。

二　澎水井遗址试掘点

澎水井营盘遗址位于吉信镇大麻园村境内。原大麻园内的营盘遗址属得胜营（历史上的右营，现吉信镇）防御区域，现毁，仅残存澎水井营盘遗址。该遗址西距吉凤公路约 100 米，北距工班后头碉楼约 100 米，与吉信镇镇政府相距约 1000 米，遗址东 5 米为田兴成住宅。为对该遗址的年代有所了解，经勘探，我们选在遗址的中部布两个探沟试掘点，T1 长 3 米，宽 0.8 米，探方纵轴线为 330°；T2 长 3 米，宽 0.8 米，方向 180°，坡度 6°。

（一）地层堆积

T1 地层堆积如下：

第 1 层，褐色黏土，较松散，包含大量青瓦、红瓦及红烧土块及少量青花瓷片和硬陶片，厚 20—40 厘米。

第 2 层，黄色黏土，较致密，含少量红烧土，出土有瓦片及少量青花瓷片，厚 4—20 厘米。

第 3 层，褐色黏土，较致密，含大量瓦片，出土少量青花瓷及施釉硬陶片，厚 2—23 厘米。

第 4 层，黄色黏土，较致密，含少量瓦片，出土有青花瓷片及施釉硬陶片等，厚 6—40 厘米。

第 5 层，黑色黏土，较松散，含少量施釉硬陶片，厚 10 厘米。

以下为原生基岩。

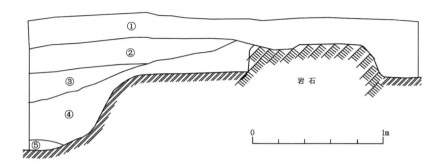

澎水井营盘 T1 西壁剖面图

T2 地层堆积如下：

第 1 层，黄色黏土，较致密，含大量瓦片，出土少量青花瓷片，厚 23 厘米。

第 2 层，褐色黏土，较致密，含大量瓦片，少量青花瓷及施釉硬陶片，厚 15—50 厘米。

第 3 层，黄色黏土，较致密，含少量瓦片，厚 40—50 厘米。

第 4 层，灰色黏土，较松散，含少量陶、瓷片，厚 4—50 厘米。

以下为生土。

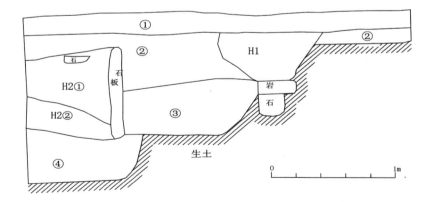

澎水井营盘 T2 东壁剖面图

（二）遗迹与遗物

该营盘平面呈椭圆形，外围围墙保留较完整，西北面和西面各保留炮台一个，东部设一个门道。整个营盘占地面积约 1589 平方米，为就地开采的青块石干打垒砌。整个遗址保存较好，地面散布大量瓦砾和瓷片。地表采集 8 件青花瓷圈足碗底，圈足径大约为 3—6 厘米。

H1，开口于①层下，打破②层，长 80 厘米，宽 50 厘米，底宽 30 厘米，深 50 厘米，坑内为浅灰色填土，疏松，包含少量炭末。底部为岩石，局部向东延伸，未扩方清理。

H2，开口于②层，打破③④层，长 70 厘米，宽 60 厘米，底较平，南侧有一块石板，局部向北部延伸，未扩方清理。H2①层，为浅灰色填土，疏松，含少量炭末。厚 40—60 厘米。H2②层，黄色填土，疏松，包含少量炭末和褐色土颗粒，厚 15—25 厘米。

T1①层，瓦片 6 块（粗布纹 2 片，细布纹 4 片），硬陶片 5 块（器底 1 块），青花瓷 3 块（器底 1 块）。

T1②层，硬陶片 1 片，青花瓷碗残片 1 件（口底全）。

T1④层，瓦片 14 片，小青砖残块 2 块，硬陶缸底 1 件，罐底 2件，硬陶片 33 片，青花瓷碗底 1 件，口沿 1 件，残片 6 片。

T2H1，陶灯残件 1 件。

T2H2，硬陶片 3 片，陶灯柄 1 件，青花瓷片 5 件。

T2②层，硬陶片 1 片，青花瓷片 2 件。

T2③层，硬陶片 1 片，青花瓷片 7 件（含杯底、碗底和口沿）。

T2④层，青花碗底 2 件。

根据试掘地层及出土瓷片判断，可推断在明早期此地就有人居住，废弃时间大致在清晚期。

三　凤凰营遗址试掘点

凤凰营位于湖南省凤凰县落潮井镇落潮井村 4 组东北方的山顶之上，当地苗语叫作"Bo Ge 衙门"，汉译为：山堡上的衙门。地理坐标，北纬 27°55′52.7″，东经 109°20′27.3″，海拔 634 米。西距鸡公寨约 1 千米；西南距落潮井政府约 200 米；东距东门约 300 米，铜锣关约 500 米；北距杨柳湾约 500 米，东北面距吃血坳遗址约 1 千米。

为对该遗址的年代和文化有所了解，经勘探，我们选在遗址的西部布一个试掘点，探沟规格长 4 米，宽 0.8 米，方向 142°。地理坐标北纬 27°55′58″，东经 109°20′22″。

（一）地层堆积

第 1 层，黄色黏土，较疏松，出土少量青花瓷片，水平状堆积。厚 20 厘米。

第 2 层，褐色黏土，疏松，含红烧土颗粒，出土青花瓷片、硬陶片、瓦片，坑状堆积。厚 20—75 厘米。

第 3 层，浅黑色黏土，疏松，包含少量炭末及青花瓷残片。厚 5—20 厘米。

以下为生土层。

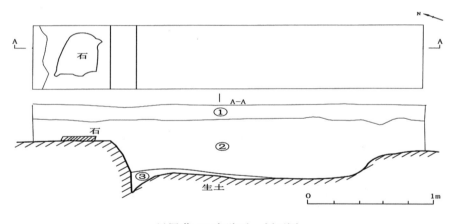

凤凰营 T1 东壁平、剖面图

（二）遗迹与遗物

因近现代村民劳作等原因，原分布在营盘内的居宅已无存，仅残留营盘的石墙体，但保存较差。

探沟出土遗物较丰富，①层出土瓷片 12 片，其中 2 片为青花瓷碗口沿，其余为青花瓷碗残片。花纹以花草纹为主；②层出土遗物丰富，有青花瓷碗口沿 10 件（侈口 9 件敞口 1 件），瓷器底 21 件，其中青花瓷碗底 13 件，青花瓷杯底 8 件；其他瓷片 57 件，大多数无法辨认器型；硬陶口沿 7 件（钵 4 件罐 3 件），其他硬陶片 40 件（其中有铜钱纹、方格纹、旋纹、素面），素面为主，器型不清，残瓦 25 件；③层出土瓷片 3 片，为青花碗残片。地表采集瓷片 2 片，硬陶片 2 片。

《边哨疆域考》记载，"东至浪中江接连永宁、南抵天星塘，连接王会、西临贵州龙潭、北逼生苗巢穴"，据《苗防备览》记载，"康熙四十八年（1709），移凤凰营通判移驻镇筸城"。经考证，其中的"浪中江"即当时的凤凰营，可见其地理位置的重要性，结合探沟出土明早期瓷片，可以断定该营盘修建于明代，废弃于康熙四十八年（1709）。随着防御重心的转移，其原有功能也发生变化。

四　宜都营遗址试掘点

宜都营，又名牛肚营，当地人称之为"衙门"，意为当官人住的地方。位于凤凰县阿拉镇和平社区 2、4 组，宜斗村南面的山丘上。四周均保存有石板垒砌的围墙，残高 3—4 米，据调查，营盘开有四门，设有炮楼。周边被村民房屋环绕，北为背后坡碉，西与走步云大营盘、走步云营盘隔村寨相望；南为由东南向西北走向的 209 国道，一小溪于南部东西穿寨而过，遗址与黄家坟碉隔马路相望；东接杨柳湾屯上营盘。

为对该遗址的年代和文化有所了解，经勘探，我们选在遗址的东南部布两个探沟试掘点。

T1 布在营盘西南部廖风平家菜地，规格长 4 米，宽 1 米，方向为北偏东 45°，东南与 T2 间距 1 米，紧邻营盘石围墙。

（一）地层堆积

T1 地层堆积如下：

第1层，为耕作层，浅褐色，较疏松，夹有较多青瓷和青花瓷片，厚10—20厘米。

第2层，浅褐色土，较致密，夹有少量瓷片，在其南侧暴露1.8平方米石片堆积，在T1南部出土有一件青瓷碗，一件青花瓷碗，两枚铜钱，一件铁器残件；在北部出土有一枚铜钱，在探沟南部西侧分布有草木灰堆积，厚度5—24厘米。

以下为生土层。

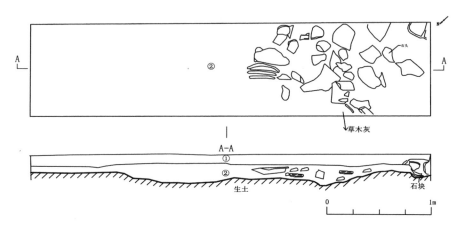

宜都营 T1 平、剖面图

T2地层堆积如下：

第1层，为耕作层，灰褐色，较疏松，夹有较多瓷片，厚10—22厘米。

第2层，浅褐色土，较疏松，夹有若干瓷片，地势为北高南低，在西南部已有页岩层暴露。厚度5—44厘米。

以下为生土。

（二）遗迹与遗物

营盘四周均保存有石板垒砌的围墙，残高3—4米，营盘开有四门，设有炮台和碉楼，2000年5月调查时尚好，现已垮塌。

K1，位于T2东北角，开口于①层下，打破生土层，近长方形，

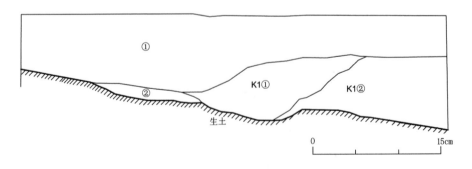

宜都营 T2 西壁剖面图

长 60 厘米，宽 20—40 厘米。K1①层位灰黑色填土，疏松，包含较多炭末，少量青花瓷片，厚 16 厘米。K1②层为浅褐色填土，疏松，包含少量炭末。厚 20 厘米。局部向东、北面延伸，故未清理。

T1①层出土比较丰富，有青花瓷碗器物口沿 8 片，青花瓷碗底 5 片，青花瓷杯底 2 片，杯口沿 5 片，其他瓷片 21 片，硬陶片 2 片。大多数器形无法确定，②层仅出土瓷器 1 片，2 件青花瓷碗。

T2①层出土瓷片 3 片，为青花瓷碗残片；②层出土青花瓷口沿 2 片（侈口敞口各一），青花瓷碗底 4 片，其他瓷片 8 片。

根据出土遗物，结合史料推测，宜都营始建年代大致在明代，大约在清中期，始迁至现在溪旁西北的低洼地，宜都营原功能由此转移。新址平面呈圆形，周以石围墙，开设南北两门，现为密集的居住区，局部现还残留有围墙。

五　鸭宝洞城堡遗址试掘点

原名"压宝洞"，位于古城凤凰西部廖家桥鸭堡洞村，东部为老屋田螺寨，南与老屋场相望，西接鸭堡洞村，北临长潭岗水库。鸭宝洞城堡遗址占地面积约 4000 平方米，呈正方形。

为对该城堡的年代文化现象有所了解，经勘探，我们选择在遗址的中部作为试掘点。T1 位于北端水库旁，方向 80°。

（一）地层堆积

地层共分为 5 层。

第 1 层，黑色黏土，土质较松散，出土瓦片、青花瓷片，厚 6 厘米。

第 2 层，浅褐色黏土，较致密，包含较多碳粒，出土青花瓷片，厚 10—60 厘米。

第 3 层，浅黑色黏土，较致密，包含较多碳粒，出土瓦片，厚 25 厘米。

第 4 层，黑色黏土，较松散，厚 30 厘米。

第 5 层，黄色砂土，较致密，厚 10—20 厘米。

以下为生土层。

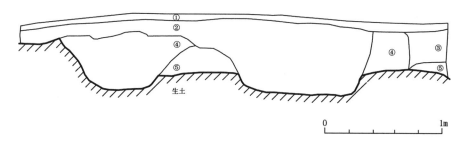

鸭宝洞城堡 T1 北壁剖面图

（二）遗迹与遗物

该遗址年代上限至明代，占地约 4000 平方米，平面呈正方形，有城墙一道，城门一座，码头一座，炮台两座，城堡内还设衙门、火药局等机构。因长潭岗水电站的修建，这一带成为淹没区，原居民全部搬迁，现残留石墙体、炮台和建筑基石。正常水位，遗址裸露，整个平面格局仍清晰可辨。

T1①层出土青花瓷 6 片，其中口沿 1 件；另出土 2 片白瓷碎片；T1②层出土侈口青花瓷口沿 5 件，器底 3 件，其他青花瓷碎片 5 片，还有 8 片清瓦，铁钉一枚；T1③层出土少量瓦片。

根据出土遗物形制和青花瓷颜色、图案分析，该城堡的年代大约在明清两代。

六　合哨营土边墙解剖点

合哨营土边墙位于凤凰县落潮井乡大田垄村四组合哨营遗址南侧缓坡地带，该区域现为育林区，主要种植桑树。山体北方的村落为高坡坪，南方的村落为大田垄。边墙南端残点位置靠近山脚部位，整段边墙呈南北走向，南接合哨营南墙体，东接邦都秀土边墙。土边墙依山势而建，就地取材，用泥土夯筑而成。其剖面部分地段约呈梯状，部分地段又呈弓背状，边墙长约 81 米，墙体高 0.4—0.7 米，顶宽1.1—1.3 米，底宽 1.1—2 米，占地面积约 162 平方米，坡度为 16°。为确定该土墙的真实性，以及了解该墙体的夯筑法，特选在墙体西段作解剖。

（一）地层堆积

共 7 层，地层迭压关系如下。

第 1 层，表土层，灰色黏土，土质松散，坡状堆积，最厚处 15 厘米。

第 2 层，浅褐色黏土，土质松散，含较多细沙，坡状堆积，最厚处厘米。

第 3 层，褐色黏土，土质较松散，含较多细沙，坡状堆积，最厚处 54 厘米。

第 4 层，浅褐色黏土，土质较致密，包含较多细沙，坡状堆积，最厚处 27 厘米。

第 5 层，褐色黏土，土质较致密，包含较多细沙，坡状堆积，最厚处 37 厘米。

第 6 层，浅褐色黏土，土质较致密，包含较多细沙，沟状堆积，打破第 7 层，最厚处 36 厘米。

第 7 层，红色黏土，土质致密，包含少量细沙，水平堆积，被第 7 层打破，最厚处 37 厘米。

以下为生土。

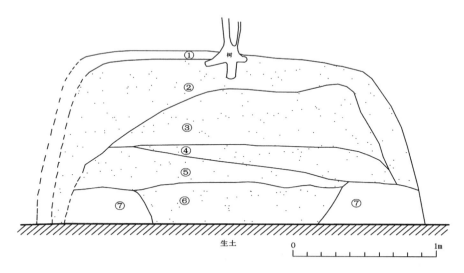

合哨营土边墙（西段）横剖面图

七　合哨营土边墙中部横剖面

为确定该段边墙的真实性以及夯筑方法，经勘探，我们选在该段边墙南端，此处有三株枫树，树龄大致在 300 年左右，呈一列相依排在墙体的顶部，现已干枯。边墙横剖面呈弓状，内侧因生产活动被挖掉一部分。墙体基宽 2.4 米，残高 0.97 米，共 6 层。

（一）地层堆积

第 1 层，表土层，浅灰色砂土，土质松散，坡状堆积，厚 9—22 厘米。

第 2 层，浅红色黏土，土质较松散，包含较多细沙及少量小石片，最厚处 21 厘米。

第 3 层，浅黄色黏土，土质结构较致密，包含较多细沙，最厚处 30 厘米。

第 4 层，黄色黏土，土质结构较致密，包含较多细沙，最厚处 14 厘米。

第 5 层，浅褐色黏土，土质较松散，包含较多细沙，坡状堆积，厚 7—15 厘米。

第 6 层，褐色黏土，土质松散，包含较多细沙，厚 0—20 厘米。以下为生土。

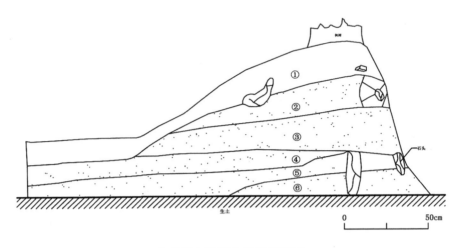

合哨营土边墙中部横剖面图

（二）遗迹与遗物

根据以上两个解剖点地层堆积分析，合哨营土边墙西段④层以下土层堆积较致密，另一段土边墙中部③层下土层堆积致密，上面的土层堆积比较疏松，根据土质结构，上层疏松，下层致密的特点分析，该土边墙可能经过二次堆筑。另有两个现象值得注意，根据西段墙体剖面地层堆积分析：分布在坡地的土墙体夯筑方法可能是首先平整地面，再顺着墙体走向在中部开沟以防止夯土左右移动或下滑，年代当与合哨营营盘大致相当。

八　肖水坨土边墙解剖点

肖水坨土边墙位于凤凰县阿拉营镇牛堰村四组内名为肖水坨村落旁的小土丘上，现为耕地，主要种植猕猴桃、橘子树，山体东南为牛堰村。其中，肖水坨土边墙一段西南端的残点位置靠近村落，整段边墙约为西南—东北走向。

为了解该段边墙的堆筑方法以及年代关系，经勘探，我们选在肖水坨土边墙一个断面对该土边墙进行解剖。该边墙剖点尾端靠近公路，看走势应该与边墙一段相连，因后期当地百姓开田造土将肖水坨边墙一段与肖水坨边墙二段切断，其剖面呈梯形。

（一）地层堆积

第1层，表土层，浅灰色黏土，土质较疏松，包含较多细砂，水平堆积，厚23—40厘米。

第2层，浅黄色黏土，土质较致密，包含细砂较多，坡状堆积，最厚30厘米。

第3层，浅灰色黏土，土质较致密，含较多细沙，水平状堆积，厚8—17厘米。

第4层，浅黄色黏土，土质较疏松，含较多细沙及石片，坡状堆积，最厚34厘米。

第5层，浅灰色黏土，土质较致密，包含较多细砂及少量石片，坡状水平堆积，厚13—60厘米。

第6层，黄色黏土，土质较疏松，含较多细沙，坡状堆积，厚6—17厘米。

第7层，黄色黏土，土质较致密，含较少细沙，坡状水平堆积，厚17—37厘米。

以下为生土。

通过解剖观察，该段边墙采用临近泥土夯筑而成，其剖面为梯形，高约为1米，顶宽约0.6米，底宽1.3米，坡度为5°。肖水坨土边墙二段与边墙一段一样，均用泥土夯筑而成。边墙一段剖面呈弓背状，长约13米，高约0.8米，顶宽约0.5米，底宽1.2米，坡度为12°。没有采集到遗物，根据周边营盘等遗迹的始建年代推断，该段边墙始筑于明代。

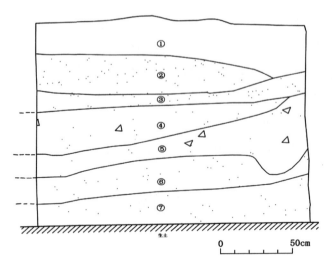

肖水坨边墙二段侧剖面图

九 鸡公寨土边墙解剖点

鸡公寨中寨土边墙位于凤凰县落潮井镇大田垄村三组的田埂上，现为耕地，主要种植蔬菜，其东北方村落为鸡公寨下寨，东面为鸡公寨中寨，西南方的村落为老鼠垄（现名老水垅），整条边墙约为西南一东北走向。

（一）地层堆积

为了解该段边墙的堆筑方法以及年代关系，经勘探，我们选在一个断面对该土边墙进行解剖。边墙横剖面基宽2.45米，残高0.98米，共9层。

第1层，表土层，褐色黏土，土质较松散，包含较多细沙，坡状堆积，最厚处9厘米。

第2层，褐色黏土，土质松散，包含较多细沙，坡状堆积，最厚处13厘米。

第3层，灰色黏土，土质松散，包含较多细沙，坡状堆积，最厚处3—8厘米。

第4层，浅红色黏土，土质较致密，包含较多细沙，坡状堆积，最厚处17厘米。

第5层，灰色黏土，土质较松散，包含较多细沙，坡状堆积，最厚处13—34厘米。

第6层，红色黏土，土质较致密，包含较多细沙，坡状堆积，最厚处18厘米。

第7层，褐色黏土，土质较致密，包含较多细沙，坡状堆积，最厚处33厘米。

第8层，浅褐色黏土，土质较致密，包含较少细沙，坡状堆积，最厚处15厘米。

第9层，灰色黏土，土质松散，包含较少细沙，坡状堆积，最厚处18厘米。

往下40—70厘米为生土。

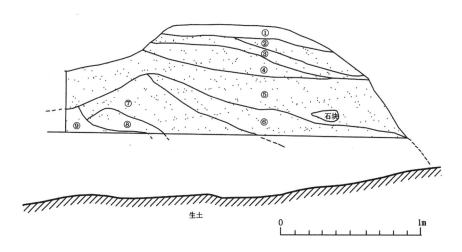

鸡公寨边墙横剖面图

边墙顺古道而建，就地取材，用泥土夯筑而成。其剖面约呈弓背状，长约40米，坡度为2°。从剖面观察，堆筑方法由下而上，两侧堆夯，四层以上基本为一个方向，整体形成弓背状。现场没有发现和收集到遗物。根据边墙连接营盘等遗迹的始建年代推断，始建且沿用于明清时期。

十 炮楼坡土边墙解剖点

炮楼坡土石混合边墙位于凤凰县阿拉营镇牛堰村后洞四组的炮楼坡山上，现为育林区，主要树种松树。山体西北方村落为肖水坨，东北方村落为后洞，东南方村落为大院子。炮楼坡土石混合边墙依山势而建，因公路的修建而被截断，分为一段与二段。

（一）地层堆积

为了解该段边墙的堆筑方法以及年代关系，经勘探，我们选在一个断面对该土边墙进行解剖。地层堆积如下：

第1层，表土层，灰色黏土，土质较松散，包含较少细砂，坡状水平堆积，厚5—21厘米。

第2层，浅黑色黏土，土质较松散，包含细砂较多，坡状堆积，最厚37厘米。

第3层，浅褐色黏土，土质较致密，含少量细沙，坡状堆积，最厚27厘米。

第4层，浅灰色黏土，土质较致密，含较少细沙及石片，水平坡状堆积，厚30—65厘米。

第5层，浅黄色黏土，土质较致密，包含少量细砂，坡状堆积，最厚15厘米。

往下40厘米为岩石。

炮楼坡土边墙一段的一端与老炮台碉（已毁）相连，整段边墙为东南—西北走向，坡度为8°—16°。边墙一段主体用泥土夯筑，底部外侧嵌石防止流失垮塌，其剖面约为梯形，呈弓背状，墙体内高约1.1米，外高约1.9米，顶宽约0.5米，坡度为10°。炮楼坡边墙二段由西北转向西面，向炮楼坡碉及炮楼坡哨卡方向延伸，为土石混合结构，从山脚到山顶有一条古道，古道位于边墙的东北侧，古道与边墙之间设有一条排水沟。边墙剖面基宽2.2米，残高1—1.9平方米。

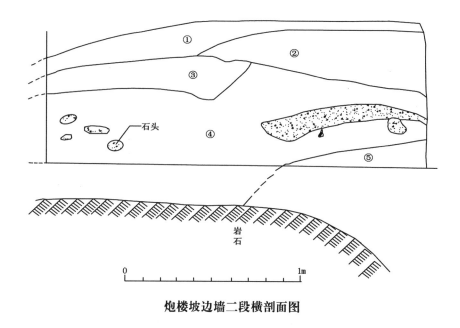

炮楼坡边墙二段横剖面图

据炮楼坡土石混合边墙走向与筑造工艺推测，参考周邻遗存，该边墙筑于明清时期。

十一 大营盘土边墙解剖点

大营盘边墙一段位于凤凰县落潮井镇落潮井村高堰六组的大营盘山上，现为育林区，主要树种松树。其北面山为小营盘，西北面村落为老场，山脚西侧为高堰村，南面为阿拉营镇。边墙依山势而建，约为西南—东北走向，长约 242 米，坡度为 15°。

（一）地层堆积

为了探明该段边墙构造及年代关系，经勘探，我们选择一处断面作为解剖点。

地层堆积如下。

边墙一段边墙剖面 1.6 平方米，共 6 层，叠压关系。

第 1 层，表土层，浅灰色砂土，土质松软，厚薄不均，最厚 18 厘米。

第2层，浅黄色黏土，土质较疏松，夹细砂较多，厚薄不均，最厚16厘米。

第3层，浅黄色黏土，土质较致密，含少量细沙，厚薄不均，最厚22厘米。

第4层，黄色黏土，土质致密，含极少量细沙，厚12—13厘米。

第5层，黄色黏土，土质致密，几乎无包含物，厚31—34厘米。

第6层，黄色黏土，土质致密，较硬，厚30—70厘米。

以下为基岩。

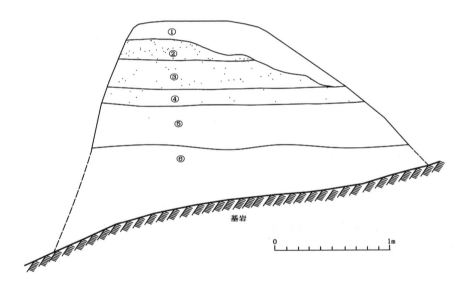

高堰大营盘土边墙（东坡）剖面图

第二段（中段）解剖点

土边墙南边为营盘（高堰大营盘），绘图点方向西278°，两段侧剖面间隔3米。

南剖面清理面积2.5平方米，共5层。

第1层，耕土层，浅灰色砂土，土质松软，厚20厘米。

第2层，褐色黏土，土质较疏松，包含较多红烧土颗粒，厚3—4厘米。

第3层，浅褐色黏土，土质较致密，含细沙及小石子，厚7—13厘米。

第4层，浅黑色黏土，土较松软，含较多碳粒和细沙，厚7—10厘米。

第5层，黄色黏土，土质较致密，包含较多细沙，厚20—26厘米。

往下为生土。

北剖面清理面积1×1.8平方米共5层。

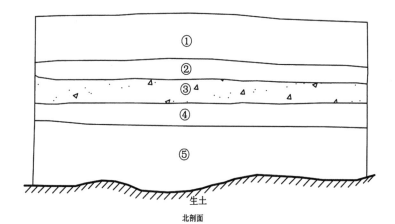

高堰大营盘中段剖面图

第1层，耕土层，浅灰色砂土，土质松软，厚17—20厘米。

第2层，褐色黏土，土质较疏松，包含较多红烧土颗粒，厚6—8厘米。

第3层，浅褐色黏土，土质致密，含细沙及小石子，厚4—7厘米。

第4层，浅黑色黏土，土较松软，含较多碳粒和细沙，厚4—8厘米。

第5层，黄色黏土，土质疏松，包含较多细沙，厚12—20厘米。往下为生土。

本段边墙有土边墙、土石混合边墙和石边墙三种形制，通过对两段土边墙进行解剖，夯筑层次较薄，且呈水平状，夯土紧密，堆筑方法一致，夯层越往上越薄而致密。因只在边墙已有断面上或者侧面做剖面，没有发现和收集到遗物，根据高堰大营盘等周边遗迹的始建年代推断，该段边墙堆筑于明清时期。

十二　老卫城遗址解剖点

花垣吉卫崇山卫城，俗称老卫城，位于湖南省湘西土家族苗族自治州花垣县吉卫镇卫城村一组。城址中心地理坐标为北纬28°19′55.48″，东经109°25′45.13″，海拔829米，西距吉卫镇政府约1.2公里。平面呈椭圆形，周长2.2千米，现存墙基宽10—14米，顶宽3米，残高4—10米。开东（砖门楼）、南（砖门楼）、西（木门楼）、北（砖门楼）四门，门楼均毁。经考古调查与勘探，城内主要由衙署区、居住区、墓葬区、道路系统等构成，城址面积55万平方米。东、西、北三面城墙外为人工挖造的城壕，壕宽10—14米，深3—4米，城壕掘土用于修筑城墙。城址南侧以蛇龙潭溪为自然壕沟。城址区现为农业种植区。

（一）地层堆积

根据考古试掘资料，兹将北城墙西段夯土层及堆筑方法介绍如下：

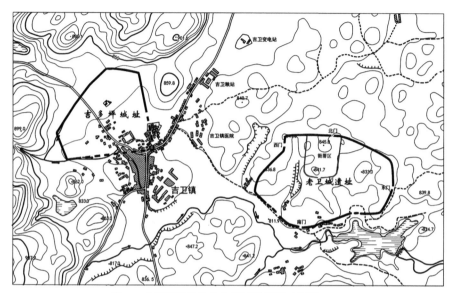

图二 老卫城遗址及吉多坪城址平面示意图

老卫城遗址及吉多坪城址平面示意图

第1层，表土层，灰褐色，土质疏松，夹少量黄土块，包含大量植物根茎，厚0—70厘米。

第2层，灰褐色土，土质疏松，掺杂少量黄土块和黑色斑块，包含少量瓦砾及石块，厚10—40厘米。

第3层，黄灰色土，土质细腻致密，较软且纯净，厚0—35厘米。

以上为城墙上的地层堆积。在城内堆积最厚者达6个层次单位。以下为墙体夯土层：

第1层，红褐色土，土质较致密，局部夹灰土块，厚0—50厘米。

第2层，灰、黑花土，土质较致密，厚0—28厘米。

第3层，黄褐、黑花土，土质较黏较致密，厚0—22厘米。

第4层，黑灰花土，土质较致密，夹大量红褐土块，厚0—50厘米。

第 5 层，红褐色土，土质较疏松，厚 0—13 厘米。

第 6 层，黄灰色土，土质致密，夹极少黑色和红褐色土块，厚 0—25 厘米。

第 7 层，黄灰色土，土质致密，夹少量红褐色土块，厚 0—33 厘米。

第 8 层，黑花土，与第 4 层类似，夹少量红褐土块和黄灰土块，厚 0—24 厘米。

第 9 层，黄灰色土，与第 7 层类似，厚 0—35 厘米。

第 10 层，红褐色土，土质较致密，厚 0—33 厘米。

第 11 层，浅灰色土，土质较致密，厚 0—33 厘米。

第 12 层，黄灰、黑花土，土质较致密，厚 0—38 厘米。

第 13 层，浅灰色黏土，土质较致密，厚 34—112 厘米。[①]

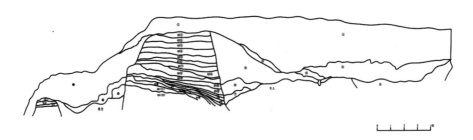

老卫城北城墙剖面

城墙的夯法基本为堆筑法，局部先筑墙芯，用青膏泥土混黄黏土逐层平夯，夯层较密，一般 5—10 厘米，墙芯高约 2 米，宽近 3 米，然后在墙芯两侧堆夯至顶，夯层厚薄不均。

（二）遗迹

城墙：大多用挖掘城壕的黄土或褐土以及夹有黑土混合水平夯筑而成，墙体内外附着墙芯斜夯，夯层明显，土质较紧密，周长 2.2 千

---

① 湘西自治州文物考古研究所编：《老卫城遗址及其周边遗存调查试掘报告》，《湖南考古辑刊》第 13 集，科学出版社 2018 年版。

米，墙基宽 10—14 米，顶宽 3 米，残高 4—10 米。

城壕：东、西、北三面城墙外为人工挖造城壕，壕宽 10—14 米，深 3—4 米，城壕掘土均用以修筑城墙，南侧以蛇龙潭溪为自然城壕。

北城门：位于北城墙中间位置，正南北方向，门道宽 6 米，经 2015 年考古勘探与试掘确定为青砖铺砌的门道路面。探沟的西壁城墙夯层明显，分别用青膏泥土伴红褐色黏土水平夯筑而成，在城墙的南侧，还保存着门楼基砖痕迹和未曾坍塌的竖直墙壁。城墙底宽约 14 米，残高 4.7 米。

西城门：位于西墙北部靠近城址西北角的位置，为木构式门楼。门道长 6.7 米，宽 5 米，门道方向与正东西方向有约 20° 的夹角，略呈西北—东南走向。门道两边与城墙结合部发现成排的柱洞，大小不一，直径在 20—40 厘米之间，个别小的直径 10 厘米。门道路面为一层薄薄的烧土面，门道西端即通向城外一端发现有瓦砾及小块石铺作遗迹，类似散水。其外侧有一小沟，可能起着排水沟的作用。

东城门：位于东城墙中间位置，方向 72°，探沟内发现了连接东门的砖铺路面。通过钻探得知，东门门道宽约 6 米，门道内亦保留部分青砖铺面。

南城门：位于南城墙中部位置，地势较高，南邻村道，北距麻兴牛家约 20 米，方向 160°，经探沟试掘确定为青砖路面。南门暴露路面宽 1.5 米，长 0.7 米，因试掘区域限制，结合探沟内和城墙外剖面堆积情况，初步推断门道宽约 6 米，进深 3—4 米。

城门堆积以南城门为例，做如下介绍：

第 1 层，为灰褐色黏土，土质颗粒较粗，较松软，湿润，包含少量陶瓷片、瓦片、炭末、红烧土颗粒及植物根茎。厚 20—26 厘米，现为蔬菜地。

第 2 层，为浅褐色黏土，颗粒较小，土质较紧密，湿润，黏性较重，包含有大量青、红瓦碎片、少量青、红砖块和红烧土颗粒，青花瓷片较少，有少量冰裂纹瓷片。因此地劳作频繁，故地层包含物较杂乱，厚 0—30 厘米。

第3层，为黄褐色黏土，颗粒较小，土质较紧密，湿润，黏性较重，包含有较多的瓦片、砖块和少量炭末，没有发现陶瓷片，厚0—20厘米。

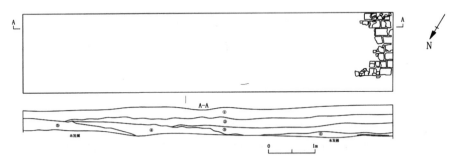

老卫城南门通道剖面图

第4层，为黑色黏土，土质颗粒较粗，松软，湿润，包含有大量的碎砖、瓦残片、少量筒瓦构件以及大量炭末和红烧土颗粒，没有发现陶瓷片，往下暴露砖铺道路遗迹，厚0—20厘米。

第5层，为石灰混合层，黄褐色加石灰，土质颗粒较粗，较松散，包含有大量的石灰颗粒，少量砖块、瓦片，未发现青花瓷，主要分布于探方的东北部。

以下未试掘。

哨卡：位于北门外两侧，经考古勘探为夯土台，且有火烧痕迹，推测应为城外屯兵放哨之所，两处夯土台面积均为300平方米。

衙署区：位于遗址中北部，经考古勘探与局部解剖，整个衙署区土围墙环绕，平面呈"U"字，北两端墙体与北城墙相连，南开3米宽门洞，与北门贯通，围墙规模基本与城墙相当，占地面积约40000平方米。现为耕地。

居住区：经考古初步勘探，主要位于东门内南北两侧及衙署区西南和东南侧，现为耕地。

墓葬区：位于遗址中心略偏西的一座山包腰部位置，经考古初步勘探，分布面积约2800平方米。现为药材种植区。

练兵场：位于衙署区南部，经考古初步勘探，面积约 3200 平方米。现为烟叶种植区。

荷花池：位于城址东南部，平面近方形，面积约 1200 平方米，池水长年不枯竭。清乾隆永绥同知段汝霖有诗："荒烟蔓草卫城基，猗傩香生夏日宜，宋代园亭湮没尽，崇山犹胜一荷池。"现池塘荷花仍盛开繁茂。

（三）遗物

老卫城考古调查试掘以解剖城墙为主，出土遗物有建筑构件及陶器、瓷器、板瓦、筒瓦、青砖、铁钉等。其年代多为明代，个别器物可早至两宋时期。北门出土宋代铜钱"元丰通宝"一枚，为宋神宗时期（1078—1085）所制。

附录 4

调研组工作照片

陈文元与龙京沙交流讨论

陈文元在正大营访谈

陈文元、向宽松考察肖纪美故居（凤凰县吉信镇得胜营社区）

调研组在鸭宝洞石边墙合照

调研组在新营垴合照

调研组考察洞口哨遗址

调研组考察猴儿屯遗址

调研组考察遗址后的鞋子

调研组在识读碑刻文字

调研组雨中考察遗址

调研组在山中钻"竹洞"考察水打田遗址

调研组在鱼洞村（客晒金塘）与村民交流

龙京沙（中）与杨小云（左）、李锲（右）合影

调研组在老爷坡合照

杨小云、李锲查看喜鹊营遗址遗存

参考文献

一 正史、政书、别史、杂史、笔记、文集等

《明实录》，台北："中央研究院"历史语言研究所校勘本，1962 年。

《清实录》，中华书局 1986 年版。

（民国）赵尔巽：《清史稿》，中华书局 1977 年版。

（清）张廷玉：《明史》，中华书局 1974 年版。

（清）鄂辉：《钦定平苗纪略》，嘉庆二年武英殿聚珍版印本。

（明）田汝成：《炎徼纪闻》，《丛书集成新编》，台北：新文丰出版社 2008 年版。

（明）吴国仕：《楚边图说》，万历四十五年刻本。

（明）吴国仕：《楚边饷叙》，万历四十五年刻本。

（明）吴国仕：《楚边条约》，万历四十五年刻本。

（明）蔡复一：《遯庵全集》，商务出版社 2018 年版。

（清）俞益谟：《办苗纪略》，康熙四十四年俞氏余庆堂刊本。

（清）段汝霖：《楚南苗志》，乾隆二十三年刻本。

（清）魏源：《圣武记》，道光二十二年刻本。

（清）魏源：《魏源集》，中华书局 2018 年版。

（清）顾炎武：《天下郡国利病书》，《续修四库全书》，上海古籍出版社 2002 年版。

（清）严如熤：《苗防备览》，嘉庆二十五年刻本。

沈从文：《沈从文散文选》，人民文学出版社 2014 年版。

沈从文：《沈从文文集》，花城出版社 1984 年版。

二　方志、地理志、杂志等

（明）李贤：《大明一统志》，天顺五年刻本。

（明）徐学谟：《湖广总志》，万历十九年刻本。

（明）谢东山：《贵州通志》，嘉靖三十四年刻本。

（明）郭子章：《贵州通志》，万历三十六年刻本。

（明）万士英：《铜仁府志》，万历四十三年刻本。

（明）薛纲：《湖广图经志书》，嘉靖元年刻本。

（清）顾祖禹：《读史方舆纪要》，中华书局 2005 年版。

（清）陈宏谋：《湖南通志》，乾隆二十二年刻本。

（清）曾国荃：《湖南通志》，光绪十一年刻本。

（清）佚名：《苗疆屯防实录》，江苏扬州人民出版社 1960 年版。

（清）但湘良：《湖南苗防屯政考》，光绪九年刻本。

（明）马协：《辰州府志》，万历二十五年刻本。

（清）鄢翼明：《辰州府志》，康熙五年刻本。

（清）席绍葆：《辰州府志》，乾隆三十年刻本。

（清）王玮：《乾州志》，乾隆四年刻本。

（清）蒋琦溥：《乾州厅志》，光绪三年续修刻本。

（清）周玉衡：《永绥直隶厅志》，同治七年刻本。

（清）董鸿勋：《古丈坪厅志》，光绪三十三年刻本。

（清）董鸿勋：《永绥厅志》，宣统元年铅印本。

（清）潘曙：《凤凰厅志》，乾隆二十三年刻本。

（清）黄应培：《凤凰厅志》，道光四年刻本。

（清）侯晟：《凤凰厅续志》，光绪十八年刻本。

（清）林继钦：《保靖县志》，同治十年刻本。

（清）黄志璋：《麻阳县志》，康熙二十四年刻本。

（清）敬文：《铜仁府志》，道光四年刻本。

（清）徐鋐：《松桃厅志》，道光十六年刻本。

三 资料汇编、调查报告

（清）王锡祺：《小方壶斋舆地丛钞》，光绪十七年上海著易堂铅印本，杭州古籍出版社影印本 1985 年版。

中国第一历史档案馆、中国人民大学清史研究所、贵州省档案馆合编：《清代前期苗民起义档案史料》，光明日报出版社 1987 年版。

杨奕青、唐增烈等编：《湖南地方志少数民族史料》，岳麓书社 2010 年版。

中国人民政治协商会议湘西州委员会文史资料研究委员会编：《湘西文史资料》，湖南省保靖县印刷厂印刷 1983 年版。

张应和、田仁利编：《湘西土家族苗族自治州苗族古籍总目提要》，中央民族大学出版社 2009 年版。

田仁利编：《湘西土家族苗族自治州土家族古籍总目提要》，中央民族大学出版社 2009 年版。

阳盛海编：《湘西土家族历史文化资料》，湖南人民出版社 2009 年版。

谭必友、贾仲益主编：《湘西苗疆珍稀民族史料集成》，学苑出版社 2013 年版。

张双智主编：《清代苗疆立法史料选辑》，北京联合出版公司 2018 年版。

张振兴编著：《明清凤凰历史文献资料辑录》，民族出版社 2019 年版。

伍新福编纂：《明实录南方民族研究史料》，岳麓书社 2021 年版。

何孝荣主编：《明代国家治理文献丛刊》，北京燕山出版社 2022 年版。

湘西土家族苗族自治州文化旅游广电局编：《苗疆边墙珍稀史料汇编》，内部资料，2022 年。

凌纯声、芮逸夫：《湘西苗族调查报告》，商务出版社 1947 年版。

石启贵：《湘西苗民实地调查报告》（增订本），湖南人民出版社 2002

年版。

龙京沙：《湘西苗疆边墙调查报告》，岳麓书社 2023 年版。

四 研究论著

吴荣臻：《乾嘉苗民起义史稿》，贵州人民出版社 1985 年版。

吴永章：《中国土司制度渊源与发展史》，四川民族出版社 1988
年版。

吴永章：《中国南方民族文化源流史》，广西教育出版社 1991 年版。

吴永章：《中南民族关系史》，民族出版社 1992 年版。

翁独健：《中国民族关系史纲要》，中国社会科学出版社 1990 年版。

伍新福：《中国苗族通史》，贵州民族出版社 1999 年版。

伍新福：《苗族文化史》，四川民族出版社 2000 年版。

伍新福：《湖南民族关系史》，民族出版社 2006 年版。

王锺翰：《中国民族史（增订本）》，中国社会科学出版社 1994 年版。

王文光：《中国南方民族史》，民族出版社 1999 年版。

田敏：《土家族土司兴亡史》，民族出版社 2000 年版。

游俊、李汉林：《湖南少数民族史》，民族出版社 2001 年版。

谭必友：《清代湘苗疆多民族社区的近代重构》，民族出版社 2007
年版。

孙秋云：《核心与边缘：18 世纪汉苗文明的传播与碰撞》，人民出版
社 2007 年版。

吴曦云、吴厚生、吴善淙：《苗疆边墙——南方长城历史及民俗文化
揭秘》，中央民族大学出版社 2008 年版。

马大正：《中国边疆经略史》，武汉大学出版社 2013 年版。

龚荫：《中国民族政策史》，云南人民出版社 2014 年版。

杨洪林：《历史移民与武陵民族地区社会变迁研究》，人民出版社
2019 年版。

张振兴、曹景文等：《凤凰区域性防御体系遗址考古及中外比较研
究》，民族出版社 2019 年版。

田茂军、杨再彪等著：《凤凰民族文化研究》，民族出版社 2019
　年版。

罗康隆等：《苗疆边墙生态环境变迁研究》，民族出版社 2019 年版。

石群勇、田红：《凤凰边墙民族特色村寨研究》，民族出版社 2019
　年版。

罗中：《苗疆边墙：凤凰区域性防御体系研究》，民族出版社 2019
　年版。

暨爱民、彭应胜：《"边墙体系"与苗疆社会变迁研究》，民族出版社
　2020 年版。

瞿州莲、瞿宏州：《明清治理湘西苗疆政策研究》，民族出版社 2020
　年版。

［挪威］费雷德里克·巴斯著：《族群与边界——文化差异下的社会组
　织》，李丽琴译，商务印书馆 2014 年版。

［日］王柯：《从天下国家到民族国家：历史中国的认知与实践》，上
　海人民出版社 2020 年版。

Rober Redfield, *Peasant Society and Culture*, Chicago: The University of
　Chicago Press, 1989.

Pamela Kyle Crosley, Helen F. Siu, Donald S. Sutton ed. , *Empire at the-*
　Margins: Culture, Ethnicity, and Frontier in Early Modern China, Ber-
　kely Los London: University of California Press, 2006.

James C, Scott, *The Art of not Being Governed: An Anarchist History of Up-*
　land Southeast Asia, New Haven: Yale university Press, 2009.

五　期刊论文

伍新福：《傅鼐"治苗"政策述评——兼析与和琳〈善后章程〉的异
　同》，《中南民族学院学报（哲学社会科学版）》1990 年第 5 期。

伍新福：《清代湘黔边"苗防"考略》，《贵州民族研究》2001 年第
　4 期。

伍新福：《明代湘黔边"苗疆"堡哨"边墙"考》，《中南民族大学学

报（人文社会科学版）》2003 年第 2 期。

廖子森：《辰沅永靖兵备道考——兼谈〈清史稿〉的疵咎》，《吉首大学学报（社会科学版）》1989 年第 4 期。

石邦彦：《苗疆边墙试析》，《吉首大学学报（社会科学版）》1990 年第 1 期。

郭松义：《清代湘西苗区屯田》，《民族研究》1992 年第 2 期。

吴曦云：《边墙与湘西苗疆》，《中南民族学院学报（哲学社会科学版）》1993 年第 6 期。

田敏：《明初土家族地区卫所设置考》，《吉首大学学报（社会科学版）》2004 年第 4 期。

田敏：《论族群不能取代民族》，《中南民族大学学报（人文社会科学版）》2004 年第 5 期。

龙海清：《中国"南方长城"的历史文化考察》，《船山学刊》2000 年第 3 期。

张应强：《边墙兴废与明清苗疆社会》，《中山大学学报（社会科学版）》2001 年第 2 期。

张应强：《通道与走廊："湖南苗疆"的开发与人群互动》，《广西民族大学学报（哲学社会科学版）》2014 年第 3 期。

姚金泉：《略论明清边墙碉卡对湘西苗族社会的影响》，《云南民族大学学报（哲学社会科学版）》2001 年第 2 期。

李世愉：《清前期治边思想的新变化》，《中国边疆史地研究》2002 年第 1 期。

黄修义：《试论清朝雍正至嘉庆年间在湘黔川边苗区实行的"治苗"政策》，《湖北民族学院学报（哲学社会科学版）》2002 年第 6 期。

王亚力：《南方长城与"长城文化之旅"的开发》，《旅游学刊》2003 年第 3 期。

王亚力、刘艳芳：《"苗疆边墙"与凤凰民族文化景观分区》，《西南民族大学学报（人文社科版）》2007 年第 9 期。

高应达：《冲突和调适的界碑——湘西南长城之历史文化定位》，《贵州民族研究》2004 年第 1 期。

谭必友：《流官群体与十九世纪民族地方志描述视角的变迁——以乾隆、道光、光绪本〈凤凰厅志〉比较研究为例》，《清史研究》2005 年第 4 期。

谭必友：《苗疆边墙与清代湘西民族事务的深层对话》，《中南民族大学学报（人文社会科学版）》2007 年第 1 期。

谭必友：《19 世纪湘西"苗疆"屯政与乡村社区新阶层的兴起》，《民族研究》2007 年第 4 期。

谭必友：《湘西苗族历史上形成的国家认同图景研究》，《中南民族大学学报（人文社会科学版）》2011 年第 3 期。

东人达：《明清"赶苗拓业"事件探究》，《贵州民族研究》2006 年第 6 期。

刘新华、耕石：《中国明清"南长城"述评》，《贵州文史丛刊》2005 年第 4 期。

彭永庆：《民族历史记忆的价值重构——以湘西苗疆边墙为个案的分析》，《吉首大学学报（社会科学版）》2009 年第 1 期。

李绍明：《论武陵民族区与民族走廊研究》，《湖北民族学院学报（哲学社会科学版）》2007 年第 3 期。

谢晓辉：《只愿贼在，岂肯灭贼？——明代湘西苗疆开发与边墙修筑之再认识》，《明代研究》2012 年第 18 期。

暨爱民：《以"墙"为"界"：清代湘西苗疆"边墙体系"与"民"、"苗"区隔》，《中央民族大学学报（哲学社会科学版）》2017 年第 3 期。

暨爱民：《"中心"与"边缘"：清代湘西苗疆民、苗村落分布与秩序型构——基于凤、乾、永三厅的分析》，《中央民族大学学报（哲学社会科学版）》2018 年第 4 期。

暨爱民：《何处是"苗疆"？——基于地域与族群视角的评析》，《中国历史地理论丛》2023 年第 4 期。

伍孝成：《清代边墙与湘西苗疆开发》，《吉首大学学报（社会科学版）》2009 年第 1 期。

明跃玲：《冲突与对话——湘西苗疆边墙地区白帝天王崇拜的人类学
　　考察》，《中南民族大学学报（人文社会科学版）》2009 年第 4 期。

符永、韦晓晨：《苗疆边墙对湘西地名影响调查——以凤凰县苗、汉
　　晒金塘村地名为例》，《民族论坛》2009 年第 5 期。

鲁西奇：《内地的边缘：传统中国内部的"化外之区"》，《学术月刊》
　　2010 年第 5 期。

黄国信：《"苗例"：清王朝湖南新开苗疆地区的法律制度安排与运作
　　实践》，《清史研究》2011 年第 3 期。

陈心林：《元明清时期武陵地区民族关系简论》，《湖北民族学院学报
　　（哲学社会科学版）》2013 年第 4 期。

龙圣：《明代湘西社会变迁与边墙角色转换》，《中国山地民族研究集
　　刊》2016 年第 1 期。

张杰、李林、张飏、刘业成：《湘西苗疆凤凰区域性防御体系空间格
　　局研究》，《建筑史》2013 年第 2 期。

何明：《边疆观念的转变与多元边疆的构建》，《云南师范大学学报
　　（哲学社会科学版）》2013 年第 5 期。

张振兴：《墙在苗汉之间——明清时期苗疆边墙的文化图像分析》，
　　《第二届中国民族史研究生论坛论文集》，2011 年，第 160—
　　169 页。

张振兴：《从哨堡到边墙：明代对湘西苗疆治策的演递——兼论明代
　　治苗与土司制度的关系》，《吉首大学学报（社会科学版）》2014
　　年第 2 期。

黄才贵：《"一线道"与"边墙"：历史上的"苗疆"》，《广西民族大
　　学学报（哲学社会科学版）》2014 年第 3 期。

赵树冈：《边地、边民与边界的型构：从清代湖南苗疆到民国湘西苗
　　族》，《民族研究》2018 年第 1 期。

吴必虎、程静：《遗产廊道视角下的苗疆边墙体系保护与发展》，《开
　　发研究》2015 年第 4 期。

白利友：《国家治理视域中的边疆与边疆治理》，《探索》2015 年第
　　6 期。

陆群：《苗疆边墙：一边是文昌信仰，一边是苗族巴岱信仰》，《中国
　　民族报》2015 年 12 月 14 日。

向伟：《边界理论与湘西苗疆的区域研究》，《湖北民族学院学报（哲
　　学社会科学版）》2017 年第 2 期。

艾菊红：《人、物与时空整合视域下的文化遗产保护——以湘西凤凰
　　文化遗产保护与传承为例》，《中州学刊》2017 年第 3 期。

方盛举：《我国陆地边疆的文化型治理》，《思想战线》2017 年第
　　6 期。

杨志强：《"苗疆"："国家化"进程中的中国西南少数民族社会》，
　　《中国民族报》2018 年 1 月 5 日第 8 版。

谭卫华：《乾嘉之后湘西苗疆苗弁制度与基层社会控制探析》，《民族
　　论坛》2018 年第 3 期。

杨洪林：《空间变迁与族际居住格局的演进——以武陵民族地区历史
　　移民为例》，《西南民族大学学报（人文社科版）》2019 年第
　　11 期。

陈文元：《湘西苗疆边墙研究述评》，《民族论坛》2019 年第 4 期。

陈文元：《略论明代湘黔苗区的治理及其启示》，《武陵学刊》2020 年
　　第 1 期。

陈文元：《论乾嘉之后湘西苗疆的文化治理》，《湖南工业大学学报
　　（社会科学版）》2020 年第 1 期。

陈文元：《清中后期湘西苗疆的农业政策与社会结构》，《农业考古》
　　2020 年第 4 期。

陈文元：《边墙格局与苗疆社会——基于清代湘西苗疆边墙的历史学
　　考察》，《中央民族大学学报（哲学社会科学版）》2020 年第 6 期。

陈文元：《论明代卫所制度与民族互嵌》，《广西民族研究》2020 年第
　　6 期。

陈文元：《"区隔"与"疏导"：清代湘西苗疆边墙与族群交往秩序》，

《民族论坛》2021 年第 1 期。

陈文元：《"墙"的文明史：政治结构及话语变迁》，《中华读书报》2023 年 5 月 3 日第 16 版。

陈文元：《铸牢中华民族共同体意识的内生动力与现实路径——基于发挥民族历史文化遗产作用的视角》，《青海社会科学》2023 年第 1 期。

陈文元：《明清湘黔苗区边墙文化遗产结构及保护策略》2023 年第 1 期。

陈文元：《明清湘黔苗区边墙史迹考》，《中国城墙》（第五辑），科学出版社 2023 年版。

席会东：《明清地图中的"苗疆"与"生苗"》，《中国历史地理论丛》2020 年第 1 期。

周妮：《清代"军管苗寨"制度与湘西基层治理机构的设置及运行》，《中央民族大学学报（哲学社会科学版）》2021 年第 6 期。

六 学位论文

张振兴：《明清苗疆边墙多重功能研究》，硕士学位论文，吉首大学，2010 年。

张振兴：《清朝治理湘西研究（1644—1840）》，博士学位论文，中央民族大学，2013 年。

彭春芳：《明清时期湘西苗疆"边墙"研究》，硕士学位论文，广西师范大学，2010 年。

李佳佳：《苗疆边墙沿线聚落景观特质研究》，硕士学位论文，华中农业大学，2017 年。

孙秋云：《18 世纪汉文明向苗疆的传播及苗文明的回应研究——兼论黔湘地区雍乾、乾嘉苗民起义的性质》，博士学位论文，武汉大学，2006 年。

谭必友：《清代湘西苗疆多民族社区的近代重构》，博士学位论文，兰州大学，2007 年。

谢晓辉：《延续的边缘：宋至清的湘西》，博士学位论文，香港中文大学，2007 年。

谭卫华：《乾嘉苗民起事后湘西苗疆社会秩序的调适与重构》，博士学位论文，香港理工大学，2013 年。

陈文元：《清代湘西苗疆边墙与族群社会变迁》，博士学位论文，中南民族大学，2019 年。

耿梦清：《清代苗疆族群互动与社会变迁》，博士学位论文，中国社会科学院研究生院，2022 年。

后　记

　　本书并非笔者博士论文的修改成果，而是以博士论文为基础的"另辟蹊径"，聚焦"遗址遗存"。自 2016 年攻读博士学位，与边墙的深厚缘分就此开始，时至今日已有 9 年，中间还包括 3 年的疫情阻隔。

　　2019 年博士毕业后，思考如何围绕博士论文继续深入边墙研究，针对边墙遗址遗存分布在湖南、贵州两省，现存现状、数量了解不清，整体缺乏修缮维护和分级分类保护的情况，于是笔者尝试将"明清湘黔苗区边墙遗址遗存调查与整理"作为研究课题申报 2021 年度国家社科基金，没想到幸运命中。

　　开展课题研究，不能说没有遇到困难，但笔者认为，疫情、经费、交通、地形、时间等困难等皆是田野调查与学术研究的一部分。疫情不方便开展田野调查，就居家整理文献资料；至疫情稍好转，立即着手田野调查。行走湘黔两省乡间，收获颇多，累并快乐着。

　　感谢博导田敏教授、硕导杨洪林教授的悉心指导、大力支持和殷切鼓励。本书能够完成，特别感谢龙京沙老师的鼎力支持和慷慨相助，以及杨小云、段晨、欧碧霞、胡莎莎、彭丹、彭画、林宏兰、黄青青、李锲等硕士研究生的积极参与。中国社会科学出版社的宋燕鹏编审及出版社工作人员，为本书的出版作了大量的辛勤工作，在此表示诚挚谢意。还应感谢湖南省湘西土家族苗族自治州、贵州省铜仁市热情友好的各级政府工作人员、村干部和广大善良朴实的村民，如果没有他们的热心援助，笔者很可能无法完成本书的写作。

边墙研究博大精深，遗址遗存分布星罗棋布，自己只是做了一点微不足道的"蚁行"，本书乃是粗糙的"半成品"，深感惭愧。学术之路漫长而无边际，唯有勤劳刻苦，深入耕耘。

陈文元

甲辰·初春